Michael Rosecker
Bernhard Müller (Hg.)

Freiheit

Tatsache, Möglichkeit, Bestimmung oder Hirngespinst?

Wer seinen Alltag erobert, hat eine Welt zu gewinnen!
verein alltag verlag
Wiener Neustadt 2005

Impressum: Eigentümer und Verleger: Verein Alltag Verlag (VAV). Grafische Gestaltung: Michael Rosecker. Cover: Volker Hochstätter. Covergrafik: »Freiheitsvogerl« von Markus Grabenwöger. Hauptlektorat: Bernhard Müller und Ulla Schneider. Alle: Dreipappelstraße 13/d, 2700 Wiener Neustadt, www.vereinalltagverlag.at, im November 2005
Druck: digitaldruck.at, 2544 Leobersdorf, Eitzenbergerstraße 8, www.digitaldruck.at

Herzlichen Dank an alle AutorInnen für die kostenlose Bereitstellung der Texte.

Herzlichen Dank an: Tanja Dobart, Michaela Fuckerrieder und Franz Pfann

Es wurde den Autorinnen und Autoren freigestellt, die alte oder die neue deutsche Rechtschreibung zu verwenden! Ebenso wurde die Art der Zitierung den AutorInnen überlassen!

ISBN 3-902282-07-X

Für
Wiener Neustadt

Inhalt

Michael Rosecker und Bernhard Müller

Vorwort

Die Bibliothek der Grundwerte, die mit dem Band »Solidarität – Gesellschaft, Gemeinschaft und Individuum in Vergangenheit, Gegenwart und Zukunft« im Jahr 2004 begann, wird mit der hier vorliegenden Textsammlung »Freiheit – Tatsache, Möglichkeit, Bestimmung oder Hirngespinst?« fortgesetzt. 32 Autorinnen und Autoren legen hier ihre Zugänge zu einem wichtigen und doch schwierigen, inflationär gehandhabten sowie geschwätzigen Grundwert – der Freiheit – offen. So schillernd wie der Begriff selbst sind auch die Sichtweisen und Meinungen. Gottgläubige und Gottlose, politische und unpolitische Menschen, WissenschafterInnen und PraktikerInnen, Angestellte und UnternehmerInnen, Männer und Frauen, Alte und Junge sowie Prominente und Unbekannte, sie alle reden für und wider die Freiheit.

Die Unterschiedlichkeit der AutorInnen ist das Grundkonzept der Bibliothek der Grundwerte. Der Breite des Wert-Diskurses soll somit Rechnung getragen werden. Der/die Geschulte soll genauso auf seine/ihre Rechnung kommen, wie die interessierten Laien. Dass Vollständigkeit und Vollkommenheit nicht erreicht werden, ist kein Mangel, sondern unumgänglich und auch bezweckt. Wer sich an Werten orientiert und danach leben will, wird beides nie erreichen, daher sollten es Bücher, die von Werten handeln, auch nicht versuchen.

Diese Reihe wird 2006 mit dem Band »Gerechtigkeit – Zwischen allen alles und jedem das seine« dem Grundkonzept folgend fortgesetzt.

Allen Autorinnen und Autoren gilt der herzliche Dank des Vereins Alltag Verlag für die kostenlose Bereitstellung der Texte.

Anton Pelinka

Gute Freiheit, böse Freiheit

Es ist leicht, sich über das Gerede von der Freiheit lustig zu machen – solange man diese hat. Herbert Marcuses berühmtes Wort von der »repressiven Toleranz« entspricht dieser kritischen Sicht: Wir haben die Freiheit, alles (besser: alles Mögliche) zu tun. Aber eben damit werden wir manipuliert, gegängelt, gesteuert. Wir haben die sexuelle Freiheit, die Konsumfreiheit, die politische Freiheit – aber können wir mit dieser Freiheit etwas daran ändern, dass in Dafour und im Kongo, im Irak und in Tschetschenien Hunderttausende, ja Millionen Opfer von Kriegen sind? Sind wir so frei, etwas Wirksames gegen die Aids-Epidemie im südlichen Afrika zu unternehmen? Oder gegen die Schattenseiten der Globalisierung?

Unsere Freiheit ist eine begrenzte. Ist sie aber deshalb nur eine Illusion, eine Schimäre, die uns davon ablenkt, uns unserer Ohnmacht bewusst zu sein? Ist die Freiheit, die wir haben, das Opium für uns – für das Volk?

Fingieren wir, dass wir die Freiheit, die in der europäischen Wohlstandsgesellschaft für die meisten selbstverständlich geworden ist, nicht mehr haben; nehmen wir einmal an, dass mitten in Wien – im Stadion – öffentliche Steinigungen von Frauen stattfinden, die sich ihre Freiheit auch gegen das Diktat einer männerbündischen Gesellschaft genommen haben; nehmen wir weiters an, dass unsere Läden (pardon: Shopping Centers) leer sind und uns so die Qual der Wahl abnehmen; und gehen wir davon aus, dass wir uns ersparen, zwischen den Charaktermasken Schüssel und Gusenbauer, Schröder und Merkel, Berlusconi und Prodi, Blair und Howard entscheiden zu müssen – weil irgendjemand (nennen wir ihn Diktator) alles das schon längst entschieden hat. Nehmen wir das alles an – kommt uns dann unsere gegenwärtige, ach so manipulative Freiheit auch noch leer und läppisch vor? Die Freiheit, die man hat – die wird für viele bald zur schalen Selbstverständlichkeit. Die Freiheit, die man nicht hat – die ist es, die besonders wertvoll ist.

Freiheit ist ein Gut, das unvermeidlich begrenzt ist: durch die Natur; und durch die Gesellschaft. Freiheit als solche kann nicht maximiert werden – das verhindern eben diese Grenzen. Die Natur verhindert, dass wir frei sind, unseren Energiekonsum ins Unendliche zu steigern; und die Gesellschaft verhindert, dass alle Menschen immer mehr Freiheit haben. Denn die Freiheit des (der) einen ist nur zu oft die Unfreiheit des (der) anderen.

Dieses Dilemma wird auch im Spannungsfeld zwischen liberalen und sozialen Grundfreiheiten (Grundrechten) deutlich. Es scheint – für uns, im Europa des Jahres 2005 – ganz leicht zu sein, sich eine unbegrenzte, eine absolute Meinungsfreiheit zu wünschen. Nur: Wie steht es mit der Meinungsfreiheit derer, die andere Menschen für Untermenschen halten, deren physische Vernichtung erstrebenswert ist – und dieses ihr Ziel mit Berufung auf die Meinungsfreiheit propagieren, in den Massenmedien etwa?

Julius Streicher hat im Nürnberger Prozess versucht, die zum Mord aufrufende Hetze im »Stürmer« als Teil der Meinungs- und Pressefreiheit zu verteidigen. Seine Richter haben ihm das nicht abgenommen. 1994 war in den Radios von Ruanda zu hören, alle Hutus müssten möglichst sofort ihre Tutsi-Nachbarn erschlagen. War das ein legitimer Ausfluss der Meinungs- und Medienfreiheit?

Die Freiheit ist nicht unbegrenzt – sie findet vor allem ihre Grenze in der Freiheit des (der) jeweils anderen. Und diese Begrenzung gilt erst recht für die sozialen Ansprüche.

Es ist leicht, sich darauf zu einigen, es gebe das Recht auf Freiheit von Armut; oder auch auf Freiheit von Arbeitslosigkeit – ausgedrückt in einem Recht auf Arbeit. Nur: Was hilft das den Millionen Armen und Arbeitslosen, die trotz des europäischen Sozialmodells mitten unter uns leben – trotz eines immer wieder beschworenen Modells, das sich so stolz vom »Neoliberalismus« der »Angelsachsen« abheben will? Die Armen und Arbeitslosen werden mit dem Recht auf Freiheit von der Freiheit wohl kaum zu trösten sein.

Das Recht auf Eigentum bedeutet, anderen dieses Recht abzusprechen – bezogen auf das eigene Grundstück, auf das eigene Buch, auf das eigene Bankkonto. Das Recht auf soziale Sicherheit muss sich teilen lassen – soviel Reichtum gibt es aber offenbar nicht, dass alle (in Österreich wie in Haiti, in den USA wie in Indien) zumindest ein ähnlich großes Maß an sozialer Sicherheit genießen könnten. Also müsste ein solches Recht zur radikalen Umverteilung des Reichtums führen – und damit aber die Freiheitsrechte der Besitzenden massiv beschränken.

Es gibt Kriege, die im Namen der Freiheit geführt werden. Die USA und Großbritannien haben ihren Krieg gegen die Achsenmächte im Namen der Freiheit geführt – formuliert in der Atlantik-Charta. Die USA begründen ihren Krieg im Irak – auch – mit dem Kampf um die Freiheit. Wenn die eine Motivation gut war, ist es dann auch die andere Motivation? Oder, wenn die Gründe des George W. Bush schlecht waren, sind es damit auch die des Franklin D. Roosevelt?

Aus der Sicht europäischer Antifaschisten sah das vor 1945 anders aus als aus der Sicht derer, die sie regierten. Und aus der Sicht des Saddam Hussein ist das ebenfalls etwas ganz anderes als aus der Sicht der Kurdenparteien. Die Berufung auf die Freiheit produziert Parteilichkeit.

Freiheit ist nicht Freiheit: Die Freiheit des Kerkermeisters, die Tore des Gefängnisses zu verschließen, steht der Freiheit der Gefangenen entgegen, den Kerker verlassen zu können. Und die Freiheit der Befreier, eben diesen Kerker von außen und mit Gewalt zu öffnen, ist eine dritte Form von Freiheit. Freiheit ist nicht Freiheit ist nicht Freiheit.

Verkommt also die Freiheit zur Beliebigkeit? Ja und nein: Ja, weil die Freiheit der Menschen des Irak, sich an der Wahl eines Parlaments nun in Freiheit beteiligen zu können, mit der Freiheit derer kollidiert, die ihr Leben als Folge des Interventionskrieges und der Besetzung des Irak verlieren. Nein, weil ein bestimmtes Maß an Freiheit sich jeder Beliebigkeit entzieht.

Die Freiheit wird beliebig, wenn Freiheit gegen Freiheit ausgespielt wird: Die Freiheit des Grundstückbesitzers, seinen Privatstrand zu sperren – gegen die Freiheit aller anderen, einen Zugang zum Meer zu nützen; die Freiheit Indiens, Kaschmir zu beanspruchen – gegen die Freiheit Pakistans, dasselbe zu tun.

Freiheit und Freiheit stehen miteinander in Konflikt. Und damit muss sich jedes Theoretisieren um die Freiheit auseinander setzen. Es können nicht alle Freiheiten maximal genützt werden – um der Freiheit willen. Die Freiheiten müssen verteilt werden – und sie sind ja auch verteilt; allerdings höchst ungleich, höchst ungerecht.

Deshalb braucht man, will man sich mit Freiheit ernsthaft befassen, den zweiten Schlüsselbegriff der Französischen Revolution – die Gleichheit. Vergisst man auf die Gleichheit, wird das Freiheitsgerede sinnlos, weil es der Frage der gerechten Verteilung der Freiheiten ausweicht. Dass wir alle eine gerechte Gesellschaft wollen, kann vorausgesetzt werden. Wer aber von Gerechtigkeit spricht, muss von Gleichheit sprechen – so Hans Kelsen. Gerechtigkeit bedeutet nicht eine perfekte Gleichverteilung von Gütern – aber Gleichheit ist der einzige vernünftige Maßstab, der Gerechtigkeit messbar, der sie operationalisierbar macht.

In John Rawls' »Theorie der Gerechtigkeit« wird, erstens, Gerechtigkeit als Gleichheit definiert; und werden, zweitens, die gerechten Ausnahmen von der Gleichheit formuliert – etwa die, dass Ausnahmen von der Gleichheit dann gerecht sind, wenn sie prinzipiell allen zugänglich sind; mit anderen Worten: Wenn alle diese Freiheit besitzen; wenn also alle in ihrer Freiheit gleich sind. Wer also von Freiheit spricht, muss auch von Gleichheit sprechen: Von der Gleichheit der Chancen, Freiheit zu nützen. Diese Chancengleichheit bedeutet nicht die Lösung des Freiheits- und des Gleichheitsproblems. Sie schließt noch immer eine Fülle offener Fragen ein, die

Konflikte unvermeidlich machen: Chancengleichheit – punktuell, das heißt nur in bestimmten Phasen des Lebens; oder Chancengleichheit – permanent, mit dem dann notwendigen Anspruch, Gleichheit immer wieder aufs Neue einfordern zu können. Dennoch: Erst der Gedanke der Gleichheit erlaubt uns, vom unverbindlichen und gleichzeitig parteilichen Geschwätz von der Freiheit in einen seriösen Diskurs einzutreten.

In der Tradition der deutschnationalen Studentenverbindungen ist es Brauch, die Freiheit zu betonen, einen Freiheitskommers zu veranstalten, sich der Freiheit verbunden zu fühlen und sich dabei immer wieder auf die bürgerliche Revolution des Jahres 1848 zu berufen. Doch diese Freiheit der Burschenschaften und Corps bedeutete auch die Freiheit, Menschen nur deshalb auszuschließen, weil sie jüdischer Herkunft waren; und bedeutete ebenso die Freiheit, Frauen auszuschließen. Die Tradition von Antisemitismus und Sexismus und das – verbale – Hochhalten der Freiheit schließen einander nicht aus.

Dass Freiheit und Freiheitsbeschränkung, dass liberale Rhetorik und dass antiliberale Praxis sich in Vergangenheit und Gegenwart – scheinbar – so mühelos verbinden lassen, muss uns misstrauisch machen; und skeptisch gegenüber den alltäglichen Floskeln und den politischen Sonntagsreden. Und dennoch: Die Freiheit als Prinzip, die Freiheit als Realutopie aufzugeben, würde zwar vielleicht die falsche Rhetorik gegenstandslos machen, wäre aber eine Katastrophe für die Gesellschaft. Denn der Verzicht auf die Freiheit als handlungsleitendes Interesse bedeutet den Verzicht auf eine, ja auf *die* entscheidende Orientierungshilfe der Politik in einer Demokratie.

Dass Freiheit nicht Freiheit ist, das wissen wir nunmehr. Dass aber die Überlebenden von Mauthausen die Ankunft der US-Truppen als Befreiung erlebten; dass daher für diese Opfer des NS-Regimes die Freiheit keine leere Phrase, sondern konkretes Überleben bedeutete, das dürfen wir nicht vergessen. Denn die Überlebenden von Mauthausen wussten – jenseits aller mehr oder weniger geistreichen Disputationen – sehr genau, was Freiheit ist. Denn sie hatten ja die Abwesenheit von Freiheit erlebt.

Karl Flanner

Kampfziel: Freiheit!

Das geflügelte Wort, daß die Freiheit erst dann gehörig geschätzt wird, wenn sie einmal verlorengegangen ist, hat gewiß seine Richtigkeit. Ist dies doch wiederholt der Fall gewesen, vor allem, was die Freiheit in der herrschenden Gesellschaft betrifft, als politisch reaktionäre Rückschläge einsetzten und der Faschismus schwarzer oder brauner Färbung mit den vorhandenen Freiheiten aufräumte, soweit diese dem arbeitenden Volke dienten. Dann setzten in der Regel blut- und opferreiche Kämpfe ein, um die verlorene Freiheit wiederzugewinnen. Der Februar 1934 und der März 1938 zeugen in Österreich dafür. Für Menschen, welche in diese Kämpfe eintraten, sorgte das jeweils herrschende Regime dafür, daß ihnen auch die letzten Reste der ohnehin dürftigen persönlichen Freiheit, letztlich auch die Freiheit zu leben, genommen wurden. Aber selbst dort, wo sich die Blicke der eingekerkerten Freiheitskämpfer am eisernen Gitter der Gefängniszelle oder am starkstromgeladenen Stacheldraht der Anhalte- bzw. Konzentrationslager brachen, haben sie jenen Kampf, den sie zuvor jenseits dieser Barrieren geführt hatten, unter ungleich schwereren Umständen weitergeführt.

Ich erinnere mich: wir – ich war stets einer von vielen – waren von der tiefen Überzeugung geprägt, daß es gelingen werde, die gefährlichste Spielart des Faschismus, den sogenannten National»sozialismus«, niederzuringen und den »alten« Freiheiten neue in Form einer freieren Gesellschaftsordnung im wiederhergestellten Österreich hinzuzufügen. Dieser, von tiefer Überzeugung getragenen Zielsetzung entsprechend, bereiteten wir uns auch darauf vor. Selbst im Kerker verschafften wir uns aus der kargen Gefängnisbibliothek Bücher aller einschlägigen Wissensgebiete, studierten diese, lernten Fremdsprachen und vervollständigten unser Wissen so gut oder schlecht das unter den Verhältnissen totaler Isolierung vom gesellschaftlichen Leben möglich war. Hunger, Drangsal, Schwerarbeit, mitunter kaum erträglich, hatten dennoch ein geringeres Gewicht, verglichen mit dem Kampf – und ein solcher war es auch – den wir um die Freiheit führten, indem wir uns auf sie vorbereiteten, wissend, daß dann Menschen gebraucht würden, welche das Wissen und die Fähigkeit haben, den Aufbau der neuen Freiheit zu bewerkstelligen. Dabei haben wir es trotz aller Liebe zum eigenen Leben als zweitrangig empfunden, ob wir den Sieg in diesem Ringen als Personen erleben werden.

Dieses Ringen haben wir unter viel schwereren, absolut lebensgefährlichen Verhältnissen in den Konzentrationslagern – ich spreche aus meinen eigenen einschlägigen Erfahrungen in den Konzentrationslagern Dachau und Buchenwald – weitergeführt, dort gepaart mit dem Wirksamwerden einer Solidarität, die es unter kaum zu schildernden Gefahren ermöglichte, vom Tode bedrohte Kameraden zu retten und ihnen den Tag der persönlichen Freiheit, des Lebens ohne Kerkergittern und starkstromgeladenen Stacheldraht und ohne die ständige Bedrohung durch die uns bewachende SS erleben zu lassen. Dabei ist es uns nicht »bloß« um die ganz selbstverständliche Hilfe für Freunde und Kameraden gegangen, sondern um die Erhaltung und Bewahrung von Kampfgenossen für das große Ziel des »Nachher«, der Freiheit. Neben der Schilderung der von den SS-Verbrechern in den Konzentrationslagern verübten Greuel und Massenmorden haben die Literaten dieses Ringen, das unmittelbar mit der SS ausgestanden werden mußte, noch viel zu wenig gewürdigt und zum Thema ihrer Arbeiten gemacht.

Hier ein Blick auf diese Kampfweise geworfen – in der Form der Schilderung eines meiner persönlichen Erlebnisse aus einem Tag des Februar 1945:

»Ein bitterkalter Wind blies über das Konzentrationslager Buchenwald. Es war dunkel und ich bemühte mich, auf eine Art durchs Lager zu gehen, welche niemandes Aufmerksamkeit erweckt, weder jene der allgegenwärtigen SS-Bewacher noch auch der Häftlinge in den Baracken. Man konnte nie wissen (...)

Es war eine jener streng geheimen Diskussionen angesagt, welche die Geschichte Österreichs sowie die Zukunft unseres Landes zum Thema hatten. Österreich – dieses Wort durfte in Hitlers Drittem Reiche nicht ausgesprochen werden, ohne dafür in die nazistische Justizmaschinerie zu geraten. Und das erst im Konzentrationslager, wo nicht einmal der eigene Familienname galt, sondern die auf den Rock und auf die Hose genähte Häftlingsnummer. Nur einige wenige absolut zuverlässige Kameraden aus der Untergrundorganisation waren über diese Zusammenkunft verständigt worden. Und ich war nun unterwegs zum Block (= Baracke) 2, dem angewiesenen Ort, nicht ohne vorsichtshalber einige Male einen Umweg um andere Baracken eingelegt zu haben. Die grellen Scheinwerfer auf den Bewachungstürmen beleuchteten jeden Winkel im Lager.

Vor dem Eingangstor zum Block 2 standen zwei Kameraden, so als befänden sie sich gerade zufällig dort. Tatsächlich aber sicherten sie den ungestörten Verlauf der Beratung, denn die Baracke befand sich direkt gegenüber dem von der SS ständig besetzten Gebäude mit den Wachzimmern, dem Eingangstor und dem Strafbunker. Dazwischen lag die große Fläche des gut überschaubaren Appellplatzes. Die beiden Kameraden kannten mich.

Sie gaben mir den Weg frei. In einem der Räume saßen bereits einige Männer beisammen, darunter der spätere Präsident des Arbeiterkammertages Karl Mantler, der spätere Zentralsekretär der Angestelltengewerkschaft, Otto Horn, Benedikt Kautsky, der Arbeiterjournalist Gustav Wegerer und andere, umgeben von Regalen mit großen und kleinen Glasgefäßen, in welche menschliche Organe ›eingelegt‹ waren: Leber, Nieren, Drüsen, ein Herz und andere. Sie waren von SS-Ärzten Häftlingen ›zum Studium‹ entnommen worden. Diese Baracke hieß sinnigerweise ›Pathologische Abteilung‹.

Unser Gespräch – es war nicht das erste dieser Art – begann unvermittelt, so wie stets. Bei diesem ging es im besonderen darum, wie die Arbeiter- und Gewerkschaftsbewegung nach der bevorstehenden Befreiung unseres Landes agieren solle. Schließlich lagen zwölf Jahre Faschismus und Verbot der Gewerkschaften hinter uns. Ich erinnere mich, daß es bei den Kameraden keine Meinungsgegensätze gab. Alle waren der Auffassung, daß die freien Gewerkschaften wieder erstehen müßten, und daß sie nach all dem, was wir durch die faschistische Unterdrückung erfahren haben, auch nach den zahlreichen schmerzlichen Verlusten und Opfern, die der Kampf gegen diese gefordert hat, nicht mehr nach religiösen Auffassungen oder nationalen Einstellungen getrennt, sondern einheitlich organisiert sein sollen. Außerdem müßten sie über die Befassung von ›rein gewerkschaftlichen‹, den sogenannten Messer- und Gabelfragen der Kollektivverträge, hinaus ihren Einfluß auf die gesellschaftliche Entwicklung in höherem Maße ausüben als vor 1934, um die Wiederholung einer ähnlichen reaktionären Katastrophe zu verhindern.

Wir führten diese Gespräche unter Bedingungen, die uns eher annehmen ließen, daß wir das Ende des Konzentrationslagers, vielleicht schon nicht einmal den Abend des nächsten Tages, erleben würden, aber dennoch zerbrachen wir uns den Kopf um die Gestaltung der gewerkschaftlichen Zukunft, wobei einige der Kameraden ihre Erfahrungen aus ihrer früheren Gewerkschaftstätigkeit einbrachten.

Dann verließen wir einzeln und genau so unauffällig dahinschlendernd, wie wir gekommen waren, den Block 2 und begaben uns zu unserem ›eigenen‹ Block. Noch während unserer Anwesenheit im wenig später – am 11. April 1945 – befreiten KZ-Buchenwald vernahmen wir die Meldung von der am 27. April 1945 erfolgten Gründung des einheitlichen Gewerkschaftsbundes. Einen weiteren Monat später waren wir zu Hause und wirkten am Entstehen der neuen Gewerkschaften mit. So wie wir das im Konzentrationslager besprochen haben.«

In der Gründungsurkunde des Österreichischen Gewerkschaftsbundes stand schließlich geschrieben, daß das »Aktionskomitee«, dem Johann Böhm, Gottlieb Fiala, Lois Weinberger, Karl Krisch und Johann Smeykal angehörten, beim Militärkommandanten von Wien um die »Erteilung der Bewilligung für die Registrierung des Allgemeinen Gewerkschaftsbundes Österreichs«[1] ansuchten. Von Anfang an wurde der Gedanke der Einheitlichkeit und Zentralisation in organisatorische Formen gegossen. Der ÖGB mit seinen 16 angegliederten Fachgewerkschaften – im Bund der freien Gewerkschaften vor 1934 waren noch 42 Verbände zusammengefaßt – war im Sinne des österreichischen Vereinsgesetzes vom 15. November 1867 als Verein, der Rechtspersönlichkeit genießt, gegründet worden. Der neue Weg war beschritten und die neue Gewerkschaftsbewegung war gegründet.

Anmerkungen:

1) Nach: Fritz Klenner: Die Österreichischen Gewerkschaften. Vergangenheit und Gegenwartsprobleme. Bd. 2. (Wien 1953) S. 1604

Herbert Berger

Befreiung und Theologie

Lateinamerikanische ChristInnen auf dem Weg zur Freiheit

Che Guevara, der in Bolivien ermordete Revolutionär, sagte: »Sobald die Christen es wagen, ein umfassendes revolutionäres Zeugnis abzulegen, wird die lateinamerikanische Revolution unbesiegbar sein. Denn bisher haben die Christen erlaubt, dass ihre Lehre durch die Reaktionäre instrumentalisiert wird.«[1)] Che sagt damit nicht, dass die Revolution von den ChristInnen ausgehen wird, sondern, dass ihre Teilnahme entscheidend ist. Dieses Wort ist im Hinblick auf die starke religiöse Bindung der Mehrheit der LateinamerikanerInnen nicht nur eine realistische Einschätzung der Mobilisierungsmöglichkeiten, sondern Che drückt damit auch aus, dass die ChristInnen eine ganz neue Dimension einbringen müssten, damit der revolutionäre Prozess gelingt. Der chilenische Befreiungstheologe Pablo Richard schließt seine Einleitung zum Buch »Los Cristianos y la Revolución« zunächst mit einem Wort des kolumbianischen Priesters Camilo Torres und anschließend mit einem von Che: »Die Pflicht jedes Christen ist es, ein Revolutionär zu sein.« Und: »Die Pflicht jedes Revolutionärs ist es, die Revolution zu machen.«[2)]

Die lateinamerikanische Kirche diente seit der Eroberung des Kontinents durch Spanier und Portugiesen den Mächtigen und Unterdrückern, von wenigen Ausnahmen – wie es der Bischof Bartolomé de Las Casas war – abgesehen. Es war eine Kirche der Reichen, der Nachkommen der Europäer, die durch ihre Predigten und jenseitigen Strafandrohungen das System der Ausbeutung ideologisch abstützte. Erst in der ersten Hälfte des 20. Jahrhunderts wurden sich im Rahmen der gesellschaftlichen Veränderungen immer mehr ChristInnen in den städtischen Zentren ihrer sozialen Verantwortung bewusst. Die Dominanz der feudalen Ordnung bröckelte langsam ab, eine Industriegesellschaft war im Entstehen. Diese ChristInnen beriefen sich auf die Sozialenzykliken der Päpste, konnten sich aber nur schwer politisch artikulieren. Noch 1936 bedurfte es zum Beispiel in Chile einer Klarstellung durch Rom, dass es den KatholikInnen erlaubt sei, auch die neue Partei der Christdemokraten zu wählen, nicht nur die Konservative Partei, die Partei der Großgrundbesitzer.

Das christdemokratische Reformmodell wurde in den ersten Jahrzehnten nach 1945 zur großen Hoffnung. Die Christdemokraten erreichten mit Eduardo Frei 1964 die Regierungsmacht in Chile und von Chile aus durchdrang der Ruf nach einer »Revolution in Freiheit« ganz Lateinamerika, als Gegenmodell zur Revolution in Kuba gedacht. Die USA initiierten die »Allianz für den Fortschritt« und alle Welt stimmte dem Gedanken der Entwicklungshilfe für die angeblich Unterentwickelten zu. Dabei wurde verschwiegen, dass nach 1945 der Lebensstandard in einigen Regionen Lateinamerikas wesentlich höher war als in Europa. Entwicklungshilfe erschien als eine selbstlose Maßnahme, um die angeblich Zurückgebliebenen an die Entwicklungsstufe der Industrieländer des Nordens heranzuführen. Viele, die sich seit damals im Norden und Süden im Sinne der Entwicklungshilfe engagierten, haben Großartiges geleistet, aber die Strukturen wurden nicht verändert, die Ursachen für Armut und Elend wurden kaum angesprochen, auf jeden Fall nicht beseitigt. Weder die internen Strukturen der Ausbeutung (der Großgrundbesitz am Land und die Willkür der Kapitaleigentümer der Minen und Fabriken), noch die Strukturen der einseitigen Abhängigkeit von außen (sinkende Rohstoffpreise, Verschuldung etc.) wurden überwunden. Die Bilanz der Entwicklungshilfe, später Entwicklungszusammenarbeit genannt, ist mager: die diversen Projekte privater und öffentlicher Einrichtungen, die an vielen Orten punktuell Verbesserungen brachten, kontrastieren mit der Zunahme der sozialen Polarisierung zwischen Nord und Süd und innerhalb der einzelnen Länder durch die uneingeschränkte Ausweitung des kapitalistischen Systems auf nationaler und globaler Ebene. Die Idee der Entwicklungshilfe wurde im Kampf um die Vorherrschaft zwischen West und Ost in der Zeit des Kalten Krieges geschickt missbraucht. Seit der Wende von 1989 sinken das Interesse und die Anteile der Mittel der Industrieländer an der Entwicklungshilfe, trotz aller Versprechen und schöner Worte.

Revolutionäre Gruppen und Organisationen in Lateinamerika erkannten den politischen und ökonomischen Eigennutz des Nordens, der hinter seiner Vorstellung von Entwicklung steckte, bereits in den Sechzigerjahren und prägten das Wort »Befreiung statt Entwicklung«. Dahinter stand die Überzeugung, dass die Befreiung von Imperialismus, von Feudalismus und von Kapitalismus nur möglich sei, wenn die Völker Lateinamerikas von der Abhängigkeit, die ihnen die Industrieländer – vor allem die USA – auferlegt haben, befreit werden und sie selbst ihre Entwicklung in die Hand nehmen könnten.

»Befreiung statt Entwicklung« war in den Sechziger- und Siebzigerjahren die Parole vieler linker Parteien, der Gewerkschaften, zahlloser Basisinitiativen und schließlich der bewaffneten Befreiungsbewegungen, die in fast allen Ländern des Subkontinents damals entstanden. Ganz anders das christdemokratische Reformmodell. Dieses setzte in der Allianz für den Fortschritt auf die Kooperation mit dem Imperium. So gab es zum Beispiel in Chile zwar ein Gesetz zur Agrarreform, doch nur der kleinere Teil des Großgrundbesitzes wurde erfasst und die großen Kupferminen blieben in den Händen des US-amerikanischen Kapitals. Soziale Reformen, wie Wohnungsbau, Schulen, Gesundheitsprogramme u.a. wurden begonnen, aber nicht konsequent weitergeführt. Sie hatten aber bewirkt, dass immer mehr Menschen sich ihrer Rechte bewusst wurden.

Für die sozial engagierten ChristInnen stellte sich nun die Frage, sofern sie nicht die Augen vor der Aussichtslosigkeit des christdemokratischen Reformmodells verschlossen, ob sie sich nun mit individueller Caritas zufrieden geben oder für eine radikale, also an die Wurzel gehende Veränderung der Gesellschaft eintreten sollten. Im August 1968 besetzten 200 junge Menschen gemeinsam mit einigen Priestern in Santiago de Chile die Kathedrale und verlangten eine uneingeschränkte Hinwendung der Kirche zu den Armen, sie nannten sich die »Junge Kirche«. Auch in anderen Ländern schlossen sich ChristInnen zusammen und forderten eine entschlossene Haltung zugunsten der Benachteiligten.

Die lateinamerikanische Bischofskonferenz von Medellin

Im selben Jahr fand in Medellin, Kolumbien, die zweite lateinamerikanische Bischofskonferenz statt, die ein Meilenstein für die weitere Entwicklung der Kirche Lateinamerikas wurde. Die positive Bewegung, die das Konzil in Rom ausgelöst hatte, erfasste die Bischöfe Lateinamerikas, die von sehr fortschrittlichen Theologen beraten wurden. In den Dokumenten von Medellin verpflichtet sich die Kirche »eine neue Ordnung der Gerechtigkeit anzuregen, zu ermutigen und voranzutreiben«.[3)] Die Themen Gerechtigkeit und Friede nahmen einen zentralen Platz ein. Die Bischöfe beklagten die Unterdrückung durch die herrschenden Gruppen und Schichten, die wachsende Verzerrung des internationalen Handels, die Kapitalflucht, die Steuerflucht und die Verschuldung. Sie unterstrichen, »dass die Hauptschuldigen der wirtschaftlichen Abhängigkeit unserer Länder jene Kräfte sind, die, angetrieben von einem hemmungslosen Gewinnstreben, zu einer wirtschaftlichen Diktatur und zum internationalen Geldimperialismus führen.«[4)] Und weiter: »Der Christ glaubt, (...) dass die Gerechtigkeit eine unumgängliche Bedingung für den Frieden ist.

Er übersieht nicht, dass sich Lateinamerika in vielen Gebieten in einer Situation der Ungerechtigkeit befindet, die man institutionalisierte Gewalt nennen kann. Nämlich dann, wenn durch Unzulänglichkeit der Strukturen der industriellen und landwirtschaftlichen Unternehmen, der nationalen und internationalen Wirtschaft, des kulturellen und des politischen Lebens ganze Völker das Notwendigste entbehren.«[5)]

Die Bischöfe richteten ihren Appell an die Reichen und Mächtigen und machten diese für die Folgen verantwortlich, wenn sie »explosive Revolutionen der Verzweiflung provozieren.«[6)] Und sie wandten sich an jene, »die angesichts der Schwere der Ungerechtigkeit und der unrechtmäßigen Widerstände gegen den Wandel ihre Hoffnung auf die Gewalt setzen«: »Mit Paul VI. erkennen wir an, dass ihre Haltung, häufig ihre letzte Motivierung in edlen Beweggründen der Gerechtigkeit und Solidarität hat. (...) Wenn es auch wahr ist, dass der revolutionäre Aufstand gerechtfertigt sein kann im Falle der eindeutigen und lange dauernden Gewaltherrschaft, die die Grundrechte der Person schwer verletzt und dem Gemeinwohl des Landes schwer schadet, ob diese Gewaltherrschaft nun von einer Person oder von eindeutig ungerechten Strukturen ausgeübt wird, so ist es auch gewiss, dass die Gewalt oder bewaffnete Revolution im allgemeinen neues Unrecht zeugt.«[7)]

Die Bischöfe konnten sich in diesen Aussagen auch auf Reden von Papst Paul VI. berufen, der kurz vor der Bischofskonferenz Kolumbien besucht hatte. Der Papst betonte zum Beispiel die fortschreitende Bewusstwerdung der Unterdrückung bei den Armen und sagte zu den Landarbeitern: »Heute hat sich das Problem zugespitzt, weil Ihr Eurer Bedürfnisse und Eurer Leiden bewusst geworden seid und (...) Ihr könnt nicht dulden, dass diese Bedingungen andauern, ohne ihnen wirksame Abhilfe entgegenzusetzen.«[8)] Die oben zitierten Sätze über die bedingte Rechtfertigung des »revolutionären Aufstandes« sind fast wörtlich aus der päpstlichen Enzyklika Populorum Progressio übernommen.

Im pastoralen Teil forderten die Bischöfe: »Wir müssen das Gewissen zur solidarischen Verpflichtung mit den Armen (...) schärfen. Diese Solidarität bedeutet, dass wir uns ihre Probleme und Kämpfe zu Eigen machen und für sie zu sprechen wissen.«[9)] Durch die Bischofskonferenz von Medellin wurde die Befreiungstheologie zum großen Thema in Lateinamerika. Gustavo Gutiérrez, Theologe aus Peru, schrieb wenig später das grundlegende Werk »Theologie der Befreiung«. Eine neue Generation von TheologInnen entstand in Lateinamerika, erstmals wandten sie sich gegen die Vorherrschaft der aus Europa importierten Theologie. Die bekanntesten neben Gutiérrez sind wohl: Leonardo Boff und Frei Betto in Brasilien, Jon Sobrino in El Salvador, Pablo Richard in Chile und mit ihnen zahlreiche Bischöfe, Priester, Theologen und Ordensleute, die ihre pastorale Arbeit nun im Sinne der Befreiungstheologie ausübten. Trotz der großen Bedeutung von Medellin wäre es ein gründliches Missverständnis, wollte man das Entstehen der Befreiungstheologie auf diese Kirchenkonferenz oder das Wirken der fortschrittlichen Theologen zurückführen. Sie entstand durch die Teilnahme der ChristInnen an der Befreiungsarbeit, sie wurzelte in der Praxis zahlreicher Basisinitiativen und der Präsenz von ChristInnen im Befreiungskampf, wie immer sich dieser auch artikulierte. Die Theologie der Befreiung ist nichts anderes als die Reflexion über die befreiende Praxis im Lichte der Bibel durch ein neues Verständnis der Bibel. Oder, wie sie selbst es nannten, durch eine neue Lektüre. Ohne Befreiungspraxis gibt es keine Theologie der Befreiung, die Praxis geht der Reflexion nicht nur zeitlich voraus, sondern sie ist die unerlässliche Voraussetzung für Reflexion und Theoriebildung.

ChristInnen im Befreiungskampf

Wie sieht nun die Teilnahme der Christinnen und Christen am Befreiungskampf konkret aus? Nach Ansicht dieser Theologie müssen die ChristInnen den Klassencharakter der Gesellschaft erkennen und eine Klassenentscheidung treffen. Oder in ihrer eigenen Terminologie gesprochen, eine »Option für die Armen« treffen. Der soziale, politische und kulturelle Kampf der Volksmassen ist der Weg der Befreiung. Christlicher Glaube ist dann nicht die Akzeptanz von Dogmen, sondern die Teilnahme am befreienden Kampf des Volkes, getragen von der Hoffnung der biblischen Tradition. Nicht die Rechtgläubigkeit – also die Orthodoxie – ist das Kriterium, sondern das richtige Handeln: die Orthopraxis.

Das richtige Tun, im politischen und sozialen Sinn, setzt eine sozialwissenschaftliche Analyse der Gesellschaft voraus. Die moderne Sozialwissenschaft, inklusive der marxistischen Theorie, war für die Befreiungstheologie ein notwendiges Instrument, um verantwortungsvoll am Befreiungskampf teilzunehmen. Daraus ergab sich oft eine weitgehende Übereinstimmung mit den politischen Zielen linker Parteien, ohne von diesen abhängig zu werden. Und diese Übereinstimmung mündete in vielen Fällen in eine klare politische Unterstützung linker Bewegungen. Was das konkret bedeutete, soll an drei Beispielen gezeigt werden: 1) am Weg des kolumbianischen Priesters Camilo Torres, 2) an der Bewegung »Christen für den Sozialismus« in Chile und 3) an der Revolution in Nicaragua.

1) Camilo Torres wurde 1954 zum Priester geweiht und war bereits damals überzeugt, dass Almosen nicht ausreichen, um das Elend zu besiegen. Der Kardinal von Bogotá schickte ihn zum Soziologiestudium nach Löwen, Belgien. 1960 wurde er Kaplan und Professor an der Universität von Bogotá und baute eine soziologische Fakultät auf. Er hielt es für möglich, die Herrschenden durch wissenschaftliche Argumente von der Notwendigkeit einer

Gesellschaftsreform zu überzeugen. Besonders interessierte er sich für eine Agrarreform und er war Direktoriumsmitglied des Nationalinstitutes für Agrarreform. 1962 setzte ihn der Kardinal als Kaplan der Universität ab. Camilo verlor zunehmend den Glauben an die Reformbereitschaft der Herrschenden und so begann er 1964 mit der Ausarbeitung eines Programms für eine Volksbewegung als Alternative zum kolumbianischen Parteiensystem. Agrarreform, eine andere Steuerpolitik, Verstaatlichungen, Gesundheits- und Bildungspolitik für alle waren die wesentlichen Forderungen. Im Mai 1965 wurde auf der Basis dieses Programms die »Frente Unido« gegründet, viele Gewerkschaften, die Christlich-Sozialdemokratische Partei, die Kommunistische Partei und eine Gruppe der Liberalen Partei schlossen sich zusammen. Doch die »Frente Unido« brachte keine gemeinsame Organisation und keine gemeinsame Strategie zustande, sodass sie schon im September wieder auseinander brach. Inzwischen hatte der Kardinal Luis Concha eine Erklärung abgegeben, in der er das Programm von Camilo Torres verurteilte und die Katholiken warnte, diesen »irrigen und schädlichen Lehren zu folgen«.[10)]

In Kolumbien hatte sich die Repression gegen AnhängerInnen der Linken verschärft. Camilo erfuhr bereits im August, dass er gefangen genommen oder ermordet werden sollte. Die »Frente Unido« war bedeutungslos geworden, die Kirche ließ ihn fallen. Er hatte nun die Möglichkeit mehr oder weniger passiv darauf zu warten, ein Opfer der Repression zu werden, oder sich den BefreiungskämpferInnen in den Bergen anzuschließen. Er hoffte, dabei mithelfen zu können, die Aufständischen besser zu koordinieren und so die Umsetzung des Programms der »Frente Unido« zu erreichen. Am 18. Oktober 1965 schloss er sich den Einheiten der Nationalen Befreiungsarmee an, am 15. Februar 1966 wurde er bei einem Gefecht mit Regierungstruppen erschossen. Nach ihm gab es in Kolumbien mehrere Priester, die denselben Weg gingen und dasselbe Schicksal erlitten.

2) In Chile war zu dieser Zeit der Christdemokrat Eduardo Frei Präsident. Im Jahr 1968 spalteten sich linke ChristInnen von seiner Partei ab und gründeten eine neue Partei, die MAPU (= Movimiento de Acción Popular Unitariao). Nach der Wahl von Allende im Jahr 1970 kam es zu einer weiteren Abspaltung von den Christdemokraten und zur Bildung der Partei der Izquierda Cristiana (= Linkschristen), die wie die MAPU der Koalition der Unidad Popular angehörte. Parallel dazu verlief die Entwicklung im chilenischen Klerus. Im April 1971 versammelten sich in Santiago 80 Priester, unter ihnen auch der peruanische Befreiungstheologe Gustavo Gutiérrez. Sie veröffentlichten eine Erklärung, in der sie sich zum Sozialismus bekannten,

zu einer Ökonomie, »die durch die soziale Kontrolle über die Produktionsmittel eine autonome Entwicklung ermöglicht und die Spaltung der Gesellschaft in antagonistische Klassen überwindet«.[11] Sie wollten alle Vorurteile, die zwischen ChristInnen und MarxistInnen bestehen, überwinden und zwischen ihnen ein Vertrauensverhältnis herstellen. Auch Präsident Allende sprach das aus: die Trennlinie in der Gesellschaft bestehe nicht zwischen Christentum und Marxismus, sondern zwischen Ausbeutern und Ausgebeuteten.

Die Erklärung der 80 Priester (ich selbst habe an dieser Tagung teilgenommen, Anm. HB) rief heftige Reaktionen hervor, die Bischöfe lehnten sie ab, Unterstützung gab es von den Professoren der Theologie der Katholischen Universität. Ein Jahr später, im April 1972, fand in Santiago das erste lateinamerikanische Treffen der »Christen für den Sozialismus« statt. 400 VertreterInnen aus ganz Lateinamerika und BeobachterInnen aus den USA und Europa, vor allem Laien, berieten eine Woche lang über die soziale und politische Lage in Lateinamerika, die Haltung der Kirche und die Herausforderung an die ChristInnen. Die Schlusserklärung beinhaltet den Satz: »Der Sozialismus ist die einzige annehmbare Alternative zur Überwindung der Klassengesellschaft.«[12] Zwei Jahre später, am 11. September 1973, setzte sich die herrschende Klasse mit Hilfe des Militärs und den USA gegen die Hoffnung, den Sozialismus friedlich und demokratisch aufzubauen, blutig durch und errichtete eine Diktatur. Je mehr sich der politische Kampf zwischen Regierungslager und der Rechten in den Jahren Allendes zuspitzte, desto deutlicher nahmen die meisten Bischöfe gegen die »Christen für den Sozialismus« Stellung. Wenige Wochen nach dem Putsch wurde die kirchliche Verurteilung dieser Bewegung bekannt, die schon im April 1973 beschlossen worden war. Die sicherlich nicht beabsichtigte Folge war, dass die Schergen Augusto Pinochets alle Mitglieder dieser Bewegung als Freiwild betrachteten. Drei Priester wurden in den ersten Monaten ermordet, andere später, über hundert mussten das Land verlassen, unzählige ChristInnen wurden gefoltert, in Konzentrationslager gebracht oder ermordet.

3) Am 19. Juli 1979 siegte die sandinistische Revolution in Nicaragua. Es war die erste siegreiche Revolution, an der ChristInnen maßgeblich beteiligt waren. Der Widerspruch zwischen Christentum und Marxismus war bei den Sandinisten bereits aufgelöst, die revolutionären ChristInnen standen ebenso im Gegensatz zum Bürgertum wie die Sandinisten und gemeinsam mit diesen lehnten sie den dogmatischen Marxismus, wie er in der Sowjetunion vorherrschte, entschieden ab. Vier Priester, Ernesto Cardenal als Kulturminister, Fernando Cardenal als Erziehungsminister, Miguel D'Escoto als

Außenminister und Pater Parrales als Sozialminister gehörten ab 1979 der Regierung an. Ernesto Cardenal schreibt in seinen Memoiren »Dank sei Gott und der Revolution«: »Diese Worte, mit denen Johannes Paul II. am Flughafen empfangen worden war, waren Worte, die das nicaraguanische Volk häufig verwendete. Vielleicht weil Gott und Revolution zwei von den revolutionären Christen geliebte Worte waren, und die revolutionären Christen bildeten die Mehrheit des Volkes. Denn die Mehrheit der Christen waren Revolutionäre und die Mehrheit der Revolutionäre waren Christen.«[13)]

Ernesto Cardenal lebte zur Zeit der Diktatur Somozas auf Solentiname, einer Inselgruppe im großen See von Nicaragua. Er schuf dort eine kleine Gemeinschaft, an der auch die Landbevölkerung teilnahm. Gemeinsam lasen sie die Bibel und diskutierten darüber, welche Botschaft die Bibel für die Armen in Nicaragua beinhaltet. Die Auslegung der Bibel durch die Bauern hat Ernesto Cardenal in dem Buch »Das Evangelium der Bauern von Solentiname« festgehalten. Die jungen Bauern verstanden das Evangelium als Auftrag zur Befreiung und zogen die Konsequenzen. Sie machten einen Überfall auf den Militärstützpunkt in San Carlos, um sich von der Tyrannei Somozas zu befreien, wobei einige den Tod fanden. Es war eine Niederlage, Solentiname wurde zerstört, Ernesto Cardenal musste nach Costa Rica fliehen. Aber das erste Signal zum Aufstand war gegeben und nachdem immer größere Teile der Bevölkerung mit den Kämpfern in den verschiedenen Landesteilen kooperierten, wurden Somoza und seine Nationalgarde besiegt.

Im März 1983 besuchte Johannes Paul II. Nicaragua; das hatte schwere Folgen. Die Sandinisten hatten alles aufgeboten, um einen reibungslosen Verlauf zu sichern, aber durch die provozierende Predigt des Papstes gegen die Revolution kam es anders. In Guatemala und in El Salvador ermahnte der Papst die Befreiungsbewegungen zur Aufgabe, zum Frieden, aber in Nicaragua vermied er es, ein entsprechendes Wort an die Contras zu richten, die – von den USA gelenkt und finanziert – Teile des Landes terrorisierten. Er weigerte sich auch ein Gebet für die in diesem schmutzigen Krieg Gefallenen zu sprechen. Die Menschen begehrten auf, er brüllte mehrmals: »Ruhe!«. Aus dem anfänglichen Jubel für den Papst war ein Protest geworden, einmalig in der neueren Kirchengeschichte. Ein paar Wochen später verlangte der Vatikan, dass die in der Regierung tätigen Priester ihre Ämter niederlegen sollen, was sie ablehnten. Sie folgten ihrem Gewissen und wurden vom Priesteramt suspendiert. Zugleich wurde der schärfste Gegner der Sandinisten, der Erzbischof Obando, zum Kardinal ernannt. Er hatte nun die Rückendeckung Roms, um alle linken Priester abzusetzen oder, wenn es Ausländer waren, des Landes zu verweisen. Und Präsident Reagan brauchte nicht zu fürchten, dass Rom Kritik an seinem Krieg der Contras gegen Nicaragua übe.

Die zentralen Inhalte der Befreiungstheologie

Obwohl hier nicht eine theoretische Abhandlung über die Theologie der Befreiung erfolgen soll, so müssen doch einige Grundaussagen referiert werden, die für das neue Glaubensverständnis zentral sind. Die Befreiungstheologie stellt die Option für die Armen in den Mittelpunkt ihrer Orthopraxis. Diese Option für die Armen ist nicht dem Belieben jedes Einzelnen anheim gestellt, sondern für jeden Christen und jede Christin verpflichtend. Es ist keine vorrangige Option, sondern eine ausschließende Option, die nicht zugleich eine Option für die Reichen zulässt. Denn die Reichen sollen nicht zu guten Reichen werden, sondern aufhören, reich zu sein. Eine Option für jene, die ungerecht behandelt werden, die aber nicht als Objekte der Zuwendung, sondern als Subjekte ihrer Geschichte gesehen werden.

Die Option für die Armen verlangt eine Bewusstmachung des Konflikt-Charakters der Gesellschaft, einen Bruch mit der Macht. Sie verlangt die Entscheidung, sich mit den Armen zu identifizieren, mit ihnen zu leben. Die aktive Teilnahme am Kampf der Armen umfasst eine politische Option der Solidarität mit ihren Organisationen. Die Übernahme des Schicksals der Armen bringt Konsequenzen, wie Verluste von Privilegien, Ansehen, Besitz und möglicherweise auch Verfolgung und Martyrium.

Das Glaubensverständnis in der Theologie der Befreiung leugnet keines der kirchlichen Dogmen, aber die Dogmen verlieren an Bedeutung und erfahren zum Teil eine neue Interpretation. Das traditionelle Glaubensverständnis stellt die Erlösung in den Mittelpunkt, die neue Theologie die Befreiung. Eine dreifache Befreiung: die von sozialer Not und Unterdrükkung, den befreienden Prozess der Geschichte und die Befreiung in der Zukunft, in der Utopie der historischen Macht der Armen. »Die Utopie der Befreiung, Vorwegnahme und Maßstab des Reiches Gottes, ereignet sich in der Geschichte«, so Joao Libanio.[14] Oder Pablo Richard: »Gott offenbart sich uns und rettet uns aus der Geschichte heraus. Einen Glauben zu haben bedeutet daher, an eine Einflussnahme Gottes auf die Geschichte und eine absolute, transzendente Dimension der Geschichte zu glauben«.[15] Für den Theologen Franz J. Hinkelammert geht es in der Befreiungstheologie nicht um die Frage nach der Existenz Gottes, sondern um die »Frage nach dem geschichtlichen und konkreten Ort, an welchem Gott sich offenbart«.[16] Nach Hinkelammert ist die Befreiung der Armen nur möglich, als ein gegenseitiges Anerkennen der Menschen als körperliche, natürliche und bedürftige

Wesen. Nach ihm ist Gott dort, wo diese Anerkennung stattfindet, findet sie nicht statt, so ist diese menschliche Beziehung von Gott verlassen. »Die Existenz des Armen bezeugt die Existenz einer gottlosen Gesellschaft, ob sie nun explizit an Gott glaubt oder nicht (...). Eine Anwesenheit Gottes, die die Option für die Armen verneint, kann es nicht geben.«[17] Eine traditionelle christliche Gemeinde von KirchgängerInnen meint hingegen, dass Gott auch ohne Option für die Armen unter ihnen präsent sei und ein wenig Caritas genüge. »Die Anwesenheit Gottes ist nun nicht mehr ein inneres Gefühl, sondern verwandelt sich in Praxis (...). Gott sagt nicht, was zu tun ist. Sein Wille ist es, die Armen zu befreien, aber der Weg der Befreiung muss gesucht werden. Es hängt von der Analyse der Wirklichkeit ab, was schließlich der Wille Gottes ist. Daher kann man den Willen Gottes nicht kennen, außer durch eine Analyse der Wirklichkeit, welche niemals auf die Sozialwissenschaften verzichten kann.«[18] So Hinkelammert. Für den traditionellen Christen manifestiert sich der Wille Gottes in erster Linie in den Worten des Papstes und der Bischöfe, also im kirchlichen Lehramt.

Das ist das Gottesbild der Befreiungstheologie: kein ferner, unbeweglicher Gott der Dogmen, sondern ein Gott, der in den Armen leidet und ihre Befreiung will. Die Offenbarung Gottes ist nicht mit der Niederschrift der Bibel abgeschlossen, sondern setzt sich in der Geschichte fort, durch seine Abwesenheit in den gottlosen Zuständen, durch seine Anwesenheit im Prozess der Befreiung. In den Basisgruppen wird dieser Glaube durch die tägliche Solidarität untereinander gelebt, wird die Bibel gemeinsam gelesen und neu interpretiert. Die Befreiung des Volkes Israel aus Ägypten, der Kampf der Propheten gegen soziale Ungerechtigkeit und das Vertrauen auf die Macht des Reichtums und das Beispiel Jesu, der gekommen ist, um »den Armen die frohe Botschaft zu bringen« sind die biblischen Themen, die im Mittelpunkt stehen.

Konflikt und Denunziation

Der innerkirchliche Konflikt zwischen der traditionellen Theologie und einem Teil der Hierarchie war von Anfang an gegeben, doch konnte das kirchliche Lehramt diesen Konflikt nicht mit herkömmlichen Verurteilungen in den Griff bekommen, da die Aussagen der Befreiungstheologie keine kirchlichen Lehrsätze in Frage stellten, sondern die konsequente Umsetzung der Botschaft Jesu einforderten. Genau das aber brachte den Konflikt mit den ChristInnen, die ihren Reichtum bewahren wollten und politisch rechts standen. Sie trugen die Hauptverantwortung für die Militärputsche und die nachfolgende schreckliche Repression der Diktaturen. Es gab tausende Märtyrer. Die Befreiungstheologie wurde als kommunistisch oder marxistisch denunziert. Das war zur Zeit des Kalten Krieges eine gefährliche Bedrohung. Pinochet hatte in Chile für die »Rettung des christlichen Abendlandes« geputscht und wollte das »Krebsgeschwür des Marxismus« beseitigen. All das wurde durch Stellungnahmen einzelner Bischöfe gerechtfertigt, und die sich christlich gebärdende Oberschicht applaudierte.

Die Bischofskonferenz von Medellin sollte rückgängig gemacht werden. Im Generalsekretariat der lateinamerikanischen Bischofskonferenz saß der reaktionäre Bischof Lopez Trujillo, der alle Fäden zog und bei der dritten lateinamerikanischen Bischofskonferenz 1978 in Puebla, Mexiko, eine Verurteilung der Befreiungstheologie durchsetzen wollte. Doch seine Manipulationen gingen der Mehrheit der Bischöfe zu weit, und so konnten sich die fortschrittlichen Bischöfe durchsetzen. Dabei war auch entscheidend, dass die Basisgemeinden ihren Bischöfen klargemacht hatten, welche Konsequenzen eine Verurteilung der Befreiungstheologie hätte. Die Hirten waren nicht überzeugt, aber sie fürchteten den Verlust der Herden. Der deutsche Militärbischof Franz Hengsbach hatte schon 1976 in Rom einen Studienkreis »Kirche und Befreiung« ins Leben gerufen, um eine Verurteilung der Befreiungstheologie vorzubereiten. Später übernahm Kardinal Ratzinger die Leitung der Kampagne gegen diese »irrige Lehrmeinung«. Im Rockefeller-Bericht über Lateinamerika, der Ende der Sechzigerjahre für die Administration in Washington geschrieben wurde, wird die Befreiungstheologie als gefährliche Strömung bezeichnet und im Dokument von Santa Fé (1980), Grundlage für das Wahlprogramm von Ronald Reagan, wird die Front von Volkskirche und Befreiungstheologie als eine der wichtigsten Sorgen der nationalen Sicherheit der USA bezeichnet. Bemerkenswert wie die kirchlichen und politischen Räder der Reaktion ineinander greifen.

Die wachsenden Spannungen machten eine dritte lateinamerikanische Bischofskonferenz notwendig, die Johannes Paul II. 1987 nach Santo Domingo einberief. Sie befasste sich vor allem mit den Vorstellungen einer neuen Evangelisierung Lateinamerikas, womit manche Anliegen der Befreiungstheologie aufgenommen, die Theologen der Befreiung aber an den Rand gedrängt wurden. Immer mehr sprach die Hierarchie von verschiedenen Richtungen in der Theologie der Befreiung, die eine, die für eine neue Evangelisierung stehe, und mit der das Lehramt übereinstimme, und die andere, die marxistisch und daher zu verurteilen sei. Eine Unterscheidung, die völlig willkürlich ist, da die Frage, ob sich die Befreiungstheologie bei der Analyse der sozialen Realität auch des Marxismus bedient oder nicht, eine Frage des wissenschaftlichen Instrumentariums und nicht des Glaubens ist.

In der kirchlichen Realpolitik der Bischofsernennungen ist die Richtung, die der Vatikan nun einschlug, deutlich erkennbar. Bischöfe, die der neuen Theologie nahe standen, wie Mendez Arcéo aus Guernavaca (Mexiko), Helder Camara und Pedro Casaldáliga aus Brasilien und manche andere wurden möglichst bald in den Ruhestand versetzt und es folgten ihnen reaktionäre Amtsträger nach. Die brasilianische Bischofskonferenz, die ein Jahrzehnt lang führend war für die kirchliche Erneuerung im Sinne der Befreiungstheologie, wurde durch die Bischofsernennungen total umgedreht. Der weltweit bekannte Befreiungstheologe Leonardo Boff wurde zuerst mit einem Schweigegebot belegt und dann mit einem Lehrverbot.

Freilich, so kann man als Christ doch sagen, spielt der Heilige Geist nicht immer mit: Erzbischof Arnulfo Romero von San Salvador war bei seiner Ernennung ein sehr konservativer Bischof, doch als die Todesschwadrone seinen engen Freund und Mitbruder Rutilio Grande ermordeten, weil er für die LandarbeiterInnen eintrat, änderte er seine Haltung. Jeden Sonntag verlas er vor der Predigt die Namen derer, die von den Militärs und den rechten Banden ermordet worden waren und trat kraftvoll für die Menschenrechte ein. Und dann wurde er selbst 1980 am Altar von einem Kommando des Roberto d'Aubiusson, dem Gründer der heutigen Regierungspartei El Salvadors, erschossen. Während der Jesuitenpater Roger Vekemans, ein Belgier, der in Chile mit Geldern des CIA den Wahlkampf der Christdemokraten unterstützt hatte, in Rom und in Lateinamerika alles daransetzte die Befreiungstheologie zu bekämpfen, erlitten in San Salvador der Jesuit Ellacuria und weitere fünf Patres den Märtyrertod. Ihre Predigten und ihre Vorlesungen an der Universität wurden als Unterstützung der Befreiungsbewegung angesehen, weil sie sagten, dass die Befreiung der Armen der Wille Gottes sei. Alle Märtyrer der Befreiungstheologie fanden in der Hierarchie keine Anerkennung, denn sie waren ja nicht wegen ihres Glaubens ermordet worden, sondern wegen ihres politischen Engagements.

Niederlage oder neue Perspektive?

Der argentinische Befreiungstheologe Enrique Dussel schreibt: »Obwohl die Befreiungstheologie von Mächten außerhalb und innerhalb der Kirche (...) Verfolgung erfährt, verbreitet sie sich zunehmend innerhalb (...) aber ganz besonders außerhalb der Kirche.«[19] Er bezieht sich dabei auf zwei politische Bewegungen, die heute eine große Bedeutung haben. Erstens auf den Aufstand der Maya in Chiapas (Mexiko) im Jänner 1994 und die dadurch entstandene Bewegung der Zapatisten und zweitens auf die Landlosenbewegung in Brasilien. Beide Bewegungen sind nach übereinstimmender Meinung vieler Beobachter als Früchte der Befreiungstheologie anzusehen. In

Chiapas wirkte der Bischof Samuel Ruíz als großer Freund der Indios. Aus den zahlreichen Basisgemeinden seiner Diözese gingen viele zu den Zapatisten.

Die Bewegung der Landlosen in Brasilien ist heute vermutlich die größte Bauernbewegung der Welt. Sie besetzen brachliegendes Land und drängen die Behörden, dieses Land gemäß dem Agrarreform-Gesetz zu enteignen und ihnen zu übertragen. Die Großgrundbesitzer schicken oft ihre Pistoleiros, um sie zu vertreiben oder zu töten. Es ist eine Bewegung, die unter großen Opfern schon zehntausenden Familien Land zum Leben verschaffte, die eigene Schulen errichtete und Genossenschaften organisierte. Ohne die Landlosenbewegung wäre der Wahlsieg von Luiz Inácio da Silva, Lula genannt, nicht möglich gewesen. Ohne Landlosenbewegung gäbe es in Brasilien keinen Gegenpol zu den Großgrundbesitzern. Sie ist vor allem aus dem über das ganze Land verbreiteten Netz der christlichen Basisgemeinden entstanden. Von der befreienden Kraft des Evangeliums beziehen die Landlosen ihre Hoffnung und den Mut, alles durchzustehen. Aber auch das starke humanitäre Engagement vieler kirchlicher Gruppen und Bischöfe zur Zeit der Militärdiktaturen, ein Engagement gegen jene Kräfte, die sich traditionell als RepräsentantInnen des Christentums verstanden, wäre ohne den Impuls der Befreiungstheologie nicht so massiv zustande gekommen. Hier ist zum Beispiel das Vikariat für Solidarität in Chile zu nennen, das unerschrocken für die Verschleppten, Gefangenen, Gefolterten und Verfolgten eintrat. Ähnliche Einrichtungen existierten und existieren noch immer in vielen anderen Ländern. Seit den Neunzigerjahren wurde es stiller um die Befreiungstheologie, die vorkonziliaren Tendenzen erwiesen sich mit ihren autoritären Machtstrukturen als sehr beständig. Basisgemeinden und BefreiungstheologInnen führen heute keinen Kampf in den kirchlichen Strukturen, sondern in der Gesellschaft. Franz J. Hinkelammert meint, die Befreiungstheologie müsse sich heute zwei sehr konkreten Problemstellungen zuwenden: erstens der Kritik an der neoliberalen Ökonomie und zweitens einer theologischen Kritik des Gesetzes.

1) Die Kritik der neoliberalen Ökonomie: Er sieht im Neoliberalismus eine Reduzierung der Rationalität auf die Rentabilität, so wird das System irrational und führt zum Ausschluss einer wachsenden Zahl von Menschen und zur Zerstörung der natürlichen Lebensgrundlagen. Der Markt wird zur Utopie, der Neoliberalismus zu einer Religion. Die wirtschaftliche Analyse ermöglicht die Unterscheidung der Glaubensinhalte: Glaube an die Utopie des Marktes oder an die Utopie der Befreiung; in Hinkelammerts Verständnis eben das Reich Gottes.

2) Die theologische Kritik des Gesetzes: Hinkelammert wendet sich gegen das Gesetz, das zum Tode führt. Schon der Apostel Paulus habe gegen das Gesetz polemisiert, das Erstarrung und Versteinerung bringt und habe den Widerstand legitimiert. Gegen ein Gesetz, das formal das Recht garantiert, inhaltlich aber totalitär ist. Mit dem starren Gesetz, das keinen Widerstand erlaubt, werden auch Rechtsstaat und Demokratie zum totalitären Moloch. »Das Einfordern der Auslandsschulden der Dritten Welt ist ein Verbrechen, das in ›Erfüllung des Gesetzes‹ begangen wird.« Und er meint weiter: »Heutzutage sind Anzeichen für einen Holocaust der Dritten Welt sichtbar. Wenn sie vernichtet wird, wird sie durch Rechtsstaaten und im Rahmen der strikten legalen Grenzen der Rechtstaaten vernichtet.«[20)]

Seit einigen Jahren gibt es die Bewegung des Weltsozialforums. Zehntausende Menschen aus allen Kontinenten kamen schon mehrmals in Porto Alegre in Brasilien und einmal in Mumbai (Indien) zusammen. Menschen aus größeren oder kleineren Organisationen der Zivilgesellschaft, die entschlossen sind, für eine »andere Welt« zu kämpfen. Die aus den christlichen Basisbewegungen hervorgegangene Landlosenbewegung Brasiliens, die vielen in ganz Lateinamerika existierenden christlichen Gruppen in den Städten und auf dem Land, in den Slums und auf den Universitäten, unter den Gewerkschaftern und Arbeitern, haben einen entscheidenden Anteil an dieser neuen weltweiten Bewegung, die für uns alle eine große Hoffnung darstellt. Die Befreiungstheologie konnte sich innerkirchlich nicht durchsetzen, aber sie lebt heute nicht nur in tausenden Basisgruppen, sondern es gehen von ihr auch noch heute wichtige Impulse zur weltweiten Vernetzung der Alternativbewegungen zum neoliberalen System aus. Der Kampf um die Befreiung ist heute ein globaler Kampf geworden, durch die Befreiungstheologie ist der Teil der ChristInnen, der daran teilnimmt, größer und stärker geworden.

Anmerkungen:

1) Zitiert in der Schlusserklärung des Ersten Lateinamerikanischen Treffens der Christen für den Sozialismus, Artikel 73. In: Los Cristianos y la Revolución, Santiago 1972, S. 222
2) ebd.: S. 17
3) Adveniat (Hg.), Dokumente von Medellin. Sämtliche Beschlüsse der II. Generalversammlung des Lateinamerikanischen Episkopates, Essen 1970, S. 10
4) ebd.: S. 30

5) ebd.: S. 34-35
6) ebd.: S. 35
7) ebd.: S. 35-36, mit Zitaten aus Populorum Progressio
8) ebd.: S. 28
9) ebd.: S. 137
10) Aktion kritisches Christentum (Hg.), Camilo Torres, Priester und Revolutionär, Wien 1976, S. 12
11) Los Cristianos y la Revolución, S.176
12) ebd.: S. 215
13) Ernesto Cardenal, Im Herzen der Revolution, Wuppertal 2004, S. 158
14) Joao B. Libanio, Zur Entwicklung der Befreiungstheologie. In: Raúl Fornet-Betancourt (Hg.), Befreiungstheologie. Kritischer Rückblick und Perspektiven für die Zukunft, Mainz 1997, Bd. 1, S. 37
15) Pablo Richard, Die ursprünglichen theologischen Kernelemente der Befreiungstheologie. In: R. Fornet-Betancourt (Hg.), Befreiungstheologie, S. 22
16) Franz J. Hinkelammert. Zur Artikulation in der Ökonomie. In: R. Fornet-Betancourt (Hg.), Befreiungstheologie, S. 192
17) ebd.: S. 193
18) ebd.: S. 194
19) Enrique Dussel, Zur sozio-historischen Bedeutung der Befreiungstheologie. Überlegungen zu weltgeschichtlichem Ursprung und Kontext. In: R. Fornet-Betancourt (Hg.), Befreiungstheologie, S. 17-18
20) Franz J. Hinkelammert, Zur Artikulation, S. 218

Rotraud A. Perner

Von der Möglichkeit oder Unmöglichkeit einer psychosexuellen Befreiung

»Für den Fluss sind es die Brücken, die fließen.«
Chinesisches Sprichwort

Ende August 1968 – der »Prager Frühling« war soeben durch die Invasion der Sowjettruppen gewaltsam beendet worden – gab es einen tschechischen Cartoon, auf dessen erstem Bild ein Mann zu sehen war, der mit ausgestreckten Grapschhänden einer drallen »Dirn« nachrannte, die sichtlich verzweifelt »Hilfe!« schrie. Auf dem zweiten, fast unveränderten Bild war ein Dritter dazugekommen: ein russischer Soldat in voller Kampfausrüstung mit der Aussage: »Ich bin schon da!«

So kann Freiheit auch inszeniert werden: man registriert – oder phantasiert – irgendetwas Behinderndes, Einschränkendes, Unterdrückendes und bezeichnet dessen Beseitigung als Zustand der Freiheit. Man definiert sich damit als Besserwisser – egal ob man andere mit dem eigenen Freiheitsverständnis zwangsbeglückt oder sich gegen derartige Beglückungsterroristen zur Wehr setzt – und versucht so jenem Gefühl zu entkommen, das wir alle aus unseren ersten Lebensmonaten kennen: es geschieht etwas, das wir nicht wollen, das uns Unbehagen verursacht, was wir los haben wollen – frei davon werden – und das wir mangels Sprache noch nicht verbalisieren können; unser Reaktionsrepertoire pendelt daher noch zwischen lautloser Erstarrung bis zu lautstarkem Protestgeschrei und führt oft zu Etikettierungen wie »störrisch« oder auch »schlimm« und neuerlichen Befreiungsversuchen. Von beiden Seiten. Manchmal bis zum Kindesmord.

Je mehr Sprachgestalten wir im Laufe unseres Erwachsenwerdens kennen lernen, desto größer könnte unser Vorrat an alternativen Verhaltensweisen werden – vorausgesetzt, wir können uns von unseren Vorurteilen befreien: beispielsweise als schlimm, sündhaft, krank oder kriminell zu bezeichnen, was uns stört, und damit zu legitimieren, dass wir uns auf mehr oder weniger gewalttätige Weise von unseren aggressiven Impulsen befreien: der Störenfried muss weg – der äußere natürlich. Den inneren zu beherrschen, würde ja Selbsterziehung erfordern …

Jedes Urteil beruht auf einer Wahrnehmungsgestalt, die wiederum auf einem Sinneseindruck und einer primär emotionalen, sekundär operativen Bewertung basiert. Oder konkret auf Freiheit hin präzisiert: ob wir uns als unfrei, vorübergehend befreit oder grundsätzlich frei erleben, hängt mit unserer Verfügungsfreiheit über unsere Bewertungen zusammen und diese wiederum von dem Entwicklungsstand unseres leibseelischgeistigen Reifungsprozesses.

Geburt – die erste Befreiung?

Ist also schon die Geburt eine Befreiung – oder eine Verstoßung? Oder nur eine spannende Herausforderung für alle Beteiligten – Ausgang und Bewertung ungewiss? Und bewerten wir nicht immer »in Beziehung« zu Anderen – die uns tadeln oder loben, unangenehme oder angenehme Gefühle verursachen – und noch dazu kaum im »Hier und Jetzt«, sondern glückselig oder verdrossen auf Vergangenes oder Zukünftiges ausgerichtet?

Ein Säugling, der noch nicht entwickelt genug ist, seine Muskulatur zu beherrschen – also zielgerichtet (daher in die Zukunft schauend) zu bewegen –, mag einen mehr oder weniger angenehmen »Gefühlsentwurf« von Freiheit besitzen – oder (Vergangenem nachsehnend) von Abtrennung, Haltlosigkeit, Verlassenheit. Bei Josef Hader lautet das dann in einem seiner bissigen Lieder so: »(...) sich nicht waschen müssen, im Bett liegen bleiben, auf den Kopfpolster spucken und ins Bett scheißen: das ist Freiheit. Oder Altersheim. Oder Freiheit. Oder Altersheim. Oder Freiheit (...)«

Nach der psychoanalytischen Entwicklungslehre datieren die ersten Selbstwahrnehmungen im Erkennen und Unterscheiden von Fremden (»Nicht-Ich«) und Vertrauten in die Zeit rund um den achten Lebensmonat: langsam beginnt das Kind sich nicht mehr ganz nah und eins mit seiner Mutter oder der Person, die »muttert«, zu fühlen, reagiert oft mit Angst auf das Neue und verweigert »Nähe«: seine Aktivitäten bekommen damit eine andere Qualität – und die der auf das Kleine reagierenden Bezugspersonen auch. Es bilden sich neue Neurosignaturen – neue Verdrahtungen im Gehirn. Im Zusammenwirken von entweder wiederholten sanften oder einmaligen intensiven Reizen auf mehreren gleichzeitigen Sinnesebenen werden im Gehirn die chemischen Botenstoffe »abgefeuert«, die die neuronalen Netze knüpfen, die wir rückblickend als Inhalt unserer Wahrnehmungen, Erinnerungen oder Zukunftspläne definieren. Wenn tagtäglich dasselbe Erscheinungsbild auftaucht, weitgehend gleich aussieht, klingt, riecht, schmeckt und sich als »Mama« oder sonst wie bezeichnet, entsteht ein »Mama-Neuron« – auch wenn Mama plötzlich die Haare anders gefärbt hat oder ein anderes Parfum benutzt. Und wenn Mama lieb ist und gute Gefühle auslöst, entsteht »Bindung«. Und nicht nur die: es entsteht auch Bindungsfähigkeit – und die kann auswuchern bis hin zur manipulierten Unterwerfung.

Soziale Abhängigkeit

Im ersten Halbjahr des Lebens sind Menschenjunge zu ihrem Gedeihen auf physischen Halt durch eine Pflegeperson angewiesen, aber auch auf Herzenswärme. Das wissen wir spätestens seit den Studien von René Spitz: ohne »Streicheleinheiten« gingen die von ihm beobachteten Waisenkinder zugrunde – auch wenn sie noch so sauber gehalten und gut genährt waren. Der Beginn unseres Lebens außerhalb des Mutterleibs ist ein ungeschützter (auch wenn die Zeit im Mutterleib nicht immer eine beschützte ist, ist zumindest so lange man lebt eine Schutz gebende Umhüllung erfahrbar!) – daher brauchen wir unbedingt die schützende Nähe. Mit fortschreitendem Wachstum braucht das Menschlein immer mehr Raum, kann Grenzen überwinden – die des Raumes, wie die der Erfahrung – und gewinnt so immer mehr Über-Blick. Erlebt Alternative. Kann und muss wählen.

Wird aus dem »ungerichtet« zappelnden und greinenden Baby ein Kleinkind, das seine Motilität bewusst steuern kann, beginnt eine neue Form – eine bewusstere Form – von Wahlfreiheit: aufrichten oder am Boden bleiben, nach links oder rechts schwenken, zupacken oder loslassen (wobei Letzteres das Schwerere ist!). Das Kind läuft weg (wenn man es lässt!), braucht aber die verlässlich wartende Bezugsperson, zu der es immer wieder zurückkehren kann – in »seiner Zeit«: dann, wenn es das will. Darf es keinen eigenen Willen trainieren, wird es also »brav« ist gleich depressiv angepasst, fehlt ihm später die Widerstandskraft wie die Standfestigkeit. Oder es »trotzt« – gibt also seinen Eigensinn nicht gleich auf – und wird voraussichtlich bestraft, nämlich dafür, dass es kraftvoll genug ist, Widerstand auszuhalten.

Leider geben viele ängstliche Erziehungspersonen in dieser Zeit ihre eigenen Ängste an das Kleinkind weiter, erklären nicht, geben nicht Hoffnung und Zuversicht, sondern binden es mit allerlei Drohungen oder blanker Angstmache an sich. In diesem Lebensalter prägt sich oft schon massiv ein, wie sehr der spätere Erwachsene emotionale Abhängigkeit suchen und als Idealfall bezeichnen wird – oder eben nicht. Der Psychoanalytiker Fritz Riemann hat in seinem Grundsatzwerk »Grundformen der Angst« zwei Charaktere beschrieben: den »schizoiden«, der gut allein sein kann und Autonomie anstrebt (und dem Nähe oft Angst macht), und den »depressiven« Charakter, der leidet, wenn niemand da ist, der sich um ihn kümmert oder um den er sich kümmern kann (und der Angst vor dem Alleinsein hat) und daher oft auf Selbstbestimmung verzichtet, nur um Teil eines Paares oder einer Gruppe sein zu dürfen. Für den »Schizoiden« liegt Freiheit in der Distanz zu allem, was zu nahe kommt, einengt: ein obsessiver Liebespartner ebenso wie ein vereinnahmender Vorgesetzter, autoritäre Gesellschaftsstrukturen oder repressive Gesetze. Menschen mit dieser Charakterstruktur sind auch selten bereit, Kompromisse einzugehen – lieber allein aber dafür im Bewusstsein, sich nicht in ungerechte, unfaire oder unsinnige Machenschaften verstrickt zu haben, auch wenn das einsame Unverstandensein schmerzt.

Für den »Depressiven« liegt Freiheit hingegen in der Bewegungsfreiheit, ganz nahe kommen zu können, sich anzuschmiegen oder »hineinzuwürmen«, wie es eine psychotherapeutische Kollegin einmal formulierte. Er wird der Nähe halber sein Eigenleben aufgeben – zumindest das anbieten und versprechen und insgeheim vielleicht die verbotenen Wege beschreiten, immer in der Angst vor dem Ertappt- und Verstoßenwerden. Er ist der geborene Vertraute, Adjutant, aber auch Mitläufer und sogar Verräter: er braucht immer einen anderen, der ihm vermittelt, dass er »jemand« ist, dafür zahlt er auch mal den Preis seiner Ehre. Das macht ihn auch so gefährlich: in der anonymen »Geborgenheit« einer Gruppe – sei sie auch noch so selbstzerstörerisch (wie etwa im Suchtmilieu, Alkohol inbegriffen) oder asozial bis kriminell – kann er alle persönliche Verantwortung und Autonomie aufgeben und sich nachher auf Gruppendynamik oder Befehl ausreden und damit im ersten Stadium der psychosexuellen Entwicklung, der so genannten »oralen« Phase, verharren und auf mütterliche Fürsorge hoffen oder »die Gesellschaft« als Muttersatz anklagen, dass sie nicht besser mit ihm umgegangen ist.

Ob nun der so genannte depressive Charakter in seiner seelischen Entwicklung retardiert oder überhaupt fixiert ist (oder genuss- und bindungsfähig), hingegen der schizoid Orientierte reif (oder verbittert im Rückzug von der Gesellschaft), mag Ausgangspunkt psychoanalytischer Diskurse darstellen – ich sehe die beiden Extrempositionen als Begrenzungspole einer Bandbreite, in deren Mitte die Wahlmöglichkeit liegt und wenn diese Wahl des Verhaltens bewusst und verantwortet getroffen wird, eine Form von Freiheit.

Unbewusst versucht jeder Mensch mit mehr oder weniger Erfolg alles, was Angst auslösen könnte, zu vermeiden: fühlt er/sie sich schwach, wird er/sie sich mit Stärkeren verbünden – wie schon als Säugling eingeübt. Das erklärt auch, wieso Opfer von Gewalt oft ihre Peiniger schonen, decken oder gar verteidigen. Identifikation mit dem Aggressor nennt dies die Psychoanalyse, Stockholm-Syndrom die Viktimologie.

Später wird man Sicherheit spendende Strukturen suchen oder selbst kreieren – zumeist außen, mit zunehmender Selbsterkenntnis innen: von der Behausung bis zum Kraftaufbau, von Spielregeln und Gesetzen bis zum Seelentraining oder meditativer Vervollkommnung der Macht des Geistes.

Aus der Abhängigkeit kommt man dennoch nicht heraus: es gibt sie immer, die Anderen, und selbst der gewiefteste Freundschafts- oder Ehevertrag ist keine Garantie gegen den »Feind in meinem Haus« oder gar »Bett«.

Narzisstische Ängste

Wenn das Kleinkind in seiner psychosexuellen Entwicklung die orale Phase der Gier und Trägheit (erstes Lebensjahr) und damit der Abhängigkeit von Nahrungsspendern und Herumträgern überwunden hat, und auch nicht im Zorn und Geiz der analen Phase (mit etwa zwei bis drei) – Brüskierung anderer durch Eigensinnigkeit und Nicht- hergeben-Wollen – hängen geblieben ist, trifft es auf die Herausforderungen der phallisch-narzisstischen Phase (zwischen drei und vier): es experimentiert mit Rollen und Identitäten und heischt nach Anerkennung – es traut sich zu fordern und überfordert oft. Andere sind nur Stichwortbringer dafür, dass das noch unsichere Selbstwertgefühl durch Applaus gestärkt wird. Wer hier seelisch fixiert ist, wird später vor allem an seinem Image arbeiten und von denjenigen abhängig sein, die ihm schmeicheln; seine/ihre sexuellen »Beziehungen« werden dann mehr Show sein als Bezugnahme auf jemand anderen. So zeigen die potenziellen Fixierungen und späteren Störungen im Phasenverlauf frappante Ähnlichkeit mit den sieben Hauptsünden der katholischen Kirche und sind ident mit den »großen« psychiatrischen Diagnosen (wie ich in meinem Buch »Management macht impotent« aufgezeigt habe: die so genannten Tugenden der Manager sind eigentlich die so genannten Wurzelsünden!): Sucht, Depression, Borderline-Syndrom, Zwang, narzisstische Störung, Sexsucht, Verfolgungswahn.

Erst in der folgenden so genannten ödipalen Phase mit all ihren – hoffentlich nicht chronischen! – Konkurrenz- und Neidgefühlen wird das nunmehr vorschul- oder schulreife Kind erstmalig beziehungsfähig und damit reif für tiefere Gefühle: nicht frei von Schmerz, sondern frei für den bewusst erkannten und benannten Schmerz.

Frei von Ängsten und seelischem Leiden zu werden, gilt allerdings vielen als erstrebenswertes Ziel. Wie ein Filmheld – bindungslos, fühllos, skrupellos, erbarmungslos. Unabhängig, mobil, flexibel, verschiebbar von einem Einsatzort zum anderen, unbeeinträchtigt von Gefühlsaufwallungen oder -überflutungen (und wenn mal doch, dann mittels Tranquilizern oder Weckaminen schnell im erwünschten Status), Single sowieso – der ideale Arbeitssklave im Zeitalter der Globalisierung – und damit schon wieder unfrei. Aber sagte nicht auch schon Gautama Buddha: »Drum häng‘ dein Herz an Liebes nicht, Geliebtes lassen tut so weh.«?

Ich sehe in diesem Streben nach Freisein von Beziehungskummer (oder umgekehrt auch Beziehungsfreuden) eine Form von verkapptem Narzissmus. Das ist pervertiertes Elitestreben – Triumph über andere, »nur« Menschliche, auf die man herab blicken kann während man selbst in göttliche Höhen empor zu wachsen meint. Überheblichkeit als Selbstschutz, Niedertracht als selbsterhöhende Rache an all denen, die einen nicht (genug) anbeten – Hauptsache ist immer: die Anderen sind unten, nur nicht man selbst. Das sind die tiefenpsychologischen Hintergründe – auch wenn sie als besondere »Einweihung« vergöttlicht werden wie von Marquis de Sade, wenn er die Überwindung menschlicher Schwächen – vom Ekel bis zum Mitleid – propagiert; sie gehört übrigens auch zum Standardrepertoire satanistischer »Einweihungen«.

Richard Picker beschreibt in seinem Buch »Das Ende vom Lied?« seinen Lebensweg vom Napola-Schüler zum katholischen Priester und nach seiner Heirat mehrfach graduierten Psychotherapeuten – einen Weg aus glorifizierten elitären Männerbünden hin zu einem Beruf, der »weiblichen« Tugenden verpflichtet ist (oder zumindest sein sollte). Hier Mitgefühl und Akzeptanz auch für das »ganz Andere«, dort Grausamkeit und Ausgrenzung – auch für das unerwünschte »ganz Andere« in einem Selbst.

Utopie der Freiheit

2005 feiert das offizielle Österreich. Unter anderem feiert es auch seine Befreiung vom Naziregime vor 60 Jahren. Und zumindest die Sozialdemokratische Partei nimmt sich die Freiheit heraus, die eigene Offenheit nach Ende des Zweiten Weltkriegs – auch eine Form von Freiheit – für die Aufnahme von NS-Belasteten zwecks Verstärkung ihrer Wähler- oder auch Mitgliederzahlen zuzugeben: offenbar ist ihre mentale Distanz vielfach groß genug, sich weitgehend angstfrei der eigenen Verantwortlichkeit zu stellen. Andere Parteien schweigen. Andere gründen sich lieber neu in der Hoffnung, die Vergangenheitslinie auszulöschen oder zumindest verwischen zu können.

Das dürfen sie auch – das gehört zur Freiheit dazu. Wenn wir uns zu ihr bekennen. Aber wo sind dann die Grenzen der Freiheit? Bei den Gesetzen? Dem Wiederbetätigungsgesetz etwa? Die Antwort lautet Nein – wie die jüngste Geschichte des Parlamentarismus zeigt: es liegt lediglich an einer verschleiernden Wortwahl, dass die Staatsanwaltschaft auf ihre Freiheit verzichtet, eine Geisteshaltung als kriminell zu bewerten. Die selben Menschen, die sich heute entsetzt dem Terror des Al Kaida Netzwerks gegenüber sehen, bemerken kaum, dass dahinter die selbe Geisteshaltung steht wie im

Nationalsozialismus: die WIR haben Recht, weil WIR die Besseren sind, die Anderen Unrecht, weil sie minderwertig, amoralisch, sündig – oder auch einfach nur weiblich sind (den Aufbau derartiger faschistischer Denkstrukturen hat der Linzer Wirtschaftswissenschafter Walter Ötsch anschaulich dargestellt).

Daher sehe ich Freiheit im Bewusstsein

• des unvermeidlichen Wechselspiels von Machtausübung zugunsten oder zulasten von Gegnern, egal ob sie einander hassen oder lieben,

• der Optionen auf unterschiedliche Verhaltensweisen und ihren Folgen und

• der bewussten Entscheidung für eine verantwortete (und setze Drogenfreiheit voraus).

• Und: Ich sehe keine Möglichkeit einer Freiheit von Werten!

Ohne jetzt auf die sozialen Formen von Gewalt wie Inszenierungen von Armut, Obdachlosigkeit bis zu Folter oder Terror im Namen von Wirtschaftsfreiheit, Religionsfreiheit oder umgekehrt der Berufung auf den Mythos von der Entscheidungsfreiheit, »Wo ein Wille – da ein Weg«, eingehen zu wollen, möchte ich festhalten: alle unsere Impulse, Entscheidungen und Handlungen laufen über unseren Geist – und damit über unser Zentralnervensystem. Und: wir haben viele »Geister« – oder »Talente«, wie sie der amerikanische Psychologieprofessor Robert Ornstein benennt und nachgewiesen hat. Er schreibt: »Für manche Menschen ist die Gefühlsdimension die einzige Grundlage ihres Lebens, für andere ist es eine Dimension, die sie weitgehend ignorieren. Diejenigen, die ihre Gefühle ignorieren, betrügen sich ziemlich sicher nur. Denn es sind eindeutig unsere Gefühle, die unsere Meinungen bestimmen, ob wir das nun zugeben oder nicht.«

Folgen wir Ornstein, so könnten wir das Gefühl von Freiheit mehrfach zuordnen:

• den »grundlegenden« Talenten, die sich um kurzfristige Überlebensfragen konzentrieren (und vielleicht spontan Flucht oder Kampf veranlassen),

• den »etwas komplexeren«, die sich auf Bewegungsplanungen beziehen (und zu Distanzierungen und anderen Abgrenzungen wie Kündigung, Scheidung, Emigration, etwa auch revolutionärer Art, motivieren) und

• den »komplexesten«, die auf Selbstwahrnehmung und Denken zielen (und damit auch über das subjektive Erleben von Freiheit nachzusinnen oder – zwecks Vermeidung persönlicher Betroffenheit – über Freiheit angeblich objektiv zu philosophieren).

Auch wenn wir wähnen sollten, frei sein zu können: Freiheit hinkt immer der Unfreiheit nach. Das ergibt sich aus unserem Verhaftetsein im Raum-Zeit-Gitter: sie ist immer Ergebnis eines Bewusstwerdungsprozesses und – sie ist daher veränderlich und auch vergänglich.

Literaturhinweise:

Ornstein Robert, Multimind. Ein neues Modell des menschlichen Geistes. Ergebnisse der Humanwissenschaften für Erziehung, Therapie und Management. Junfermann Verlag Paderborn 1992

Ötsch Walter, Haider light. Handbuch für Demagogie. Czernin Verlag 2000

Perner Rotraud A., Hausapotheke für die Seele – Erste Hilfe von A(ngst) bis Z(orn). Deuticke Wien 2005

Perner Rotraud A., Kultur des Teilens – Einladung zu einem dialogischen Leben. Ueberreuter Wien 2002

Perner Rotraud A., Management macht impotent – Abschied vom Mythos Macher. Orell Füssli Zürich 1997

Picker Richard, Das Ende vom Lied? Positionen eines Lebens zwischen Hitlerjugend, Psychotherapie und Kirche. Czernin Verlag Wien 2005

Riemann Fritz, Grundformen der Angst. Eine tiefenpsychologische Studie. Ernst Reinhard Verlag München Basel 1984

Richard Leutner

Soziale Sicherung als Bedingung der Freiheit

Das neoliberale Credo, wonach jede/r seines/ihres Glückes Schmied sei, vermittelt den Eindruck unbegrenzter Freiheit menschlichen Handelns. Doch wie frei ist der Mensch wirklich?

Jeder Mensch unterliegt selbstverständlich den beschränkenden Gesetzen der Natur wie der Schwerkraft, aber auch notwendigen sozialen Einschränkungen seiner Freiheit. Totale Freiheit des Einzelnen ist in keiner demokratischen Gesellschaft möglich. Selbst die Liberale Heide Schmidt hat einst gesagt, dass die Freiheit des Einen dort ende, wo die Freiheit des Anderen beginnt. Beim politischen Postulat der Freiheit muss diese daher in ihrer gesellschaftlichen Perspektive gesehen werden. Die Frage ist daher nicht nur wie frei der Einzelne/die Einzelne, sondern wie frei die Gesellschaft als Ganzes ist. Schon Denker der Französischen Revolution wie Rousseau haben erkannt, dass die Freiheit einer Minderheit nicht auf der Unterdrükkung der Mehrheit basieren kann. In diesem Fall kann man nicht von Freiheit sprechen und in diesem Sinne findet sich auch bei Brecht/Eisler die Strophe: »Und weil der Mensch auch ein Mensch ist, drum hat er Stiefel im Gesicht nicht gern. Er will unter sich keinen Sklaven sehen und über sich keinen Herrn.« Ich führe dieses Zitat zur Untermauerung einer mir wesentlichen Feststellung an: Es besteht ein unauflösbares Junktim zwischen Freiheit und Gleichheit.

Mit der Gleichheit verhält es sich jedoch genauso wie mit der Freiheit. So vielschichtig der Begriff ist, so unterschiedlich wird er auch politisch interpretiert. Daher bleibt Gleichheit wie Freiheit lediglich ein schwammiges und banales Postulat, wenn nicht näher erläutert wird, was denn unter dem Begriff verstanden wird. Für die ArbeiterInnenbewegung war der Kampf um Freiheit untrennbar mit dem Kampf um Gleichheit verbunden, beruhend auf der Überzeugung, dass Ungleichheit mit Ungerechtigkeit verknüpft ist und Unfreiheit bedeutet.

Das Postulat der Gleichheit war während der französischen Revolution als Kampfansage gegen die Aristokratie gedacht. Heute benutzt es der Neoliberalismus als Kampfansage gegen den Sozialstaat. Die Neoliberalen meinen, da die Menschen gleich sind, ist keinerlei staatliche Intervention nötig, um allfällige Ungleichheit zu beseitigen. So wird die Gleichheit vom Neoliberalismus als Aufforderung zur Ignoranz gewertet. Davon möchte ich mich deutlich abgrenzen. Die Menschen sind in vielerlei Hinsicht verschieden und ungleich. Ich sehe die Gleichheit der Menschen erst in Anerkennung ihrer Verschiedenheit. Erst ein starker Sozialstaat stellt jene Gleichheit her, mit der individuelle Freiheit verwirklichbar ist. Ich bin davon überzeugt, dass sozialer Schutz und wirtschaftlicher Erfolg sich gegenseitig stützen und nicht, wie neoliberale KritikerInnen behaupten, Gegensätze sind. Erst die Sicherheit eines sozialen Netzes befähigt, die Chancen des gesellschaftlichen und wirtschaftlichen Wandels wahrzunehmen. Zur Gleichheit in politischer Hinsicht wurde mit der Überwindung des diskriminierenden Zensuswahlrechts und der Klassenvorrechte bereits zu Beginn des 20. Jahrhunderts ein wesentlicher Schritt getan. In rechtlichen Belangen sind wir vor dem Gesetz auch alle gleich. Dies darf jedoch nicht darüber hinwegtäuschen, dass durch die bloße rechtliche Gleichheit noch lange keine tatsächliche Gleichheit gegeben ist. Die wesentliche Forderung der Gewerkschaften besteht daher in der Schaffung von annähernder Gleichheit der Chancen im Leben. Chancengleichheit zwischen den sozialen Gruppen genauso wie jene zwischen den Geschlechtern. Generell gesprochen, zwischen Stärkeren und Schwächeren in unserer Gesellschaft. Dies führt mich zum Kernpunkt dieses Beitrags. Der Rolle des Wohlfahrtsstaats für die Verwirklichung gesellschaftlicher Freiheit.

Wie wichtig ein starker Sozialstaat mit entwickeltem Arbeitsrecht ist, möchte ich an folgendem Beispiel zeigen. Man könnte behaupten, die ArbeitnehmerInnen seien eigentlich frei. Sie werden nicht zum Verkauf ihrer Arbeitskraft gezwungen, schließlich wird ein Arbeitsvertrag ja von freien, rechtlich ebenbürtigen Personen geschlossen. Doch der Zynismus dieser Behauptung wird entlarvt, wenn man bedenkt, dass einzelne ArbeitnehmerInnen gegenüber einem Unternehmen bei der Begründung eines Arbeitsverhältnisses kaum Gestaltungsspielraum bei den Arbeitsbedingungen besitzen, außer anzunehmen oder anzulehnen. Des Weiteren ist es ArbeitnehmerInnen nicht möglich, den Verkauf ihrer Ware Arbeitskraft hinauszuzögern, wenn keine adäquate Stelle zu finden ist. In der Regel sind die Menschen gezwungen, sich ihren Lebensunterhalt durch Arbeit zu verdienen und bezahlte Arbeitsplätze selbst sind ein knappes Gut. Die Schieflage der Machtverhältnisse in einer marktwirtschaftlichen Wirtschaftsordnung wird durch das Sozialsystem zwar nicht aufgehoben, aber zum Teil kompensiert. Genau das ist auch der politische Zweck der Arbeitslosenversicherung. Gäbe es keine Unterstützung für Arbeitslose, so würde die Position der ArbeitnehmerInnen dramatisch verschlechtert werden, sie wären unmittelbar in ihrer Existenz bedroht.

Durch die Verbreitung so genannter atypischer Beschäftigung sowie durch diskontinuierliche Erwerbsverläufe ist es immer öfter der Fall, dass viele ArbeitnehmerInnen keinen oder einen nur unzureichenden Anspruch auf Arbeitslosenunterstützung haben. Ähnlich verhält es sich bei anderen Aspekten unseres Sozialsystems, wie der Pensionsversicherung. Diese Tatsachen veranlassen mich als Gewerkschafter und Sozialdemokraten für eine Modernisierung unseres Sozialstaats einzutreten. Das System der Sozialversicherung bewährte sich unter den Bedingungen durchgehender, vollzeitiger, geregelter Arbeit und wirtschaftlichen Wachstums. In den letzten zwanzig Jahren hat unser soziales Sicherungssystem jedoch Lücken bekommen. Diese Lücken ergeben sich im Wesentlichen durch die Verschiedenartigkeit der Lebensformen und die Entwicklungen in der Arbeitswelt. So ist ein freier Dienstnehmer/eine freie Dienstnehmerin *nur* weitgehend *frei* von arbeitsrechtlichem Schutz. Die sozialstaatliche Riskenabsicherung im Falle von Arbeitslosigkeit, Unfall, Krankheit und Alter ist durch die zunehmende Präkarisierung der Beschäftigungsverhältnisse umso wichtiger geworden. Daher hat der Sozialstaat in meinen Augen flexibel zu bleiben und sich den heutigen Herausforderungen zu stellen. Wir müssen den Sozialstaat durch Aus- und Umbau stärken, um ihn für die Zukunft zu sichern.

Eines dieser anstehenden Reformprojekte ist die Modernisierung der Armutsbekämpfung durch integrierte Sozialsysteme und bedarfsorientierte Grundsicherungselemente. Das Gesicht der Armut hat sich gegenüber früheren Jahrhunderten deutlich verändert. Armut lässt sich nicht mehr ausschließlich schichtspezifisch definieren, sie kann in einem bestimmten Lebensabschnitt auftreten und auch wieder überwunden werden. Sie ist das Resultat verschiedenster sozialer Schieflagen, in die Menschen durch Brüche in ihren persönlichen Biographien geraten können. Solche Brüche können beispielsweise Scheidung, Arbeitslosigkeit, gesundheitliche Beeinträchtigung sein. Als besonders von Armut betroffen gelten Mehrkindfamilien mit nur einem Erwerbseinkommen, AlleinerzieherInnen und MigrantInnen. Das größte Verarmungsrisiko besteht jedoch eindeutig für erwerbslose/arbeitslose Personen. Laut Sozialbericht des Sozialministeriums haben Haushalte mit langzeitarbeitslosen Mitgliedern ein fast dreimal so hohes Risiko in die Armut zu geraten. Erwerbsarbeit hat für die Existenzsicherung nach wie vor zentrale Bedeutung. Armutsgefährdung ist keine Randerscheinung, sondern ein Phänomen von dem in Österreich derzeit 13 Prozent der Bevölkerung betroffen sind. Die derzeitige Existenzsicherung bei Verlust des Arbeitsplatzes ist jedenfalls unzureichend und armutsgefährdend.

Ich begegne diesem Problem mit der Forderung nach einer konsequenten Beschäftigungspolitik und einer Modernisierung des sozialstaatlichen Instrumentariums der Armutsbekämpfung. Um unser Sozialsystem armutsfest zu machen, ist es ganzheitlich zu konzipieren, von präventiver Armutsbekämpfung über Reformen der Sozialversicherung bis hin zur Umgestaltung des zweiten sozialen Netzes in Richtung bedarfsorientierter Grundsicherungselemente. Die Sozialhilfe darf nicht mehr den Geist der Obrigkeitsstaatlichkeit atmen, sie soll bundesweit einheitlich gestaltet werden, den Hilfesuchenden serviceorientiert begegnen und keine neuen Abhängigkeiten erzeugen. Oberstes Ziel muss es sein, die Betroffenen bei der Aufnahme einer Erwerbstätigkeit zu unterstützen. Es ist unsere Aufgabe, diesen Menschen wieder Sicherheit und eine Lebensperspektive zu geben.

Arbeitslosigkeit nicht einfach hinnehmen

Als dringendste Aufgabe der österreichischen Wirtschafts- und Sozialpolitik sehe ich jedoch die Bekämpfung der derzeit skandalös hohen Arbeitslosigkeit. Wenn heute weit über 300.000 Menschen, darunter über 50.000 Jugendliche keine Arbeit finden, so ist das für die österreichische Gesellschaft inakzeptabel. Wenn die Konjunktur schwach ist, muss sich die Politik auf allen Ebenen doppelt anstrengen. Dringend notwendig wäre ein kräftiger Investitionsschub, insbesondere in den Ausbau von Straße, Schiene und Telekommunikation.

Darüber hinaus können eine wirksame Entlastung der kleineren und mittleren Einkommen und insbesondere die Erhöhung der Negativsteuer nicht nur ein dringender Impuls für die Beschäftigung sondern auch ein wirksamer Beitrag zur Bekämpfung der Armut sein.

Wir dürfen nicht zulassen, dass der Neoliberalismus jene Entwicklung nach 1945 rückgängig macht, die von einem Obrigkeitsstaat zu einer Gesellschaft freier BürgerInnen geführt hat. Einer Gesellschaft, bei der die arbeitenden Menschen nicht zu BittstellerInnen werden, die auf den Brosamen der wirtschaftlichen Entwicklung warten müssen. Der breite Mittelstand, welcher auch die arbeitenden Menschen in unserem Land miteinbezieht, darf nicht in eine Zwei-Drittel-Gesellschaft gespalten werden, bei der Freiheit nur ein für eine Minderheit erlebbares Phänomen ist. Dafür lohnt es sich zu kämpfen.

Judith Holofernes

Guten Tag (Die Reklamation)

Meine Stimme gegen ein Mobiltelefon
Meine Fäuste gegen eure Nagelpflegelotion
Meine Zähne gegen die von Doktor Best und seinem Sohn
Meine Seele gegen eure sanfte Epilation

Es war im Ausverkauf im Angebot die Sonderaktion
Tausche blödes Leben gegen neue Version
Ich hatte es kaum zu hause ausprobiert da wusste ich schon
an dem Produkt ist was kaputt – das ist die Reklamation

Guten Tag guten Tag ich will mein Leben zurück
Ich tausch nicht mehr ich will mein Leben zurück
Guten Tag ich gebe zu ich war am Anfang entzückt
aber euer Leben zwickt und drückt nur dann nicht
wenn man sich bückt – Guten Tag

Meine Stimme gegen die der ganzen Talkshownation
Meine Fäuste für ein müdes Halleluja und Bohnen
Meine Zähne gegen eure zahme Revolution
Visionen gegen die totale Television

Es war im Ausverkauf im Angebot die Sonderaktion
Tausche blödes Leben gegen neue Version
Ich hatte es kaum zu Hause ausprobiert da wusste ich schon
an dem Produkt ist was kaputt – das ist die Reklamation

Guten Tag guten Tag ich will mein Leben zurück
Ich tausch nicht mehr ich will mein Leben zurück
Guten Tag ich gebe zu ich war am Anfang entzückt
aber euer Leben zwickt und drückt nur dann nicht
wenn man sich bückt – Guten Tag

Text: Judith Holofernes. Musik: Judith Holofernes / Jean-Michel Tourette / Pola Roy. Verlag: © 2001 Freudenhaus Musikverlag / Partitur Musikverlag GbR / Wintrup Musikverlag, Detmold. Wir sind Helden, Album »Die Reklamation« EMI/Labels. Mit Dank für die Bereitstellung.

Peter Menasse

Das Paradoxon der Freiheit

Absurder Prolog

Es ist Sonntag. Das Ehepaar Victim sitzt plaudernd in der Küche, die Kinder spielen in ihrem Zimmer. Es läutet an der Wohnungstür. Die beiden Erwachsenen blicken sich erstaunt an. Sie erwarten keine Gäste. Als sie öffnen, steht die Nachbarfamilie vor ihnen. Ebenfalls zwei Kinder, zwei Erwachsene. »Guten Tag«, sagt der Nachbar. »Wir haben ein Problem, könnten Sie uns helfen?« fährt er fort. »Was ist denn los?« fragen die Victims. »Unser Gasherd hat seinen Geist aufgegeben, unsere Kinder sind hungrig und auch wir haben schon seit langem nichts mehr gegessen. Könnten Sie uns wohl eine kleine, warme Mahlzeit zubereiten?« Der Hausherr schüttelt ablehnend den Kopf, doch da sagt seine Frau bereits zu: »Es gehört zu unseren Lebensregeln, dass wir niemanden abweisen, der in Not ist. Kommen Sie doch herein.«

Sie eilt in die Küche, nimmt ein paar Fertiggerichte aus dem Tiefkühler und stellt Geschirr auf den Tisch. Die Überraschungsgäste sind ebenfalls in die Küche gekommen und schauen ihr bei den Vorbereitungen zu. Als die Hausfrau einen Topf auf den Gasherd stellt und die Flamme entzünden will, mischt sich der Nachbar ein. »Nein«, sagt er, »so geht das doch nicht.« Er dreht den Gasherd wieder ab, entnimmt seiner Tasche, die er bei sich trägt, ein paar dünnere und dickere Hölzchen und ein Feuerzeug, dreht sich nochmals zu Frau Victim um und sagt: »Ich bin so frei.« Er schichtet das Brennmaterial auf dem Gasherd zu einer kleinen Pyramide auf und entzündet es dann. »So geht das, wir machen das zu Hause auch immer so«, sagt er zufrieden, »jetzt können sie das Essen aufwärmen. Vom Feuermachen verstehe ich halt einfach mehr als sie«. So absurd diese Geschichte auch klingen mag, das wirkliche Leben übertrifft sie allemal. Was zu zeigen sein wird.

Freiheit und Demokratie

Was Freiheit ist, hat die Sozialistin und Vorkämpferin gegen Krieg und Rassismus, Rosa Luxemburg, im Sinne der Aufklärung auf den Punkt gebracht: »Freiheit ist immer Freiheit des anders Denkenden. Nicht wegen des Fanatismus der ›Gerechtigkeit‹, sondern weil all das Belebende, Heilsame und Reinigende der politischen Freiheit an diesem Wesen hängt und seine Wirkung versagt, wenn die ›Freiheit‹ zum Privilegium wird.« Freiheit besteht nur dort, wo Menschen bereit sind, sich aus Gründen der Vernunft und des Respekts zu beschränken. Erst die Begrenzung von individueller Freiheit eröffnet die Chance, dass alle an der großen, der allgemeinen Freiheit teilhaben. Wenn jede und jeder die Grenzen respektiert und reflektiert, erweitert sich der Freiheitsrahmen.

Die moderne Demokratie setzt die Regeln für ein solches System, das nicht Macht für den Einen oder einige Wenige maximiert, sondern die Rechte jeder/s Einzelnen optimiert. Darum auch erweist sich eine gelebte Demokratie trotz all ihrer Schwächen stets als die beste Staatsform, wenn es darum geht, dass alle teilhaben. Die Demokratie errichtet dieses Gebäude der Freiheit auf zwei Säulen, zum ersten auf der Setzung und Durchsetzung von Regeln und zum zweiten auf der aktiven Mitarbeit der Bürgerinnen und Bürger, die Bereiche von nicht Regelbarem durch ihr demokratisches Bewusstsein ausfüllen und die Gesetze, wenn es denn notwendig wird, verteidigen. So weit, so gute Theorie.

Die Feinde der Freiheit

Die Demokratien westlichen Zuschnitts sind verletzbar. Ihnen geht es wie der Familie Victim aus dem absurden Beispiel. Ihre Regeln des Anstands und der Solidarität werden von Gruppen in Frage gestellt werden, die selbst nicht in der Lage sind, eine lebenswerte Gesellschaft zu errichten. Die Zerstörer nutzen den Anstand und die Gesetze der Freiheit für ihre destruktive Energie.

Zwei solcher Gruppen sollen hier benannt werden, um ein Muster zu zeigen, das die Freiheit gefährdet und dem zu begegnen ist. Diese Feinde der Freiheit in Europa sind zum einen die Rechtsextremen, die im Gefolge jeder wirtschaftlichen Krise mit ihren verkürzten Argumenten WählerInnen dazu gewinnen und zum anderen die fundamentalistischen Islamisten, die zunehmend auf unsere Gesellschaft Einfluss zu nehmen suchen. Beiden diesen Gruppen ist gemein, dass sie die Regeln der Demokratie, einmal die Rede- und Versammlungsfreiheit, das andere Mal die Religionsfreiheit mit dem deklarierten Ziel in Anspruch nehmen, eben diese Regeln sofort abzuschaffen, wenn sie nur an die Macht kämen.

Glatzen …

Dieses »Paradoxon der Freiheit« hat im Deutschland des Jahres 1933 einen Wahlerfolg der Nationalsozialisten ermöglicht. Bald war das Parlament, von den Nazis »Quatschbude« genannt, ausgeschaltet und jede Form von Freiheit im Blut von Millionen Menschen erstickt.

Heute sitzen in vielen europäischen Parlamenten Abgeordnete, die sich unverhüllt autoritäre Regimes herbei wünschen und die Regeln der Freiheit verachten. In Deutschland marschieren die »Glatzen«, in Österreich bevölkern Abgeordnete den Bundesrat, die immer wieder aufs Neue implizit die Schrecken des Nationalsozialismus verharmlosen und ihre »ParteigenossInnen« tun sich schwer, die Verharmlosungen entschieden zu verurteilen. Von Italien über die Schweiz bis nach Holland, um nur einige Länder zu nennen, kommen autoritäre PolitikerInnen in Machtpositionen, deren Anschauungen dem Geist der Freiheit widersprechen.

... und Mittelalter

Der deutsche Innenminister Otto Schily hat bei der Vorlage des »Verfassungsschutzberichts 2004« den islamistischen Terror noch vor den Aktivitäten extremer politischer Gruppierungen als Hauptgefahr für die demokratische Ordnung bezeichnet. In Deutschland wurden in diesem einen Jahr 171 Ermittlungsverfahren mit einem islamistisch-terroristischen Hintergrund durchgeführt.

Was treibt Menschen dazu, die aus ihren Ländern geflüchtet sind, weil dort die Menschenrechtssituation oder aber auch die ökonomische Lage für sie unerträglich wurde, genau jene Zustände herstellen zu wollen, die in ihren Herkunftsländern zu Not und Unterdrückung führen? Warum wollen sie hier den Gasherd mit Holz beheizen, wenn das schon zu Hause nicht funktioniert hat? Wie immer wir diese Fragen auch beantworten, es bleibt eine große Herausforderung für die freien Demokratien: Wir müssen unsere Grundwerte verteidigen, ohne die Türen jenen zu verschließen, die Not leiden.

Irrwege und Auswege

Was also ist zu tun? Der US-amerikanische Weg besteht in einer dramatischen Minimierung der Freiheitsgrade, mit der absehbaren Konsequenz, dass die Gesellschaft am Ende genau so rigide organisiert sein wird, wie es sich die religiösen FundamentalistInnen oder die rechtsextremen AnhängerInnen von autoritären Systemen wünschen. Der Generalsekretär von Amnesty International Österreich, Heinz Patzelt, warnte im Mai 2005 im Zusammenhang mit dem »Krieg gegen den Terror« vor einer »gefährlichen neuen Weltordnung« und meinte: »Regierungen haben ihre Versprechen zur Einhaltung und Förderung der Menschenrechte gebrochen. Unter den

Schlagworten von Freiheit und Gerechtigkeit wird eine Politik der Unsicherheit und der Angst betrieben.« Die Demokratie schafft sich mit dem Argument, sie müsse um ihr Überleben kämpfen, schleichend selber ab.

Das extreme Gegenmodell besteht in der Aufrechterhaltung der »reinen Demokratielehre«, also in einem bedingungslosen Verteidigen der Grundrechte für jede noch so Menschen verachtende Position. Streng nach den Grundwerten der »Aufklärung« hält man die Menschen für fähig, selbst den Unrechtsgehalt von Worten und Taten zu erkennen. Die Geschichte jedoch lehrt uns anderes. Auch heute führt eine solche Position nur dazu, dass »Glatzen« auf der Straße NS-Parolen brüllen, dass Abgeordnete das Andenken an die Shoah-Opfer schänden oder dass extremistische Mullahs den Tod der Ungläubigen predigen dürfen.

Freude an der Ästhetik der Demokratie

Was aber dann? Darauf gibt es keine einfache Antwort. Im Gegensatz zu autoritären politischen oder religiösen Systemen mit ihren eindimensionalen (Befehls-)Strukturen, braucht ein demokratisches Gemeinwesen Menschen, die bereit sind, sich einer komplexen Welt zu stellen. Was Not tut, ist daher eine neue Offensive für die Ästhetik der Demokratie. Es gilt, die Freude an der Offenheit, an der Mitsprache und am Diskurs zu schärfen. Denn Menschen, die bewusst für die Freiheit leben, werden auch immer wissen, wann sie diese Freiheit verteidigen, ebenso aber auch wo sie Grenzen ziehen müssen. Rosa Luxemburg, die von Feinden der Demokratie ermordet wurde, sagte: »Die Welt ist so schön bei allem Graus und wäre noch schöner, wenn es keine Schwächlinge und Feiglinge auf ihr gäbe.«

Wer also an die Tür der Freiheit klopft, weil er Hunger hat, mag eintreten. Das Feuer wollen wir aber weiterhin selber entzünden – nach den Regeln der Vernunft, weil die erst diese Freiheit ermöglicht haben …

Sabine Bauer und Irmgard Klammer

Babelfisch

Eine Kurzgeschichte

Babelfisch saß wie jeden Tag schon früh morgens vor seinem Computer, den er liebevoll *Babbage 12* nannte. Wie jeden Morgen würde er *Babbage 12* pünktlich um fünf Uhr, zwanzig Minuten und dreißig Sekunden starten. Noch war es nicht so weit.

Wäre sein bisheriges Leben anders, nur ein bisschen glücklicher verlaufen, hätte er sich diesen sekundengenauen Unfug niemals angeeignet. Doch an irgendetwas musste er sich halten, um von der Welt der Bites und Bytes nicht zur Gänze verschlungen, am Ende sogar aufgelöst zu werden. Die Uhr war seine heimlich Verbündete geworden. Mit ihr gemeinsam regulierte er seinen Tagesablauf. Piepste sie dreimal, lehnte er sich von *Babbage 12* zurück und pendelte gedanklich zurück in die Zeit, als er noch zu den jungen Hoffnungsträgern gezählt hatte.

Er hatte so viele Chancen gehabt. Manche hatte er genutzt, doch die eine, die wichtigste, hatte er aus Gedankenlosigkeit vertan.
Ja damals, hätte er damals nur ein bisschen mehr in die Zukunft gedacht, wäre aus ihm ein anderer geworden.

Schon als Kind hatte er sich von seiner Mutter zu jedem erdenklichen festlichen Anlass ein elektronisches Gerät gewünscht und auch erhalten. Alles war wunderbar gelaufen. Volksschule, Gymnasium, Studium der Informatik, dazwischen hatte er seine Frau kennen gelernt und geheiratet.

Babelfisch schüttelte immer wieder den Kopf. Was für ein Hornochse er doch gewesen war!

Damals war er Tag und Nacht vor seinem Computer *Babbage 7* gehockt und hatte großartige, marktreife Programme ausgetüftelt. Die Nachfrage hatte sich in dem Moment eingestellt, als er seine Programme als Testware ins Netz stellte. Ein Monat später hatte er ein kleines Unternehmen aufgebaut und sein bester Freund die Geschäftsführung inne. Doch dann ging die große Firmenschluckerei los. Zuerst national, dann international. Na ja, jedenfalls war er daran schuldlos gewesen und hätte er nur hie und da, wie sein Freund, ein Auge auf seine Frau geworfen anstatt pausenlos *Babbage 7* anzustarren, wäre alles gut gegangen. Babelfisch konnte es eigentlich heute noch nicht fassen: Ein halbes Jahr nach der Gründung seines Unternehmens ließ sich seine Frau wegen Einsamkeit von ihm scheiden. Einsamkeit? Was für ein Unsinn, er hatte doch den Großteil der Programme zuhause geschrieben und viele Geschäftsbesprechungen hatten in ihrem Beisein, ebenfalls zuhause stattgefunden.

Dann war auf einmal ein internationaler Hai, der Multi *Kybersis*, da und hatte seine Firma mir nichts dir nichts geschluckt. Das hätte er noch irgendwie verkraftet, aber das dicke Ende stand noch bevor.

Einen Tag nachdem die Firma inhaliert worden war, verschwanden Freund und Exfrau, eine Woche später las er deren Vermählungsanzeige im Netz und die Nachricht, dass sein Ex-Geschäftsführer ins Management der Firma *Kybersis* berufen worden war. Das war Babelfischs vorläufiges Ende gewesen.

Fazit: Babelfisch ging in die Versenkung, begann zu trinken und machte Schulden.

Als er eines Tages von einer Versenkungstour nach Hause kam, fand er seinen *Babbage 7* versiegelt vor. Am nächsten Tag kam eine Transportfirma und holte sein Mobiliar inklusive *Babbage 7* ab. Er selbst hatte eine vorläufige Schonfrist, innerhalb von 3 Monaten seine Schulden in Höhe von 400.000 Ecus zu begleichen, oder wegen Veruntreuung …

Er musste von vorne anfangen. Die Versenkungstour hatte ihm gar nicht gut getan. Er war aufgedunsen und wirkte trotz sportlicher Figur, die er einst besessen hatte, wie ein Fass. Seine Körpergröße von 1,85 m konnte den dazugewonnenen Umfang nicht mehr ausgleichen. Er sah gar nicht gut aus. Die Haare waren, wie die grauen Zellen, schütter geworden, sein Vollbart zottelig und seine einst strahlenden blauen Augen hatten sich eingetrübt.

»Babelfisch, Babelfisch«, hatte er sich damals immer wieder gesagt, »jetzt stehst du vor einer Weggabelung!«. Selbstständig konnte er mit diesem Schuldenberg nicht so schnell mehr werden, also musste er in ein Angestelltenverhältnis. Wäre er Installateur oder Maurer geworden, hätte er mehr Optionen gehabt, aber als Informatiker gab es nur eine Möglichkeit, das war der Multi *Kybersis*.

Babelfisch hasste *Kybersis*. Sollte er schon wieder geschluckt werden? Zuerst seine Firma und nun auch er? Das würde die totale Unfreiheit bedeuten. Es blieb ihm keine Wahl. Die Welt hatte sich nun mal verändert und *Kybersis* suchte immer neue Mitarbeiter, zahlte in Relation sehr gut und gewährte sogar überdurchschnittliche Aufstiegsmöglichkeiten, vorausgesetzt Babelfisch würde es schaffen sich ganz und gar der Firmenstrategie, zwischen 0 und 1 zu pendeln, hinzugeben. *Kybersis* nannte dieses Pendeln »fließende geometrische Zustände«, wozu der menschliche Körper, ohne den von *Kybersis* entwickelten Programmen und Schnittstellen, nicht in der Lage wäre.

Das alles ist jetzt schon fünf Jahre her, oder vielleicht waren es auch schon sechs, sieben oder acht Jahre. Babelfisch wollte sich gar nicht so genau erinnern. Bisher war alles einigermaßen gut gegangen, die Schulden hatte er abgebaut und von der Firma hatte er schon wieder einen neuen Computer, *Babbage 12*, zur Verfügung gestellt bekommen. Babelfisch startete seinen Computer wie immer zuverlässig.

Der Tag begann dennoch denkbar schlecht. Kaum hatte er die Startmaske vor Augen, zog ein Spruchband über den Bildschirm. Zeitgleich erschien auf der rechten Monitorseite ein weibliches Avatarengesicht: *Sylvie*. Babelfisch erschauerte kurz, als er begriff, dass *Sylvie* offenbar die Funktion hatte, ihm den Inhalt des Spruchbandes in aller Deutlichkeit näher zu bringen:

»Dies ist eine Warnung der Stufe eins. Sie sind nicht gut genug. Ihr Programm ist veraltet, besorgen sie sich eine neue Einstellung, ansonsten werden SIE *herr* Babelfisch ausgetauscht.«

Das Wort »*herr*« war absichtlich kursiv und klein geschrieben, die Firma hatte vor, es demnächst ganz zu löschen. Geschlecht, sagten sie, sei eine unnütze Kategorie geworden. Wer genau hinter dem »sie« und der »Firma« stand, ob es humane, leibliche Wesen waren oder ein kybernetisches Monstrum, hatte Babelfisch noch nicht herausgefunden, denn eigentlich hatte es bisher keinen Anlass gegeben, darüber nachzudenken.

Sylvie, die Stimme des Roboterprogrammes für leistungsschwache Mitarbeiter, sagte dieses »SIE herr Babelfisch« mit Klirren in der Stimme. Metallisch und höllisch und mit einem nachdrücklichen Schnalzen. Während sie sprach, lächelte sie ihr schönstes Interface-Lächeln, schöner als Blondibarbie es je gekonnt hätte.

Babelfisch wusste nicht so recht, was *Sylvie* mit »Einstellung« gemeint hatte. Bisher hatte er immer getan, was die Firma von ihm verlangt hatte. Unregelmäßigkeiten konnten ihm nicht nachgewiesen werden, außer, dass seine Taktfrequenz in den letzten Jahren ein abweichendes Diagramm gezeigt hatte. Der Kontext war Babelfisch klar. Er hatte eine Blasenschwäche und musste deshalb immer wieder auf den Abort, was bedeutete, dass sich seine Taktfrequenz am Computer verzögerte. Diese Blasenschwäche lag wahrscheinlich daran, dass er sich wie ein Abortus fühlte, wie ein Fehlgeborener in dieser Welt der anorganischen Makellosigkeit.

Die Firma hasst den Abort, das wusste Babelfisch. Er war für sie ein störender Nicht-Raum, der die Menschen an die Sterblichkeit erinnerte, an Werden, an Dasein, an körperhafte Empfindungen. Immer wenn Babelfisch vom Abort zurück kam und sich wieder an den Computer setzte, fühlte er einen abgrundtiefen Hass. Was oder wen er hasste, wusste er nicht so genau, aber gerade das machte es auch so kompliziert. Er wollte eigentlich nicht so oft den Abort aufsuchen, aber wie konnte er sich sonst zwischendurch dem permanenten Kreislauf, dem Hin- und Herpendeln zwischen 0 und 1 entziehen. Seitdem *Kybersis* zweimal die Budgetlöcher des Staatshaushaltes gestopft hatte, sprach sie durch alle elektronischen Kanäle von einer totalen Energie-Bringschuld an das System.

Omni, das Arbeitsrhythmusprogramm der Firma, war unerbittlich mit dem Aufzeichnen arhythmischer Ausfälle.

Babelfisch verdiente nicht entsprechend, um sich eine neue künstliche Blase zu leisten, die ihn endgültig von dem Problem mit der arhythmischen Taktfrequenz entlastet hätte. Außerdem musste er mindestens zwei Jahre schuldenfrei sein, eh er wieder Anspruch auf einen größeren Kredit haben würde.

Aber eigentlich fürchtete er sich davor, sich einen Fremdkörper, eine kleine Maschine, implantieren zu lassen. Er hatte schon des Öfteren gehört, dass diese Geräte zwar tatsächlich funktionierten und die Funktionen der jeweilig ersetzten Organe tadellos übernehmen würden, aber gleichzeitig gäbe es Phantomschmerzen, Lähmungsgefühle und einen sukzessiven Verlust der körperlichen Selbstkontrolle, die dazu führten, dass immer mehr Organe durch künstliche ersetzt werden mussten, solange bis ... Babelfisch schnappte nach Luft. Seine Gedanken begannen zu kreisen. Wortgebilde zischten durch seinen Kopf. »Ich bin nicht mehr Herr meiner Sinne«, dachte Babelfisch, »oder ist die rebellische Stimme in meinem Inneren eine Computer-Simulation, schon wieder ein neues Programm der Firma, um all jene dingfest zu machen, die immer noch eigenständig dachten?«. Babelfisch sah sich plötzlich mittendrin in einer gewaltigen Entscheidungsschlacht: Entweder würde er auf der Stelle wahnsinnig werden oder aber dem nachgehen, was er seit Jahren unterdrückt und möglicherweise auch seine Hassgefühle evoziert hatte.

Nun musste er sich entscheiden. Folgt er nun seiner inneren rebellischen Stimme, die ihn nötigte, die Masken der Firma, ihre Strukturen und wer oder was hinter ihr stand zu lüften, oder würde er für den Rest seines Lebens damit befasst sein, sich zu überlegen, ob er sich eine künstliche Blase implantieren lassen sollte oder nicht?

Babelfisch wusste, dass der Zugriff auf das System harte Strafen nach sich ziehen würde. Aber diesmal musste Babelfisch etwas unternehmen. Entweder er und sein Verstand – oder die Firma. Er zögerte noch. Sollte sein Systemzugriff einen Absturz bewirken, dann müsste er eben mit den Folgen leben: Entzug des Computerführerscheins, Vorstrafe, Arbeitslosigkeit, dann obdachlos, ausgestoßen.

Die Welt war unherzlich und unwirtlich geworden. Die Geräte schränkten das Atmen ein, unterbrachen den Rhythmus, bedrängten die Menschen.

Ja, sie bedrängten ihn. Auch *Babbage 12* gehörte dazu. Babelfisch entschied sich. Er musste es tun. Der erste Schritt war die Überbrückung der Zeitklüfte, d.h. Babelfisch musste es schaffen, aus der Einheitszeit in die Eigenzeit zu schlüpfen. Theoretisch war der Vorgang relativ leicht, praktisch aber verlangte dieser Wechsel genau das, was Babelfisch seit Jahren nicht mehr getan hatte: Sich dem eigenen Rhythmus anzupassen. Durch die Einheitszeit war sein Lebensrhythmus in allem auf die Maschinen abgestellt. Die Weltzeit war die Maschinenzeit, die vormals einfach Zeit hieß. Mit ihr gelang es, die Welt und ihre Kreaturen mit den Maschinen gleichzuschalten. Denn alles was die Maschinen taten, war gut für die Menschen, wurde offiziell immer wieder verlautbart. Manche Menschen behaupteten sogar mit den Maschinen sei das Paralleluniversum auferstanden.

Somit aß, trank, arbeitete und schlief Babelfisch zu – von den Maschinen – festgesetzten Zeiten. Hatte er einen Bonus erarbeitet, durfte er 10 Minuten lang Software-Pirat oder mit einem Joystick Formel-1-Pilot spielen, einen Airbus fliegen oder auf einer Kreuzfahrt Millionär sein üben.

War er überdurchschnittlich tüchtig, durfte er sich ein Videoüberwachungsprogramm laden und ein paar Minuten lang Szenen aus der neoludditischen Antimaschinenwelt beobachten. Die Antimaschinenweltler taten Babelfisch irgendwie leid, denn sie mussten in einem fürchterlichen Chaos leben. Sie kleideten sich in Lumpen und ernährten sich von den Abfällen der Maschinenzeitmenschen.

Babelfisch sinnierte: »Sie leben genau so wie es in den SF-Filmen der Jahrtausendwende ›prophezeit‹ worden war.«

Wahrscheinlich, das glaubte jedenfalls Babelfisch lange, waren sie bei der Gleichschaltung nicht erfasst worden oder es waren beim Gleichschaltungsprogramm Fehler aufgetreten. Auch jetzt gab es noch immer Irritationen, wie zum Beispiel Babelfisch selbst. Das Versprechen, die Maschinen würden, wenn sich der Mensch mit ihnen gleichgeschaltet hätte, paradiesische Zustände schaffen und die Menschen von der Arbeit befreien, hatte Babelfisch immer bezweifelt. Bislang hatte weder eine Befreiung von der Arbeit stattgefunden noch hat Babelfisch je eine Ecke vom Paradies gesehcn.

Oder war seine schwache, nervöse Blase etwa ein paradiesischer Umstand?

»*herr* Babelfisch, wenn sie nicht sofort ihrer Arbeit wieder aufnehmen, wird braincontrol aktiv.«

Es war *Sylvie*. Babelfisch fluchte. Noch nie hatte er so einen Hass auf diese Avatarin und auf die Firma verspürt wie in diesem Augenblick. Er hatte noch nicht alles durchdacht, also musste er wenigsten pro forma seine Arbeit weiter tun und versuchen, seinen Hass im Zaum zu halten. Wer oder was ist er eigentlich? Ist er ein Mensch oder ein Plagiat, eine Kopie, etwas, das wie ein Stück Papier aus dem Drucker herauskam, flachgedrückt wie seine Emotionen seit langer Zeit? Hatte er überhaupt noch Sehnsüchte? Was war es, worauf er sich früher gefreut hatte?

Babelfisch kochte innerlich. Als seine Tastatur auf seine Fingerschläge nicht mehr reagierte, merkte er wieder, wie gut es tat, wenn Emotionen unmittelbar zum Ausdruck kamen. Er hatte noch nie eine Tastatur so grob behandelt.

»Achtung, das ist eine Subroutine. SIE *herr* Babelfisch, durch ihr neuerliches arhythmisches Verhalten, verlängert sich ihre heutige Arbeitszeit um 3 Stunden.«

Babelfisch stierte auf das Spruchband. *Chipdea* sei dank, keine *Sylvie*! Hätte sich die Avatarin jetzt wieder gezeigt, wäre er vermutlich explodiert. Obwohl sie nicht erschienen war, wusste Babelfisch, dass es an der Zeit war, seine Entscheidung, die Entscheidung für die Eigen-Zeit, real umzusetzen. Er atmete tief durch, dann drückte er auf den magischen Befehl: »Alle Profile löschen«. Die Maschine surrte los. Babelfisch wurde aus dem elektronischen Bann geschleudert. Ein Blitzsymbol fuhr über das Interface und ihm wurde bewusst, dass ihm nichts Besseres geschehen konnte als die Selbstenthaftung aus den letzten Jahrzehnten seines Lebens – Jahrzehnte, die er vor dem Bildschirm abgesessen hatte.

In seinem Körper rumorte es und für einen Augenblick fühlte er sich schwerelos wie der erste Mann am Mond, im Niemandsland und von Millionen Augen am Bildschirm begleitet. Mit einem Schlag fühlte er sich wie neugeboren und spürte, wie die Lebenskräfte in seinen Körper und in seinen Geist zurückflossen und irgendwo tief im Inneren vernahm er ein zaghaftes BIEP seiner Seele.

Babelfisch stand auf und ging nach Hause. Unterwegs blinkte ihm auf den zahllosen town-guide-screens diese Nachricht entgegen:

»Babelfisch ist tot. Selbstmord.«

Und in diesem Moment erinnerten sich tausende andere Schirmanhafter daran, dass sie einen Namen, ein Selbst und die Möglichkeit hatten, ihre Eigen-Zeit zu leben. Babelfisch hatte seine Freiheit wiedererlangt. Und dies war es, was er gesucht hatte.

Rahim Taghizadegan und Gregor Hochreiter

Zehn Thesen zur Freiheit

Freiheit! Das ist der edle Ruf, den sich schon nahezu jede Gesinnung zu Eigen machte. Als abstraktes Ziel, als versprochenes Paradies, als Lohn für heutige Entbehrung, als Schlachtruf und Bannerspruch, als Parteiname und Gelöbnisformel begleitet uns dies schöne Vokabel und bleibt dabei doch immer hinreichend abstrakt, um mit den unterschiedlichsten Inhalten gefüllt zu werden. Nicht zuletzt die totalitären Regime Europas machten sich diesen Umstand zunutze.

Als Angehöriger einer in Europa vom Aussterben bedrohten Spezies, den klassischen bzw. konsequenten Liberalen, ist es mir ein besonderes Anliegen, den Begriff der Freiheit abzustauben und zu versuchen, ihm etwas von seinem ursprünglichen Glanz wiederzugeben. Zehn Thesen mögen hierbei der Struktur und Vollständigkeit dienen.

1. Freiheit ist eine Tatsache

»Alles ist, was es ist. Freiheit ist Freiheit: nicht Gleichheit oder Fairness oder Gerechtigkeit oder Kultur oder menschliches Glück oder ein ruhiges Gewissen.«
Isaiah Berlin

Es ist das Verdienst von Rose Wilder Lane, einer jener drei bemerkenswerten Frauen, die nach einem dunklen Zeitalter des Militarismus und Chauvinismus den konsequenten Liberalismus in den USA zu neuem Leben zu erwekken suchte, all das Schindluder mit dem Begriff der »Freiheit« durch eine einfache Einsicht entblößt zu haben: Freiheit ist eine Tatsache. Es ist die dem Menschen eigene Fähigkeit, seine Handlungen bewusst und selbstbestimmt zu wählen.

Menschen sind frei. Bloß wissen es die meisten nicht. Unfreiheit ist demnach eine Illusion. Sie basiert auf Aberglauben. Der älteste dieser Aberglauben ist der, dass Naturkräfte, Geister und Dämonen das menschliche Handeln bestimmen. Die Geister und Dämonen des modernen Menschen heißen anders: Klasse – Rasse – Volk – Staat. Lane fasst die freiheitsfeindlichen Ideologien so zusammen: »Alle fordern, daß der Staat eine bessere Sozialordnung schaffen solle; daß der Staat die Menschen kontrollieren solle, die Güter produzieren und verteilen; daß der Staat Sicherheit für die

Menschen dieser Erde schaffen solle. Die Grundlage all dieses Denkens ist die Unkenntnis über kreative Energie; es ist die Unkenntnis der wahren menschlichen Natur; es ist der alte heidnische Aberglaube, daß es eine Macht gibt, die eine statische und beschränkte Welt kontrolliert.«

Die Wahrheit ist eine andere: Jeder Mensch kontrolliert sein eigenes Handeln. Wer sich dessen nicht bewusst ist, kann nicht anders, als nach der Macht zu sehnen, die er als bewegend ansieht. Wer glaubt, dass Kultur, Wohlstand, Sicherheit, Bildung, Solidarität durch eine Macht – den Staat, die Götter, das Volk – geschaffen werden, nicht durch individuelles, menschliches Handeln, der wird danach trachten, jene Macht zu kontrollieren. Für den bedeutet Freiheit bloß »Mitbestimmung«, Götzendienst oder völkisches Bekenntnis.

2. Unfreiheit ist eine Illusion

»(Es) sind aber die Gedanken der Ökonomen und Staatsphilosophen, sowohl wenn sie im Recht als wenn sie im Unrecht sind, einflußreicher, als gemeinhin angenommen wird. Die Welt wird in der Tat durch nicht viel anderes beherrscht.«
John Maynard Keynes

Wir haben viele Möglichkeiten, das Handeln unserer Mitmenschen zu beeinflussen. Doch glücklicherweise wurde noch keine Möglichkeit gefunden, die Handlungen anderer Menschen zu determinieren. Leider ist die Bestimmung über die eigenen Handlungen vielen zu wenig. Sie trachten danach, auch fremde Handlungen zu kontrollieren. Sie streben nach Macht.

Wenn wir etwas von jemandem wollen, das er uns nicht geben möchte, bleibt uns nur Respekt oder Zwang; die Akzeptanz der Freiheit des Nächsten oder die Einengung seines Handlungsspielraumes. Zwang ist ein Versuch, unsere Selbstbestimmung zu verunmöglichen. Menschen mittels physischer Gewalt direkt zu steuern, ist nur begrenzt möglich. Darum funktioniert Zwang meist durch die Androhung, bestimmte Handlungsoptionen mit zusätzlichen Kosten zu belegen — dem Einsatz von Leben, Freiheit, oder Hab und Gut. Der Straßenräuber, der uns die *Wahl* »Geld oder Leben« stellt, übt Zwang aus, denn diese *Wahl* lässt sich nicht ohne zusätzliche Kosten – dem Einsatz unseres Lebens – ignorieren: Es handelt sich um keine Wahl, sondern um einen Angriff auf unsere Freiheit.

Da Freiheit eine Tatsache ist, kann Unfreiheit nur eine Illusion sein. Diese Illusionen der Unfreiheit sind wirksamere Waffen als jede Pistole und jedes Messer. Nach mehreren Überfällen könnte das Opfer selbst etwa der Illusion erliegen, keine Wahl zu haben, also Marionette des Räubers zu sein. Dann wird es sein Geld allein auf die Forderung hin herausrücken, selbst wenn der Räuber unbewaffnet ist.

Meist sind es Machthaber oder jene mit entsprechenden Ambitionen auf Macht, die solche Illusionen erzeugen. Sie schaffen dominante Ideen der Unfreiheit: Der Untertan könne gar nicht anders, als gehorchen. Der Beraubte könne gar nicht anders, als zahlen. Irgendwann muss der Räuber dann selbst keine Waffen mehr tragen, er kann höflich und zuvorkommend sein, erscheint im Anzug an der Haustür, wünscht einen guten Tag und holt sich ab, was ihm bloß – wie doch jeder wisse – zustünde.

Besonders erfolgreiche Illusionen der Unfreiheit sind kollektivistische Begriffe und Orwellsche Umdeutungen. Zu ersteren gehören das »Gemeinwohl«, die »Volksgemeinschaft« oder der »Staat«. Der französische Liberale Frédéric Bastiat erkannte treffend: »Der Staat ist die große Fiktion, durch die jeder versucht, auf Kosten des anderen zu leben.«

Orwellsche Umdeutungen erklären Zwang zu Freiheit und Freiheit zu Zwang. Da werden »strukturelle Zwänge« erfunden, die entstünden, wenn Menschen frei handeln, und eine »wahre Freiheit« versprochen, die nur durch Zwang zu erreichen sei. Illusionen der Unfreiheit sind ein gutes Geschäft. Eine große Zahl von »Intellektuellen« finden damit ihr Auskommen; einst als Hofintellektuelle, heute als Staatsintellektuelle. Robert Musil brachte es auf den Punkt: »Ohne Philosophie wagen heute nur noch Verbrecher anderen Menschen zu schaden.«

Sie alle schaffen jene Voraussetzungen der Macht, die keine Armeen, keine Polizei schaffen könnten: Freiwillige Selbstversklavung. Enteignende Steuersätze, schikanöse Bürokratie, kafkaeske Regulierung, staatliche Kapitalaufzehrung, Wohlstands- und Arbeitsplatzvernichtung, Pyramidenspiele und Schulden auf Kosten nachfolgender Generationen – all dies wird durch solche Illusionen nicht nur möglich, sondern erscheint schließlich sogar erstrebenswert. Menschen, die sich früher wegen minimalen Steuerlasten zum Aufstand erhoben, gehen heute für höhere Steuern auf die Straße. Studenten, die Jahrhunderte für die Unabhängigkeit der Universitäten vom Staat kämpften, rufen heute nach mehr Staat. Künstler, die einst zu den schärfsten Kritikern der Macht gehörten, verfassen heute für Subventionen willfährige etatistische Propaganda.

Étienne de la Boétie drückte jene Illusionen der Unfreiheit am deutlichsten aus: »Beschließt, nicht mehr zu dienen, und ihr werdet sofort frei sein. Ich bitte nicht darum, daß ihr Hand an den Tyrannen legt und ihn stürzt, sondern einfach, daß ihr ihn nicht mehr unterstützt; dann werdet ihr sehen, wie er wie ein riesiger Koloss, dem der Sockel weggezogen wurde, unter seinem eigenen Gewicht fällt und in Stücke zerbricht.«

3. Freiheit ist Eigentum

»Die Macht über die Existenzmittel eines Menschen entspricht der Macht über seinen Willen.«
Alexander Hamilton

Freiheit ist Freiheit, doch gibt es eine Bedingung der Freiheit, die so stark ist, dass sie zu einem Synonym wird. Dass Menschen über ihr Handeln entscheiden, bedeutet, dass sie über sich selbst verfügen. Sie halten Selbsteigentum. Ihr Leben, ihr Körper, ihr Geist befinden sich in ihrer Verfügungsgewalt. Jede Ausübung von Freiheit ist auf Eigentum angewiesen. Aufzählungen von »Freiheiten« verschleiern dies. Was ist die »Pressefreiheit« wert, wenn alle Druckereien und jedes Blatt Papier Staatseigentum sind?

Der klassische Liberale John Locke gliederte Eigentum in die untrennbare Trias »Leben, Handlungsfreiheit und Sachgüter« auf. Menschen verlieren ihren Handlungsspielraum und damit die Möglichkeit, ihre Freiheit zu ihrem Wohl einzusetzen, wenn sie nicht über ihre Zukunft (ihr Leben), ihre Gegenwart (ihr Handeln) und ihre Vergangenheit (ihre selbst geschaffenen und rechtmäßig erworbenen Güter) verfügen. Freiheit ohne Eigentum ist leer und bedeutungslos. Was allen gehört, gehört niemandem. Das große Versprechen einer »gerechten Ordnung«, die Eigentum durch Fremdbestimmung ersetzt, kann nur zu Totalitarismus und Knechtschaft führen. Dies beweisen nicht nur Geschichte und Ökonomie, sondern schon einfache Logik. »Jeder nach seinen Fähigkeiten, jedem nach seinen Bedürfnissen« schafft eine totalitäre Gesellschaft, die statt dem Guten im Menschen – Fleiß, Ehrlichkeit, Sparsamkeit – das Schlechte fördert – Faulheit, Lüge, Verschwendung, ergänzt um totale Kontrolle von jedem durch jeden. Jedes totalitäre Regime hat bisher seinen Angriff auf die Freiheit mit einem Angriff auf das Eigentum begonnen. Eigentum ist – wie Ökonomie – deshalb so verhasst, da es die Folge von Knappheit ist. Wir leben nicht mehr im Paradies: Während unsere menschlichen Bedürfnisse grundsätzlich unbeschränkt sind, sind es die irdischen Güter doch. Die einzig gerechte und der menschlichen Freiheit entsprechende Form des Umgangs mit dieser Knappheit ist Privateigentum – eine individuelle Verantwortungssphäre über Leib, Leben und jene Güter, die sich Menschen ohne Zwangsanwendung angeeignet haben: durch eigene Arbeit oder freiwilligen Tausch. Eigentum ist die Voraussetzung für Freiheit, denn ohne Eigentum könnten wir nicht zwischen Freiheit und Zwang unterscheiden. Eigentum ist eben jene Sphäre individueller Verantwortung und daher individueller Freiheit, ohne die wir weder frei noch Mensch sein können. Eigentum ist somit die Voraussetzung für ein selbstbestimmtes Leben. Diese Sphäre umfasst die bereits erwähnte Trias von Leben, Handlungsfreiheit und selbst geschaffenen und rechtmäßig erworbenen Gütern. Zwang ist demnach jeder Angriff auf unser Leben, d.h. unseren Körper, jede Einengung unserer Handlungsfreiheit – durch Ketten, Gefängnisse, physische Gewalt, oder auch bloße Drohungen – und jede Zerstörung, Entwendung und Einschränkung unserer Sachgüter. Wer nicht respektiert, was jeder Person eigen ist – ihr Eigentum – verletzt deren Freiheit.

4. Freiheit ist Verantwortung

»Freiheit bedeutet Verantwortung; das ist der Grund, weshalb sich die meisten vor ihr fürchten.«
George Bernard Shaw

Freiheit ist sicher nicht der einzige Wert. Handeln fällt dem Menschen nicht immer leicht, manche empfinden zu wenig Selbstwertgefühl und haben ihr Leben noch nicht zu schätzen gelernt. Ihnen ist Handeln Bürde, nicht Ausfluss ihrer Freiheit. Sie haben Angst. Denn Freiheit bedeutet zwar, den Lohn für eigenes Handeln zu bekommen, doch auch, die Verantwortung dafür zu tragen.

Freie Menschen können ihre Fehler nicht hinter anderen Menschen oder Mächten verstecken. Darum sehnen manche Menschen nach »Anleitung«, nach »Halt« – sie meinen eigentlich Abnehmen von Verantwortung. Sie wollen versorgt und verhätschelt werden und verkaufen dafür ihre Seele, ihre Freiheit. Doch auch dies ist eine Entscheidung, auch Unterlassen ist Handeln und damit frei. Es ist korrekt, dass es neben Freiheit andere Werte (Wünsche) gibt. Doch bleibt Freiheit die Voraussetzung all dieser Werte. Wer Freiheit ohne Verantwortung verspricht, ist ein Scharlatan.

5. Freiheit ist individuell

»Die Gesellschaft ist ein Erzeugnis des Willens und der Tat. Wollen und Handeln können immer nur Menschen. Alle Mystik und Symbolik der kollektivistischen Philosophie kann uns nicht darüber hinweghelfen, daß wir vom Denken, Wollen und Handeln von Gesamtheiten nur figürlich reden können, und daß die Vorstellung empfindender, denkender, wollender und handelnder Kollektiva nur ein Anthropomorphismus ist.«
Ludwig von Mises

Für den großen österreichischen Liberalen Ludwig von Mises ist der Mensch nicht nur homo sapiens, sondern vor allem homo agens: ein Handelnder. Da nur individuelle Menschen handeln, also ihre Taten und Unterlassungen bewusst im Hinblick auf Ziele wählen und reihen können, kann auch nur bei menschlichen Individuen von Freiheit die Rede sein. Kein Volk, kein Staat, keine Klasse kann frei sein. Wenn der Begriff der Freiheit für Kollektive benutzt wird, dann kann man sich fast sicher sein, dass in Wirklichkeit eine Einschränkung von Freiheit bezweckt wird.

Ebenso wie Freiheit individuell ist, ist Schuld immer individuell. Wer Kollektive für Handlungen Einzelner mitverantwortlich macht, redet Kollektivstrafen das Wort. Die Geschichte des 20. Jahrhunderts ertrank im Blut unzähliger unschuldiger Opfer, deren einziges »Verbrechen« die Zugehörigkeit zu einer willkürlich definierten Nation, Religion, Klasse war. Oder aber er entbindet den Einzelnen von den positiven wie negativen Konsequenzen seiner Handlungen. Erfolgreiche schulden ihren Erfolg der »Gesellschaft«, Erfolglosen schuldet die »Gesellschaft« ständige Unterstützung. Erstere werden folglich für ihre Leistungen mit prohibitiven Steuersätzen bestraft, was auf Dauer die Arbeitsleistung reduziert, während Letztere in immer tiefere Abhängigkeit geführt werden. Statt Freiheit und Wohlstand sind Abhängigkeit und Armut die Folge »kollektiver Freiheit«.

6. Freiheit ist unteilbar

»Es ist allgemein üblich geworden, die Freiheit des Handelns herabzuwürdigen, indem sie ›wirtschaftliche Freiheit‹ genannt wird.«
Friedrich August von Hayek

Heute ist eher von »Freiheiten« als von Freiheit die Rede. Da soll es »politische«, »wirtschaftliche«, »soziale«, »positive« und »negative« »Freiheiten« geben. Dies ist ein sicheres Zeichen dafür, wie wenig die Freiheit gilt. Ich möchte nochmals Rose Wilder Lane für eine Aufklärung bemühen: »Wenn [Europäer] von Freiheiten sprechen, meinen sie, was ein Amerikaner meint, wenn er fragt ›May I take the liberty?‹ Sie meinen eine Erlaubnis, die ihnen erteilt wird, um eine bestimmte Handlung durchzuführen. Wenn die Mutter sagt, ›Ja, Liebling, zieh deine Gummistiefel an und du darfst hinaus spielen gehen‹, ist das Kind (nachdem es die Stiefel angezogen hat) frei, zu spielen. Es hat ›eine Freiheit‹. Eben dies bedeutet, daß es nicht frei ist, sondern einer Macht unterworfen. [...] Freiheit ist nicht eine Erlaubnis, die man von einer Macht erhält. Freiheit ist eine Tatsache.«

Was soll politische »Freiheit« sein? Es ist die Erlaubnis, an der Illusion teilzunehmen, über die Zusammensetzung einer Macht »mitzubestimmen«, die menschliches Handeln kontrollieren soll. »Wirtschaftliche Freiheit«? Die Erlaubnis, über die Verwendung eines Teils der selbst erarbeiteten oder

der aufgrund freiwilliger Übereinkunft erworbenen Güter zu entscheiden. Genauso unsinnig ist die akademische Einteilung in »positive« und »negative« »Freiheit«. »Positive Freiheit« bezeichnet Macht. Solche »Freiheiten« müssen »geschaffen« und »zugeteilt« werden. Natürlich kann einem Menschen, der selbst oder durch freiwilligen Tausch und Hilfe eine »positive Freiheit« nicht erlangen kann, eine solche nur durch die Verletzung der Freiheit anderer Menschen verschafft werden.

7. Freiheit ist nicht Überfluss

»Immer noch haben die die Welt zur Hölle gemacht,
die vorgeben, sie zum Paradies zu machen.«
Friedrich Hölderlin

Die Knappheit der Güter missfällt uns. Menschen sehnen nach dem verlorenen Paradies. Darum sind jene Versprechungen blühender Gärten so erfolgreich: die Nirwana-Illusion. Wohlstand würde wie Manna vom Himmel fallen und müsse nur noch verteilt werden. So könne man eine Gesellschaft der Gleichheit schaffen, in der nur ein paar »Zuteiler« gleicher sind und alle im Überfluss leben. Neben diesem perfekten Nirwana erscheint jede heutige Gesellschaft unerträglich. Da Menschen frei sind, wird ihre Handlungsfreiheit oft als jener Umstand bekämpft, der das Erreichen des Paradieses verunmöglicht.

Denn, so heißt es, was nützt die Freiheit dem Hungernden? »Wahre Freiheit« sei doch erst die »Freiheit« von Not, die »Freiheit« zur Versorgung all unserer Bedürfnisse. Dies ist nichts als auf Neid basierende Sklavenmoral. Menschen haben nicht von Natur aus Ansprüche gegen andere Menschen. Sonst würden wir unsere Mitmenschen zum Teil als Sklaven besitzen. Dies ist zum Glück nicht der Fall. Es ist richtig, dass unsere Existenz uns manchmal harte Bedingungen stellt. Wir müssen essen, trinken, sterben. Dies ändert nichts an unserer Freiheit. Menschen bestimmen über ihre Handlungen, nicht Triebe oder Güter. Es ist nicht das Brot, das uns dazu bringt, es zu essen. Überfluss ohne Arbeit und ewiges Leben sind die Parolen der Rattenfänger. Indem »Freiheit« mit solch unerfüllbaren Versprechungen gleichgesetzt wird, kann jeder Zwang legitimiert werden. Das Resultat sind weder Freiheit noch Überfluss, sondern Knechtschaft und Mangel. Das unweigerliche Ende der Sklavenmoral, die in anderen Menschen nur die verpflichteten Zuarbeiter zu fremden Bedürfnissen sieht, ist Kannibalismus. Wenn wir alle die »Freiheiten« von Ansprüchen auf Ernährung, Kleidung, Bildung, Gesundheit und Sicherheit durch andere haben – was heute in Orwellscher

Umdeutung als »Menschenrechte« befördert wird; im glatten Widerspruch zur stolzen liberalen Tradition des Menschenrechtes –, dann bleibt am Ende womöglich nur das Verspeisen unseres Nächsten, um unser »Recht« auf Proteine zu befriedigen.

Dies mag übertrieben scheinen, doch sind zahlreiche Fälle von Kannibalismus unter sozialistischer Herrschaft historisch belegt, denn wer Wohlstand nur als verteilbares Manna sieht, dem bleibt am Ende eben nichts mehr zu verteilen. Dort wo individueller Handlungsspielraum und Eigentum in Übereinstimmung mit der Tatsache menschlicher Freiheit am besten geschützt sind, schaffen menschliche Kreativität und Fleiß hinreichende Lebensbedingungen; dort wo die Tatsache menschlicher Freiheit unter Illusionen der Unfreiheit negiert wird, werden Menschen zu darbendem Herdenvieh, das nicht in »blühenden Gärten« weidet, sondern bloß Elend und Tod findet.

8. Freiheit ist sozial

»Wer den einen schadet, um sich gegen andere freigiebig zu erweisen, macht sich desselben Unrechts schuldig, wie wenn er fremdes Eigentum für sich verwendet.«
Cicero

Neben dem Begriff der Freiheit, ist es vor allem das Wort »sozial«, das ähnlich schwerwiegende Orwellsche Umdeutungen erleiden musste. Menschliches Handeln in Freiheit ist zwangsläufig sozial. Alleine vermögen wir es kaum, unserer Umwelt ein erträgliches Leben abzutrotzen. Zum Erreichen unserer Ziele sind wir in den meisten Fällen auf unsere Mitmenschen angewiesen. Je offener und wohlhabender eine Gesellschaft ist, desto mehr sind wir von anderen abhängig.

Zum Glück ist es Teil der menschlichen Natur, Mitmenschen in Notsituationen zu helfen. Doch es sind niemals Mitleid oder Philanthropie, die auf Dauer zur Überwindung von Not führen. Wohlstand entsteht nicht durch Akte der Gnade, sondern durch Akte des Schaffens. Oft werden jene, die Mangel leiden, unverschuldet in Not geraten oder an Krankheit leiden, gegen die Freiheit ins Feld geführt. Diese abscheuliche Form moralischer »Geiselnahme« findet häufig unter dem Titel »sozial« statt. Machthungrige Menschen nutzen das Leid anderer aus, um, anstatt ihnen selbst zu helfen (und nicht viel Aufhebens darum zu machen, wie es der Anstand gebietet), Ansprüche auf andere Menschen zu erheben. Sie verkennen die Tatsache, dass es gerade individuelle Freiheit ist und auch die Freiheit, zuerst die eigenen Ziele zu verfolgen, die zur Überwindung von Mangel führt. Adam Smith erkannte: »Nicht vom Wohlwollen des Metzgers, Brauers oder Bäkkers erwarten wir das, was wir zum Essen brauchen, sondern davon, dass sie ihre eigenen Interessen wahrnehmen. Wir wenden uns nicht an ihre Menschen-, sondern an ihre Eigenliebe.«

Sie verkennen, dass selbst gute Intentionen meist schlechte Resultate bringen. Umverteilung etwa kann in einer Gesellschaft absolute Armut auf Dauer niemals reduzieren, sondern schadet oft gerade den Armen, da sie die Bedingungen zum Aufbau von Wohlstand und Arbeitsplätzen gefährdet. Sie verkennen schließlich auch, dass nur freiwilliges Handeln moralisch und sozial sein kann. Wenn ich meinen Nächsten zur Freigiebigkeit zwinge, habe ich aufgehört, ihn als socius zu respektieren: Er wird zum Mittel, zum Sklaven von fremden Bedürfnissen. Die angeblich soziale »freie« Bildung zum Beispiel, die Akademiker gerne fordern, bedeutet nichts anderes, als Arbeiterkinder zu zwingen, d.h. ihnen zusätzliche Kosten aufzuerlegen, für deren Gehälter aufzukommen. Der »Sozialstaat« bedeutet nichts anderes, als dass auf jeden, der arbeitet und Wohlstand schafft, einer kommt, der kontrolliert und »verteilt« – der Erstere ist zur Hälfte Zwangsarbeiter des Letzteren. Dieses ungerechte System im Namen der Armen, die zu dessen größten Leidtragenden zählen, als »sozial« zu bezeichnen, ist eine der größten jener zahlreichen Illusionen der Unfreiheit. Noch niemals und nirgends entstand Wohlstand und verschwand Armut durch Verteilung und Konsum, sondern immer nur durch Arbeit und Sparen.

9. Freiheit ist antipolitisch

»Je mehr es [...] Beschränkungen und Verbote gibt, desto ärmer
wird das Volk [...]. Je mehr Gesetze und Verordnungen erlassen werden,
desto mehr treten Räuber und Diebe auf. Daher sagt der
weise [Herrscher]: Ich tue nichts und die Menschen verändern sich
von selbst. Ich tue nichts und die Menschen werden von selbst wohlhabend.«

Laotse

Der emphatische Klang des schönen Wortes von der Freiheit bot sich schon immer auch der Politik an. Politiker jeder Couleur haben sich die »Freiheit« auf das Banner geschrieben. Als ob Freiheit etwas wäre, das erst Politiker für uns erringen müssten! In Wirklichkeit ist Politik das Gegenteil von Freiheit. Politik ist heute nur noch ein Euphemismus für den Versuch, das Handeln von Menschen zu kontrollieren. Politik entspringt dem Aberglauben, dass das freie Handeln einzelner Menschen in der Gesamtheit nicht zu ihrem Wohle führe, sondern dass es für das »Gemeinwohl« Steuermänner bräuchte. Insbesondere unter Sozialwissenschaftern ist die Angst vor der »Anarchie« des Marktes weit verbreitet. Noch immer leidet die Welt unter den Nachwirkungen eines falsch verstandenen Rationalismus französischer Prägung, vor dessen konstruktivistischer Sicht auf die Gesellschaft F. A. von Hayek nachdrücklich warnte.

Es ist dem Wesen der modernen Politik eigen, sich als Steuermann zu sehen, der die Resultate des freien Handelns, die wie bereits erwähnt fälschlicherweise einem hypothetischen Nirwana des vollkommenen Wissens und materiellen Überflusses gegenüber gestellt werden, zu »korrigieren« versucht. Schnell ist da ein »Versagen« konstatiert, das nur durch politische Interventionen behoben werden könne.

Doch Interventionen führen unweigerlich zu schlechteren Ergebnissen, denn sie stehen ja schon per definitionem im Widerspruch zu den einzelnen Plänen menschlicher Akteure. So ist das Resultat noch weiter vom Nirwana entfernt, was selbstverständlich neuerliche und umso stärkere Interventionen erfordert. Die Intervention einer Lohnfestsetzung über dem in freien Arbeitsverhältnissen erreichbaren Lohnniveau führt logischerweise zur Verknappung von Arbeitsplätzen. Diese politisch herbeigeführte Arbeitslosigkeit (auf einem freien Arbeitsmarkt gibt es keine unfreiwillige Arbeitslosigkeit) erfordert dann weitere »soziale« und »wirtschaftsfördernde« Interventionen, die nur noch nachhaltiger die Voraussetzungen für Wohlstand und Arbeitsplätze zerstören. Diese Interventionsspirale wird bis zur Krise weiter geschnürt. Da man in der Krise am weitesten vom versprochenen Nirwana entfernt scheint, ist die »logische« Schlussfolgerung: Das »Versagen« ist noch größer als angenommen. Darum müssen neuerliche Interventionen folgen bis hin zur voll ausgeprägten Planwirtschaft, die schließlich in Totalitarismus und Massenelend, wenn nicht sogar Massenmord endet. All dies im Namen der »Freiheit«!

Wohlstand, Kultur, Zivilisation, Gesundheit, Lebensqualität und Fortschritt sind die Resultate des Schaffens freier Menschen. Wo die Politik zu schaffen scheint, handelt es sich immer und ausnahmslos um Fehlallokationen. Freilich, mit Sklaven lassen sich prächtige Pyramiden bauen, doch diese »kulturellen Errungenschaften« sind »Abgerungenschaften« auf Kosten der vereitelten Pläne zahlreicher Menschen, die im Moment die Befriedigung anderer Bedürfnisse vorgezogen hätten. Der amerikanische Liberale Thomas Sowell warnt: »Freiheit hat das Blut von Millionen gekostet, an obskuren historischen Orten von Gettysburg bis zum Archipel Gulag. […] Daß etwas, das soviel an menschlichem Leben gekostet hat, Schritt für Schritt im Tausch gegen Visionen oder Rhetorik aufgeben wird, erscheint grotesk. Freiheit ist nicht bloß das Recht von Intellektuellen, ihre Waren zirkulieren zu lassen. Es ist vor allem das Recht von einfachen Menschen, Ellenbogenraum für sich zu finden und Schutz vor den verheerenden Anmaßungen jener, die sich für etwas Besseres halten.«

Jene, die sich für »besser« halten, gehen von zwei Klassen von Menschen aus: Jene, die nicht wissen, was gut für sie ist, und jene, die dies sehr gut auch für andere wissen; jene, die immer »versagen« und jene, die dem Versagen immer richtig »gegensteuern« können; jene, die zu ihrem Glück gezwungen werden müssen, und jene, die das wahre »Wohl« für alle erkennen. Der – wohlgemeinte – Versuch, Menschen vor dem Begehen von Fehlern zu beschützen, öffnet dem Totalitarismus Tür und Tor. Wird heute der Bürger vor den negativen Folgen von einigen wenigen Produkten und Verhaltensweisen »geschützt«, so kann morgen aus denselben paternalistischen Überlegungen in alle Lebensbereiche eingegriffen werden. Die Sozialingenieure maßen sich dabei ein Wissen an, das kein einzelner Mensch jemals erlangen kann. Sie leugnen die menschliche Freiheit, versprechen Paradiese ohne Bürde der Verantwortung und gerieren sich doch als Bewahrer der »Freiheit«. Wo Politik herrscht, ist kein Platz für Freiheit. Wo Freiheit herrscht, ist kein Anlass zu Politik.

10. Europa krankt nicht an zu viel Freiheit, sondern an zuviel Interventionismus

»Während des 19. Jahrhunderts geriet die Idee einer europäischen Einheit in den Hintergrund. Es war ein Jahrhundert individueller Freiheit und abnehmender internationaler Beschränkungen des Personen-, Waren- und Kapitalverkehrs. Die Weltwirtschaft war ein verbundenes System auf dem Weg zu ökonomischer Einheit, welche politische Einheit irrelevant macht. Es war eine Ära beispiellosen Fortschritts.«

Hans Sennholz

In Europa scheinen die Menschen zunehmend in Krisenstimmung zu verfallen. Etwas muss falsch laufen, da ist man sich quer durch die politischen Lager einig. Der Wohlstand nimmt jedes Jahr ab, die Arbeitslosigkeit nimmt zu. Da kaum noch jemand in Europa weiß, dass Menschen frei und der Motor von Wohlstand und Zivilisation sind, lautet die Diagnose: »Das System« muss fehlerhaft sein. Geschickt ist es den bedeutendsten Vertretern der Nirwana-Illusion gelungen, ihr Vokabular zum allgemeinen Sprachgebrauch zu machen. Welches »System« herrscht also heute in Europa? Offenkundig leben wir nicht im paradiesischen Nirwana, daher könne es kein Sozialismus sein. Ergo handle es sich um »Kapitalismus«. Der »Kapitalismus« sei also in der Krise. So wie immer und überall. Die jungen Reformer fordern ein sofortiges Übergehen ins Nirwana durch Enteignung und Planwirtschaft, die alten Bewahrer hingegen pochen auf schrittweisen Interventionismus. Das Ergebnis ist am Ende nahezu dasselbe und kann in den Geschichtsbüchern nachgelesen werden.

Die Europäische Union gilt zwar als Freiheits- und Friedensprojekt, doch krankt auch sie an denselben vorherrschenden Irrtümern. Interventionismus bloß auf eine höhere Ebene zu schieben, löst dessen Probleme und Symptome – Konflikte und Wohlstandsverfall – noch lange nicht. Dafür wurde eine neue Gottheit geschaffen, die Wohlstand, Kultur, Bildung, Gesundheit und Sicherheit bringen soll. Menschen? Die machen nur Probleme! Wohlstand wird doch durch »Koordination« geschaffen, Kultur durch Subventionen, Bildung durch »Programme«, Gesundheit durch europaweite Ge- und Verbote. Da Selbstbestimmung kaum jemandem in den Sinn kommt, bedeutet Freiheit bloß »Mitbestimmung« – also die politische Durchflutung jedes Lebensbereiches; anstelle von Freiheit das Aufgehen in einem zentralisierten menschlichen Termitenstaat, in dem Verantwortung an Gremien, Kommissionen und Ausschüsse delegiert wird.

Es war individuelle Freiheit, die das großartige Niveau von Wohlstand, Kultur und Wissen schuf, von dem wir noch immer zehren. Es war kein europäisches »Volk«, sondern ein fließendes Gemisch verschiedener Menschen, es war keine starke Politik, sondern eben deren Schwäche, es war kein Einheitsstaat, sondern unzählige kleine und kleinste Einheiten, es war kein Führer, kein Kaiser, kein Staatsmann, sondern der »forgotten man«, der Einzelne in seinem Streben nach einem besseren Leben. Das freie Individuum, der stille Held der Menschheitsgeschichte.

Literaturhinweise:

Frédéric Bastiat: L'État, Oeuvres complètes de Frédéric Bastiat. Band IV, 1863, Paris

Isaiah Berlin: Four Essays on Liberty. 1946, Oxford University Press, Oxford

Étienne de La Boétie: De la servitude volontaire ou Contr'un - suivi de sa réfutation par Henri de Mesmes. Hrsg. Nadia Gontarbert, Annie Prassoloff, (1562) 1993, Gallimard, Paris

Cicero: Von den Pflichten. XIV (42)

Alexander Hamilton, James Madison, John Jay: The Federalist. Hrsg. Jacob E. Cooke, 1961, Wesleyan University Press, Middletown

Friedrich August von Hayek: Die Verfassung der Freiheit. 3. Auflage, (1960) 1991, Mohr-Siebeck Verlag., Tübingen

John Maynard Keynes: Allgemeine Theorie der Beschäftigung, des Zinses und des Geldes. 1936, Berlin (Nachdruck 2000)

Heinz Klein: Laotse – Tao Te King. 2005, Verlag Zeitenwende, Dresden
Rose Wilder Lane: The Discovery of Freedom – Man's Struggle Against Authority. 1943, Fox & Wilkes, New York
Ludwig von Mises: Die Gemeinwirtschaft. 1922, Gustav Fischer, Jena
Ludwig von Mises: Nationalökonomie – Theorie des Handelns und Wirtschaftens. 1940 (Nachdruck: 2002, Verlag Wirtschaft und Finanzen, Düsseldorf)
Robert Musil: Der Mann ohne Eigenschaften. (1930) 1978, Rowohlt, Hamburg
Hans F. Sennholz: How Can Europe Survive. 1955, D. Van Nostrand Company, New York
Adam Smith: The Wealth of Nations. 1776 (deutsch: Der Wohlstand der Nationen. 1999, dtv, München)

Max Huber

Die Verschickung und Befreiung des Pumas

In Erinnerung an Friederike Fritscher

»Der Mensch ist zur Freiheit verurteilt, ja verdammt.
Er muss sich selbst entwerfen und steht für all sein Tun und
Lassen gegenüber der Gesamtheit in Verantwortung.«
Jean-Paul Sartre

Ein alter Freund des Pumas, der elsässische Poet Conrad Winter, sagt: »Das Ungesagte ist ein schwarzes Loch. Die Dinge existieren nur, wenn man sie beschreibt.«

Und deshalb spricht der Puma jetzt:

Der Propst Servus, herabgestiegen von dem mächtigen Stift Göttweig, seines Zeichens auch Pfarrer von Oberwölbling, auf dem das Stift wie die Trud saß, war heute wieder besonders guter Laune.

Schlachttag war. Servus hatte schon sieben prächtige deutsche Reichshühner guillotiniert, stolz wie ein Hühnerhabicht, als ihm sein heldenhafter aber nervenschwacher Assistent Puma per Ohnmacht den weiteren Hilfsdienst verweigerte. Das achte Reichshendl war noch eine Weile kopflos herumgeflattert, ehe es den Puma letztmalig aber umso herzhafter anblutete.

Dies war etwas zu streng für einen Fünfjährigen, der auch keine Fluchtmöglichkeit aus dem hermetisch geschlossenen Benediktiner Schlachtschuppen fand. Als das Kind wieder zu sich kam, stand der Propst auf dem Schlachtbock und krähte: »Ich bin der Herr der Hühner – kiiikerikiiiiiii.«

Oberwölbling duckt sich an den Hang des Dunkelsteinerwaldes, als wollte es sich vor den mächtigen Göttweiger Mönchen verstecken. Das Stift hat etwas Magnetisches, ja Zwanghaftes an sich. Bei der Gründung zwang man sich schon auf den alten Kultberg der Kelten, den »Chotvich«, und so hatte man die Bevölkerung zum ersten Mal »katholisch gemacht« und es sollten noch viele Male folgen. Das war der Lieblingsspruch des Propstes Servus: »Mir werns schon katholisch mochn« und so nahm er sich den Puma vor.

Der Puma war vom Bauern Hasenfranz, der an ihm kein standesamtliches oder fürsorgliches Interesse zeigte, in Pflege gegeben worden. Das hatte zur Folge, dass der Puma nicht wachsen wollte, er blieb klein wie ein Füchslein, er war nicht nur klein, sondern winzig, so winzig, dass seine Füße nicht nur den Boden nicht berührten, wenn er auf einem Stühlchen saß und seine Knie nicht einmal bis zur Kante des Stuhles reichten und die Beine gerade vorstanden wie bei einer Puppe. Es sah aus, als sei er ohne Gelenke geboren. Der Puma war so klein, dass es den Erwachsenen Spaß machte, ihn hochzuheben. Es war wie ein Wunder. Wie leicht er doch war. Sie nannten ihn »Püppchen« und auch die Mädchen hatten viel Freude mit ihm und wollten sehen, ob alles an ihm so winzig war. Der Propst verstand da aber keinen Spaß. Für ihn war jede Abweichung von der Norm eine Strafe für die Sünden. Der Puma tauchte ab. Servus sperrte ihn in die Propstei ein. Diese hatte auch schon bessere Zeiten gesehen, uralt und verkommen wie der Propst himself.

Denn am Anfang war das Wort und das Wort ward Fleisch – sprich Heiden – geworden und die wurden fesch missioniert, sprichwörtlich »katholisch gemacht«. Dann waren alle schön katholisch oder taten brav so, später protestierten der Luther, der Hus, der Calvin, der Zwingli und so; die Verwirrung war groß. Und dann wurden wieder alle katholisch gemacht. Mit Mord und Brandschatzung und immer, immer bekamen die kleinen Leute eine aufs Dach und ihr Fett ab. Und bezahlten die Zeche. Und fraßen die Krot. Und immer waren es die Pfaffen und die Pröpste, die sich das Raubgut aneigneten. Doch der Göttweiger Propstei ging es wirklich mies. Dem Servus seine Glocken läuteten nur mehr zu den Marienfeiertagen oder am »Tag der armen Kinder« und da nur mehr sehr leise. »Teufel – friss Pfaffen und scheiß Landsknecht«, wie der alte Freund Christoph Martin Wieland zu sagen pflegte.

Propst Servus nahm sich also des Pumas an und tat sein Bestes, um ihm Schlechtes anzutun. Die Propstei lag zwar in ihren vorletzten Zügen, doch Arbeit gab es genug, Arbeit gibt's immer genug, nur Arbeitsplätze seltsamerweise nicht. Und so ein kleines, einsames Helferlein wie der Puma war da hochwillkommen. »Gelobt sei ER, der Herr«, wie Servus treffend zu bemerken pflegte. Dann murmelte er wieder: »Mir werns schon no katholisch mochn.«

Doch die Schäflein waren schon lange weg von der Herde, nur die Hirten wollten es nicht so richtig wahr haben, in alle Winde zerstreut war das Kirchenvolk, umso mehr Arbeit blieb dem kleinen Puma.

Die Fürsorge hatte dem Puma eine neue Familie verschafft, die sich aber als eine alleinstehende Frau herausstellte, was ihm sehr gefiel. Er war gern der Herr im Haus und bald gockelte er nur mehr mit stolzgeschwelltem Kamm herum. Sein Vater, der Jungbauer Hasenfranz, verantwortungs- und frauenlos sowie vorbestraft, und seine Mutter, die ihre Männer-Wunden mit Schnaps kühlte, waren von der Erziehungsbehörde auf einem Nebengeleise geparkt worden. Der Puma war im Paradies gelandet, er war der Mittelpunkt, er lernte lesen und saure Milch trinken, er verbrachte ganze Nachmittage auf einer quietschenden Hollywoodschaukel oder drosch tagelang einen Ball gegen die Hausmauer. Wenn etwas von ihm gefordert wurde, hielt er die Luft an und schon stoben die Wünsche der Erwachsenen in alle Winde.

Da beschloss der Hasenfranz eine andere Rikki zu heiraten und tat dies zu allem Überfluss im schönen Göttweig. Im fernen St. Kruzifix tagte das Fürsorgegericht und eines Tages saß der Puma auf der Rückbank eines VW-Käfers und starrte durch das Rückfenster tränenumflort in die Freiheit.
Doch das ist eine andere Pumageschichte.

Martin Schürz

Entscheidungen im Schatten der Freiheit

Angela Merkel weist in einem Artikel in der *Financial Times* kurz vor der deutschen Bundestagswahl auf die Aktualität der Ideen des Wirtschaftsnobelpreisträgers F. A. Hayek hin. Hayek habe »mit bestechender Logik und überzeugenden Argumenten heraus [gearbeitet], dass es vor allem um die Gewährleistung individueller Freiheit als Voraussetzung für Fortschritt und Prosperität einer Gesellschaft geht, also vor allem um den gesetzgeberisch garantierten Schutz des Bürgers vor staatlicher Willkür und vor ungerechtfertigtem Zwang (Merkel 2005)«.

Auch der österreichische Finanzminister Grasser zitierte in seiner Budgetrede 2003 Hayek, »es ist eine grundlegende Illusion des Sozialismus, dass sich Armut durch Umverteilung des vorhandenen Wohlstands beseitigen lässt«. Und weiter Grasser: »Wer Armut wirksam bekämpfen will – und wir wollen das –, der muss unsere Unternehmen von Fesseln und Belastungen befreien und ein Klima schaffen, in dem sich Leistung für den Einzelnen wieder lohnt. Wir wollen daher weniger Staatseinfluss und mehr Markt (Grasser 2003).«

Der Tenor der beiden wirtschaftspolitischen Positionierungen ist ähnlich: Die Freiheit des Einzelnen werde von den Zwängen des Staates bedroht. Kritik am Wohlfahrtsstaat reicht historisch weit zurück. Alexis de Toqueville hatte schon im 19. Jahrhundert in »Über die Demokratie in Amerika« (1835) geschrieben, dass der »Wohlfahrtsstaat eine gewaltige, bevormundende Macht (sei), die allein dafür sorgt, die Genüsse der Untertanen zu sichern und ihr Schicksal zu überwachen«. Der Wohlfahrtsstaat halte den Menschen »unwiderruflich im Zustand der Kindheit«.

Die wichtigsten Argumente gegen den Staat sind gar nicht ökonomischer, sondern philosophischer Natur. Wenigstens gerieren sie sich als solche, denn immer tönt es pathetisch von Freiheit. Doch was versteht man unter Freiheit? »Vor allem aber müssen wir verstehen, daß wir frei und zugleich elend sein können. Freiheit bedeutet nicht alle guten Dinge oder die Abwesenheit aller Übel. Es ist richtig, daß frei-sein auch die Freiheit bedeuten kann, zu hungern, kostspielige Irrtümer zu begehen oder gewaltige Risiken einzugehen. In dem Sinn, in dem wir das Wort gebrauchen, ist ein bettelarmer Vagabund in seinem unsicheren, immer nur momentane Gelegenheiten nützenden Leben freier als der Soldat mit all seiner Sicherheit und seinem relativen Komfort (Hayek 1971, S. 25).«

Die Frage, was denn schlimmer sei, die persönliche Einengung durch einen paternalistischen Wohlfahrtsstaat oder die Ängste angesichts der Unabwägbarkeiten des Marktes, wird von Marktapologeten zurückgewiesen. Der Staat kürzt ja etwa die Pensionen mit der Behauptung, dass sie nicht mehr finanziert werden können. Es gäbe keine Alternative zur privaten Vorsorge. Solange der Staat ein Staat bleibt, hätte er zwar Steuerhoheit und könnte demnach die Finanzierung sicherstellen. Er müsste einfach die Steuern erhöhen und die Altersvorsorge wäre finanzierbar. Aber im hegemonialen politischen Diskurs wird stillschweigend davon ausgegangen, dass für Steuererhöhungen in der Bevölkerung keine Akzeptanz mehr gegeben sei, dass sie der Idee eines schlanken Staat zuwiderlaufen und dass der Markt fast alles grundsätzlich besser bewerkstellige als der Staat. Diese wirtschaftspolitischen Überzeugungen können argumentativ kritisiert werden (Müller 2004, BEIGEWUM 2005). Daher wird die ökonomische Ebene, wo es um Fragen der Effizienz und Effektivität geht, um philosophische Versatzstücke ergänzt. Hier kommt der Rede von der individuellen Freiheit eine wichtige Rolle zu. Sie ist dann jene frohe Botschaft, die für die unerfüllten Sicherheitsbedürfnisse und materiellen Wünsche der Menschen an den Staat Kompensation bieten soll. Die Hayeksche Freiheit des Vagabunden bezeichnet ja nicht das Glück lauer Sommernächte unter klarem Sternenfirmament, sondern das factum brutum, dass der gesellschaftliche Außenseiter seine Orte zum Betteln selbst wählen darf.

Orthodoxe Ökonomen verstehen Wahl als Signum von Freiheit und Wahlfreiheit bejahen sie grundsätzlich. Mehr Wahlmöglichkeiten seien besser als weniger Wahlmöglichkeiten. Dies scheint ja intuitiv einzuleuchten. Wer einen *iPod* hat, lädt sich tausend Lieder herunter und beim Familienausflug können dann je nach Lust und Laune entweder die fidelen Ötztaler, Ostbahnkurti oder Brahms gehört werden. Richard Sennet referiert zwar in seinem Buch »Die Kultur des neuen Kapitalismus« eine Studie, die belegt, dass trotzdem immer nur dieselben 20-30 Lieder gehört werden, aber wenigstens freut die Wahlfreiheit an sich. Denn bei Musik gibt es Geschmacksunterschiede. Bei der Pension hingegen würden wir wohl alle simply the best wählen, möglichst viel und möglichst bald. Und keiner wird sich für die Variante, unsichere kleine Pension, so spät im Leben wie möglich entscheiden.

Die Wahl einer privaten Altersvorsorge unterscheidet sich von der Wahl zwischen verschiedenen Musikrichtungen auch in anderer Hinsicht. Grundsätzlich treffen arme Menschen in der privaten Vorsorge oft nur eine Entscheidung. Sie wählen eine Veranlagung und das war es auch schon. Ob es sich um eine gute Entscheidung gehandelt hat, bleibt vorerst dahingestellt.

Die Antwort auf die Frage, ob wir genug gespart haben, zu viel in riskanten Anlageformen investiert haben und einem nicht betrügerischen Investmentfonds vertraut haben, bleibt offen. Von unseren Eltern können wir in dieser Frage auch nichts lernen, denn diese konnten auf ein staatliches Pensionssystem vertrauen. Den Sirenengesang der privaten Fonds vernimmt man heute, ob die Versprechen eingelöst werden oder nicht, wissen wir erst Jahrzehnte später.

Monatlich wird den Arbeitnehmern von ihrem Entgelt ein Pensionsversicherungsbeitrag abgezogen. Wenn man dann in Pension geht, erhält man einen monatlichen Bezug. Privatisiere ich dieses System, dann gebe ich meinen Pensionsbeitrag einem privaten Pensionsfonds. Dieser legt das Geld für mich an und wenn ich in Pension gehe, erhalte ich eine monatliche Pension. Alles gleich? Nein, denn nun habe ich eine Wahl zwischen verschiedenen Pensionsfonds. Aber was hat sich für die Menschen unterm Strich verändert? Wird meine private Pensionsvorsorge zu einer höheren Pension führen? Erwarten könnte ich es ja nach neoliberaler Überzeugung. Schließlich sind dann bei der Veranlagung meiner Gelder keine Bürokraten mehr am Werk und es gibt keine aufwendige Verwaltung mehr. Höhere Verwaltungskosten spielen beim Vergleich zwischen privat und öffentlich tatsächlich eine Rolle, allerdings sprechen sie gegen den Markt. Wettbewerb hat hohe Kosten. Da die privaten Anbieter ihre Produkte exzessiv bewerben, sind ihre Verwaltungskosten höher. Dies zeigen insbesondere die Erfahrungen im ehemaligen neoliberalen Vorzeigeland Chile.

Solange man die Anlageperformance des Staates in Bundesschatzscheinen und jene von privaten Fonds in Aktien verglich, schien alles klar. Am Markt läuft es besser. In Zeiten des Börsebooms erwarteten Befürworter einer Privatisierung der sozialen Sicherung sogar eine durchschnittliche Rendite von 9 %. Doch würde die Börse eine Rendite von 9 % garantieren, dann könnte der Staat ja einfach die Mittel in indexierte Aktien umschichten und das Defizit würde sinken. Der Markt garantiert aber keine höheren Renditen. Dieser Vergleich ist also unzulässig, was hinaufgeht, geht üblicherweise auch wieder hinab.

Eine höhere Pension kann nur zu einem Preis kommen. Dieser Preis ist ein höheres Risiko. Ist eine Finanzanlage riskant, dann muss irgendwer das Risiko tragen. Manche Menschen lieben ein riskanteres Leben und höhere Risiken können sich reiche Menschen auch problemlos leisten. Treffen diese eine falsche Entscheidung, dann schichten sie ihr Portfolio einfach um und entscheiden erneut. Ein Arbeiter bei Enron hingegen, der seine geringen Ersparnisse für die Aktien seines Arbeitgebers verwendete, hatte nach dem betrügerischen Firmenzusammenbruch keine zweite Chance. Dies bedeutet aber, dass die Erträge des staatlichen sozialen Sicherungssystems niedriger sind, einfach weil weniger Risiken eingegangen wurden. Die Menschen wurden abgeschottet von Marktrisiken, die sie nicht auf sich nehmen wollten und noch immer nicht wollen, wie die Anstrengung des österreichischen Staates zur Akzeptanzsicherung für die prämiengeförderte Zukunftsvorsorge belegt. Die staatliche Prämie wurde ja noch um eine Kapitalgarantie ergänzt.

Denn im Gegensatz zu den theoretischen Befürwortern der Wahlfreiheit, wissen Menschen um die praktischen Mühen von unsicheren Entscheidungen. Viele Wahlmöglichkeiten bei der privaten Vorsorge führen zu einer massiven Verunsicherung der Menschen. Untersuchungen von Huberman et al. (2003) zeigen eine negative Beziehung zwischen der Zahl der angebotenen Anlagemöglichkeiten und der Inanspruchnahme. Je mehr private Anlagemöglichkeiten, desto seltener entscheiden sich Menschen dafür.

Haben wir einen Vorteil der privaten Vorsorge vergessen? Ja, ich muss meinen Pensionsbeitrag in einem privaten System nicht sofort anlegen. Meine Wahlfreiheit erlaubt mir, das Geld für eine Urlaubsreise, eine Zahnoperation oder die Renovierung meiner Wohnung zu verwenden. Es bleibt ja immer noch Zeit, später etwas mehr für die Pension zur Seite zu legen. Verhaltensökonomen nennen diese Verhaltensweise etwas geschwollen Prokrastination. Menschen sind von der Notwendigkeit, mehr zu sparen, überzeugt, verschieben es aber auf später. Belege für dieses problematische Verhalten, das direkt in die Altersarmut führt, gibt es zahlreiche (Pension Commission 2004). Daher wird bereits wieder die Notwendigkeit eines staatlich verpflichtenden Sparens fürs Alter debattiert. Der Zwang zur Wahlfreiheit ist ein ungewollt ironischer Kontrapunkt zur naiven emphatischen Rede von der individuellen Freiheit.

Realiter zeichnet sich in der Altersvorsorge unter neoliberalen Rahmenbedingungen eine Kombination von Altersarmut, erhöhtem Sparen und längerem Arbeiten ab. Die zukünftigen Pensionisten werden ärmer sein und später ihre Pension antreten. Die Menschen müssen nicht nur mehr für ihre Pension sparen, sondern zudem vertrauen, dass auch die nachfolgende Generation mehr spart. Denn sonst wird sich der Verkauf ihrer Vermögenstitel bei Pensionsantritt schwierig gestalten. Die wirtschaftspolitisch gegenwärtig noch unerwünschte Alternative zur privaten Vorsorge wäre eine Stärkung des staatlichen Umlageverfahrens. Steuern oder Pensionsbeiträge könnten erhöht werden oder innerhalb der staatlichen Ausgaben eine Umschichtung zu den Pensionsausgaben durchgeführt werden. In einer öffentlichen Debatte wäre zu diskutieren, wofür der Staat Geld hat und wofür nicht.

Inwieweit können die aktuellen Appelle zu mehr Eigenverantwortung gegenüber den Adressaten aber rational gerechtfertigt werden? Die Aufforderung zur Eigenverantwortung richtet sich an die Motivation von Menschen. Sie muss unterstellen, dass es um das Wollen und nicht um das Können gehe. Theoretisch konsequent müsste die Rede von der Eigenverantwortung auf jene Bereiche zielen, in denen Menschen handlungsmächtig sind. Nur selbstbestimmte Menschen können eigenverantwortlich handeln. Und erst hinreichend vorhandene soziale Ressourcen würden es erlauben, angemessen über Selbstbestimmung zu sprechen. Die Ausprägung der Persönlichkeit, die Ausstattung mit Ressourcen und der soziale Kontext beeinflussen die Entscheidungen der Menschen. Insbesondere das Einkommen muss hoch genug sein, damit man überhaupt eine Wahl zwischen Konsum und Sparen hat (Weissel 1998, 44ff.).

Das Prinzip der Eigenverantwortung erweist sich als Worthülse. Denn es geht offensichtlich nicht um Verantwortung, die sich Einzelne selbst zumuten, sondern um eine Fremdzuschreibung von Verantwortung. Neoliberale Eliten fordern ja nicht für sich selbst mehr Eigenverantwortung, denn diese haben sie schon, sondern für die breite Mehrheit der Bevölkerung. Deswegen brauchen sie den suggestiven Narrativ von der individuellen Freiheit. Die Lockrufe der individuellen Freiheit dienen auch dazu, eine unbeliebte private Vorsorge der Bevölkerung einzureden. Da die private Vorsorge das Risiko auf die Individuen verschiebt, müssen diese Verantwortung für ihre Entscheidungen übernehmen. Und weil wirtschaftspolitisch Eigenverantwortung gewünscht ist, muss Freiheit gelernt werden. Dies zeigt die Zirkularität des neoliberalen Ideologems. Jene individuelle Freiheit, die als Begründung der Privatisierung dient, muss als unumgängliche Voraussetzung von Handeln am Markt mit Hilfe des Staates erst erworben werden.

Solange Menschen aber mit ihrem Leben im Großen und Ganzen zufrieden sind, werden die meisten in ihrem Handeln risikoscheu sein. Der Unternehmensberater Winfried Berner empfiehlt daher folgerichtig: »Idealerweise eine Situation herbeiführen, wo jeder einzelne Mitarbeiter persönlich in einer Alles-oder-nichts-Situation ist (*Die Zeit,* Nr. 21, 13. 05. 2004)«. Es geht um die gesellschaftliche Nobilitierung der Angst. Propagandisten des neuen Wagemuts wählen daher eine apodiktische Sprache der moralischen Erziehung. Man habe sich den Risiken zu stellen. Wer vormals Risiko sagte, wollte warnen, wer heute Risiko intoniert, will individuelle Chancen und Freiheit aufzeigen. Risiko ist daher ein geradezu libidinös besetzter Begriff in der öffentlichen Diskussion.

Da die risikofreudigen marktorientierten Menschen noch nicht zahlreich sind, übernimmt der Staat die Aufgabe, neue und eigenverantwortliche Individuen zu erziehen. Die Menschen sollen individuelle Freiheit als ökonomisches Selbstmanagement lernen. Die Dichotomie zwischen Markt und Staat ist demnach konstruiert. Der Staat zieht sich nicht aus der Gesellschaft zurück, sondern variiert seine Steuerungstechnik. Nichts wird den Selbstheilungskräften des Marktes überlassen. Die Nutzung von Wahlfreiheit muss erst gelernt werden. Lebenslanges Lernen lautet die bedrohliche Losung, die keine Ruhe bis zum Tod vorsieht und trotzdem keine Sicherheit bringt, denn immer stellen sich neue Entscheidungssituationen für die keine Erfahrungswerte vorliegen. Die Paradoxie, dass der Staat zwar Marktlösungen propagiert, den Menschen aber nicht zutrauen kann, dass sie den Marktanforderungen genügen, ist offensichtlich.

Die Mär vom Glück individueller Wahlfreiheit ist der ideologische Kleister einer sonst Sachzwänge suggerierenden Elite. Während die Armen lernen müssen, ihre Ansprüche an ein gelingendes Leben nur noch an sich selbst zu richten, begrenzen die Eliten den Rahmen des Sozialen neu (Castel 2005). Für die einen bleibt die Sparvariante von Freiheit als Wahlfreiheit und für die anderen die angenehme Kombination von Freiheit und Wohlstand.

Am Ende seiner Berufslaufbahn stand F. A. Hayek vor der Entscheidung, am Wissenschaftsmarkt in den USA zu reüssieren oder eine Stelle mit staatlich garantierter Professorenpension in Heidelberg anzustreben (Müller 2004, S. 373). Er nutzte seine individuelle Freiheit und wählte den Staat. Die Kühnheit radikalen marktorientierten Denkens kollabierte an der Schwelle zur persönlichen Altersvorsorge.

Literaturhinweise:

Castel, R. (2005) Die Stärkung des Sozialen. Leben im neuen Wohlfahrtsstaat. Hamburger Edition

BEIGEWUM (2005) Mythen der Ökonomie. Anleitung zur geistigen Selbstverteidigung

Grasser, K.-H. (2003) Budgetrede. Unter: https://www.bmf.gv.at/Budget/Budget2003/budgetrede0304.pdf

Hayek, F. A. (1971) Die Verfassung der Freiheit. Mohr Siebeck Tübingen

Huberman, G./Iyengar, S./Jiang, W. (2003) Defined contribution pension plans: determinants of participation and contribution rates. Columbia University Working Paper New York

Merkel, A. (2005) Das Prinzip individueller Freiheit. in: Financial Times Deutschland.19. 01. 2005

Müller, A. (2004) Die Reformlüge. 40 Denkfehler. Mythen und Legenden, mit denen Politik und Wirtschaft Deutschland ruinieren. Droemer München

Muller, J. Z. (2002) The mind and the market. Capitalism in modern European thought. Alfred A. Knopf New York
Pensions Commission (2004) Pensions: Challenges and Choices, The first report of the Pensions Commission London
Sennett, R. (2005) Die Kultur des neuen Kapitalismus. Berlin Verlag
Weissel, E. (1998) Das Preislied auf die private Altersvorsorge. in: Kurswechsel 3/98, S. 39-50
Tocqueville, A. (1985) Über die Demokratie in Amerika. Reclam
Die Zeit, Nr. 13, 18. 03. 2004

Edith Meinhart

Demokratie braucht Demokraten

Freiheit, Politik und Medien

»Ich werde Ihre Ansichten bis zum letzten Atemzug bekämpfen.
Ich werde aber ebenso bis zum letzten Atemzug dafür kämpfen,
dass Sie Ihre Ansichten frei ausdrücken können.«
Voltaire

Unter dem wütenden Ausruf, »Ärger als Watergate!«, stellt Frank Rich seinen Artikel in der *New York Times* vom 10. Juli 2005. Wenige Tage zuvor war seine Kollegin Judy Miller in Handschellen abgeführt worden. Die Reporterin hatte sich geweigert, die Quelle für eine Geschichte preiszugeben, die sie zwar recherchiert, aber nie veröffentlicht hatte. Dafür sollte sie nun vier Monate lang im Gefängnis büßen.

Es ist kein Zufall, dass die von Miller angestellten Recherchen mit dem Irak-Krieg zu tun hatten, mittelbar also mit den Anschlägen vom 11. September 2001 in New York und Washington. Nur einen Monat, nachdem fanatische Islamisten die Twin Towers und das Pentagon-Gebäude mit Flugzeugen gerammt hatten, warnte der peruanische Schriftsteller Mario Vargas Llosa: »Der vielleicht größte Schaden (…), der wie eine Infektion mit verzögerter Wirkung auftreten wird, wird der Rückschlag für die Kultur der Freiheit in den demokratischen Staaten sein.«

In den aufgewühlten Wochen nach den Terrorakten waren Prognosen dieser Art nicht unüblich. Doch nun, vier Jahre nach 9/11, scheinen sie sich zu bestätigen: Die Pulitzer-Preisträgerin der *New York Times*, Judith Miller, landete hinter Gittern, ein zweiter Journalist, der ebenfalls preisgekrönte White-House-Berichterstatter Matthew Cooper vom Nachrichtenmagazin *Time*, entging nur knapp einer 18-monatigen Gefängnisstrafe. Sein Verlagshaus hatte dem Druck nachgegeben und Sonderermittler Patrick Fitzgerald die geforderten Informationen ausgehändigt.

Im Gerichtssaal Nummer 8 des Bundesgerichts in Washington, wo die weit über die USA hinaus aufsehenerregende Causa verhandelt wurde, ging es formaljuristisch betrachtet um Beugehaft für Journalisten, die ihre Quellen schützen. Demokratiepolitisch betrachtet ging es um mehr: nämlich die Zukunft der Pressefreiheit.

Mit der Frage, wo die Freiheit hinter höheren Interessen zurückstehen muss, tut sich nicht nur die mächtigste Demokratie der Welt schwer. In

Europa schwelt seit 9/11 eine ähnliche Diskussion vor sich hin. Besorgt verfolgen Intellektuelle vom alten Kontinent aus, wie die Kunst-, Meinungs- und Informationsfreiheit in den USA, dem Musterland des freien Wortes, immer weiter unter Druck gerät. Der italienische Philosoph Paolo Flores D´Arcais stellte in der deutschen Wochenzeitung *Die Zeit* bereits die provokante Frage, ob Amerika noch eine Demokratie sei: Bush habe unverschämt und systematisch die Unwahrheit über den Irak-Krieg gesagt und wurde dennoch wiedergewählt. Seine Lügen hätten nicht mehr »den Reflex der moralischen Entrüstung ausgelöst«. Die Medien trügen einen Großteil der Schuld an dieser Entwicklung, denn sie hätten komplett auf ihre Rolle als vierte Gewalt im Staat vergessen.

D´Arcais Kritik trifft nicht nur Boulevardblätter oder regierungshörige TV-Stationen. Selbst achtbare Zeitungen wie die *New York Times* mussten zugeben, dass sie sich zum Sprachrohr der US-Politik machen ließen. Es ist ein schwacher Trost, dass die Mehrzahl der Amerikaner ihr Wissen ohnedies nicht aus Zeitungen, sondern aus dem Fernsehen bezieht. Denn die TV-Berichterstattung ist erst recht »embedded« – »eingebettet« in Regierungsinteressen.

Amerika gibt die Richtung vor, Europa folgt hinten nach. Denn am alten Kontinent ist es um die »bescheidenen Wahrheiten des Faktums« (Hannah Arendt) nicht viel besser bestellt. In Italien brachte Premierminister Silvio Berlusconi nicht nur seine eigenen Privatsender auf Linie, sondern versuchte dies auch bei der öffentlich-rechtlichen Sendeanstalt. Die *RAI*-Präsidentin Lucia Annunziata schmiss im Vorjahr aus Protest gegen die unablässigen Einflussnahmen ihren Job hin.

Natürlich denkt niemand zuerst an die entwickelten Demokratien der westlichen Welt, wenn von Zensur und mangelnder Pressefreiheit die Rede ist, sondern zunächst an jene demokratiepolitischen Entwicklungsländer, die von Menschenrechtsorganisationen wie *Reporter ohne Grenzen* regelmäßig an den Pranger gestellt werden. Tatsächlich erinnern die jährlichen Reports daran, dass kritische Journalisten vielerorts Einschüchterungen, Repressalien, Haftstrafen und mitunter Leib und Leben riskieren: Allein im Jahr 2004 kamen laut *Reporter ohne Grenzen* 53 Medienvertreter gewaltsam ums Leben.

Nur sieben Staaten Afrikas haben die Pressefreiheit im Gesetz verankert, in jedem zweiten afrikanischen Land wird die freie Meinung systematisch unterdrückt. In Marokko untersagt die Verfassung jede Kritik am König. In Algerien werden Zeitungen durch Steuerforderungen und überhöhte Druck- und Papierpreise ruiniert. Und anderswo sieht es nicht besser aus: In Kuba etwa kommen unbotmäßige Medienvertreter für Jahrzehnte ins Gefängnis.

Der Gründer der ersten unabhängigen Presseagentur *Cuba Press*, Rivero Castaneda, wurde erst 2003 zu 20 Jahren Haft verurteilt. Mit ihm wanderten 25 weitere Journalisten für 14 bis 27 Jahre hinter Gittern. Ihnen wurde vorgeworfen, im Ausland Artikel veröffentlicht zu haben, die »imperialistischen Interessen« dienten.

In Russland greifen die politischen Machthaber hart gegen unabhängige Medien durch: Im Jahr 2001 übernahm der Staat den privaten Fernsehsender *NTW*. Inzwischen kontrolliert der Kreml wieder alle elektronischen Medien. In Moskau und Umgebung behaupteten sich ein paar kleine, aufmüpfige Zeitungen und Online-Medien, doch auch sie klagen über ständige Einschüchterungen. Ein Redakteur aus dem Ural musste 2003 für ein Jahr ins Straflager, nachdem ihn zwei einflussreiche Regionalpolitiker wegen Verleumdung angezeigt hatten. Auch Auslands-Korrespondenten liegen an der Kandare. »Pressefreiheit gibt es dort nicht mehr«, berichtet etwa Susanne Scholl, die Leiterin des *ORF*-Büros in Moskau: »Fernsehen und Radio warten bei Ereignissen wie Beslan (Geiselnahme in einer Schule, Anm.) auf Anweisung vom Kreml.«

In China schlägt die Zensur ungehemmt zu: Regimekritiker verschwinden im Gefängnis, das Internet wird rigoros kontrolliert. So blockierte die chinesische Cyberpolizei den Zugang zu den englischsprachigen *Google-News*. Weiterhin zugängliche chinesischsprachige Internetsites werden von politisch nicht genehmen Artikeln gesäubert. Internet-Provider müssen staatliche Lizenzen vorweisen, oder sie werden vom Netz getrennt.

Der Irak ist überhaupt ein lebensgefährliches Terrain: Seit Kriegsbeginn im März 2003 wurden dort laut Menschenrechtsorganisation *Reporter ohne Grenzen* 44 Journalisten getötet. Einige kamen knapp mit dem Leben davon, etwa die 44-jährige *Liberation*-Journalistin Florence Aubenas und ihr irakischer Übersetzer Hussein Hanun, die am 5. Jänner 2005 aus Bagdad verschleppt und fünf Monate lang als Geiseln gehalten wurden.

Mit täglichen Repressalien kämpfen Journalisten in Saudi Arabien, im Iran und in Syrien. Selbst in Rumänien, das Anfang 2007 der EU beitreten will, gilt das freie Wort wenig. Die regierungsunabhängige rumänische Agentur für die Beobachtung der Presse (*AMP*) kritisierte im Jahr 2004, die Pressefreiheit sei seit der Wende zusehends ausgehöhlt worden: Journalisten würden gezielt unter Druck gesetzt, Medien mit Werbeaufträgen und dem Erlass von Steuerschulden willfährig gemacht. Und wenn es gelte, kritische Artikel zu verhindern, würden einfach ganze Zeitungsauflagen aufgekauft.

Eine Weile ließe sich die Liste der Staaten, die Informations- und Freiheitsrechte missachten, sicher noch fortsetzen. Am generellen Befund ändert sich dadurch nichts: Die Lage der Medien ist in Summe beklagenswert.

Wirklich »frei« nennen dürfen sich laut US-Denkfabrik *Freedom House*, die seit den 40er-Jahren die Entwicklung der Demokratie beobachtet, weltweit nur 88 von 192 Staaten.

Leider gilt der Umkehrschluss, nämlich dass in »freien« Staaten auch das freie Wort herrscht, nur eingeschränkt. Dies führt zur Frage zurück, wie es um die Freiheit der Medien in den entwickelten westlichen Demokratien bestellt ist. Es ist gewiss zu früh, die Alarmstufe rot auszurufen. Doch Beobachter der Entwicklung haben die Stirn in Sorgenfalten gelegt: Die Globalisierung, Ressourcenverknappungen und – last, not least – der weltweite Anti-Terror-Kampf scheinen auch in stabilen Demokratien die Unabhängigkeit der Medien zu gefährden.

Wesentliche Impulse dafür kamen einmal mehr aus Amerika. Wenige Wochen nach dem 11. September 2001 wurde dort der so genannte *Patriot Act* verabschiedet. Dieser erlaubt FBI-Agenten, in Privatwohnungen einzudringen sowie Papiere und Computerdateien zu durchwühlen, ohne den Betroffenen davon etwas zu sagen. Meinungsumfragen zeigten wenig überraschend, dass die Bürger solche Einschränkungen der Freiheit als geringen Preis für die Verhinderung neuer Anschläge empfinden. Im Juni 2005 legte US-Justizminister John Ashcroft mit einem *Patriot Act II* nach. Dieser macht richterliche Genehmigungen für die Überwachung religiöser und politischer Gruppen überflüssig und erlaubt erstmals auch geheime Verhaftungen.

Bei der Güterabwägung – Freiheit versus Sicherheit – gerät die Freiheit sukzessive ins Hintertreffen. Zwei Jahre nach den Anschlägen vom 11. September 2001 warnte die Menschenrechtsorganisation *Amnesty International*, zahlreiche Regierungen hätten den internationalen Feldzug gegen den Terror dazu genutzt, kritische Berichterstattung zu erschweren. Denn die in aller Eile verabschiedeten Anti-Terror-Gesetze ordneten Informantenschutz und Redaktionsgeheimnis rigoros den nationalen Sicherheitsinteressen unter. »Ein Fiasko für den investigativen Journalismus«, urteilte auch der *Deutsche Journalistenverband* (*DJV*).

Der Widerstand gegen grundrechtlich bedenkliche Gesetzesbestimmungen scheint in Zeiten gesellschaftlicher Verunsicherung wie Schnee in der Sonne zu schmelzen. Und die Frage, ob damit die Kultur der Freiheit insgesamt in Gefahr kommt, wird immer drängender.

Die Grundbedeutung von Freiheit ist »die Abwesenheit von Zwang und die Ermutigung zur Eigentätigkeit«, schreibt der deutsche Soziologe Ralf Dahrendorf in seinem Buch »Auf der Suche nach einer neuen Ordnung. Eine Politik der Freiheit für das 21. Jahrhundert«. Eine »neue Ordnung« wurde nötig, nachdem die alte mit dem Eisernen Vorhang im Jahr 1989 zerfallen war. Nach der Auflösung der starren Blöcke entfalteten sich die Kräfte der Globalisierung. Sie schufen die heutige Welt, laut Dahrendorf eine Welt ohne feste Regeln und Strukturen, eine »haltlose« Welt. In dieser Regel- und Haltlosigkeit dürfe man sich die Freiheit nicht einfach als einen Zustand vorstellen. Für Dahrendorf gehört zur Freiheit zwingend die Tätigkeit: »Freiheit ist nie ein weiches Kissen, auf dem man sich ausruhen oder passiven Genüssen hingeben kann. Sie ist immer eine Herausforderung zur Aktivität.« Pressefreiheit kann in diesem Sinne nur als »tätige Pressefreiheit« bestehen. Das bedeutet weiters, dass sie sich erst entfalten kann, wenn die dafür nötigen Voraussetzungen existieren. Die vielleicht wichtigste ist eine von jedem autoritären Wahrheitsanspruch befreite öffentliche Sphäre. Freiheit von staatlicher Zensur allein ist zu wenig. In dem erwähnten *Zeit*-Essay fordert der italienische Philosoph Paolo Flores D´Arcais, denn auch alles zu tun, um eine »kritische und nachdenkliche Kultur auf ganzer Breite zu ermöglichen und alles zurückdrängen, was unsere Intelligenz dem Konformismus ausliefert«.

Genau von hier droht für Dahrendorf die Gefahr: Und ihr Name ist Apathie. Wenn niemand mehr versucht, neue Wege zu gehen, niemand mehr hinter die Kulissen schaut, Apathie die Teilnahme am Gemeinwesen verdrängt, versinken wir – im günstigen Fall – in einer Art »freiwilligem Autoritarismus«. Im ungünstigen Fall, warnt Dahrendorf, »schlägt unser Nichtstun auf uns zurück, auch in der Form der neuen Gewalt einschließlich des Terrorismus.«

Im günstigen Fall denken die Bürger mit und die Medien gehen – wie es eine ihrer Aufgaben ist – den Mächtigen mit guten Geschichten auf die Nerven. »Gute Geschichten sind die, die Männer an der Macht unglücklich machen«, sagte der amerikanische Enthüllungsjournalist Seymour Hersh einmal. Der 67-jährige Pulitzerpreisträger selbst hat es im Laufe seines Journalistenlebens auf eine in diesem Sinne reputierliche Liste gebracht: 1969 deckte Hersh das Massaker von My Lai (Vietnam) auf, und brachte damit Richard Nixon in Bedrängnis. In den vergangenen Jahren berichtete Hersh dann sehr zum Ärger der Bush-Administration über die systematische Folterung und Erniedrigung irakischer Gefangener im US-Militärgefängnis Abu Ghraib und kritisierte mehrfach die Irak-Politik des US-Präsidenten.

Hersh ist ein Meister in der Disziplin der tätigen Pressefreiheit. Genauso gut könnte man ihn aber als Meister im Spinnen von Netzwerken bezeichnen. »Gute Geschichten« im Hersh'schen Sinne erfordern nämlich vor allem eines: verlässliche Quellen, hochkarätige Informanten. Über kriminelle Machenschaften, Korruption oder politische Fehlentwicklungen auf höchster Ebene erfährt die Öffentlichkeit in der Regel nur, wenn Insider im

Schutz der Anonymität das dafür nötige Wissen liefern. Der Watergate-Skandal wäre ohne die Hilfe des legendären Geheiminformanten *Deep Throat*, als der sich Anfang Juni 2005 der ehemalige Vize-Direktor des FBI, Mark Felt, outete, wohl kaum in die Medien gelangt.

D´Arcais polemische Frage, ob Amerika noch eine Demokratie sei, stellt sich also auch auf dieser Ebene: Können sich Informanten darauf verlassen, dass ihre Identität durch das Redaktionsgeheimnis geschützt bleibt? Sind die Bedingungen für Aufdeckerjournalisten heute noch so wie zu Zeiten des Watergate-Skandals?

Als die beiden *Washington Post*-Journalisten Bob Woodward und Carl Bernstein die Hintergründe für den Einbruch in die Wahlkampfzentrale des demokratischen Präsidentschaftskandidaten Georg Mc Govern im Washingtoner Watergate-Hotel recherchierten, vertrauten sie darauf, dass das Verlagshaus der Washington Post, die Herausgeberin und der Chefredakteur allen Einschüchterungsversuchen von politischer Seite trotzen würden. Tatsächlich hielt die *Washington Post* das Banner der Pressefreiheit hoch, selbst dann noch, als die Nixon-Administration die Lizenzen der im Besitz der Post Company befindlichen TV-Stationen in Frage stellte.

Der Rest der Geschichte lässt sich in einem Satz zusammenfassen: Präsident Nixon musste 1974 zurücktreten, die *Washington Post* hingegen ist immer noch am Markt.

Heute könnte die Causa freilich anders ausgehen. In den USA sind laut *Weltverband der Zeitungen* (*WAN*) rund 30 Fälle vor Gericht anhängig, in denen Journalisten gezwungen werden sollen, ihre Informanten preiszugeben. Erst im Vorjahr erhielt der investigative TV-Reporter Jim Taricani sechs Monate Hausarrest, weil er sich weigerte, seine Quellen zu nennen. Taricani hatte ein Video bekommen, das Beamte in Providence (Rhode Island) der Korruption überführte.

Eher eine Verurteilung zu riskieren als einen Informanten auszuliefern, ist nicht einfach persönliche Ehrensache, sondern schlicht die Voraussetzung für unabhängige Berichterstattung. Aus diesem Grunde erregte die jüngste Verurteilung der *New York Times*-Reporterin Judith Miller und die Fast-Verurteilung ihres Kollegen Mathew Cooper vom *Time Magazine* auch völlig zu Recht weit über Amerika hinaus Aufsehen.

Der Fall »Wilsongate«, wie US-Journalisten die Causa in Anlehnung an Watergate bald getauft hatten, wirft ein grelles Licht auf das aktuelle Verhältnis zwischen Politik und Medien in Amerika. Man muss die Hintergründe der aktuellen Affäre zumindest in groben Zügen kennen, um ermessen zu können, mit welchen Mitteln die Politik kritische Stimmen zu unterdrücken versucht.

Im Februar 2002 reiste US-Botschafter Joseph Wilson nach Niger, um dem Verdacht nachzugehen, Saddam Hussein habe sich dort Uran beschafft. Als Wilson seine Mission acht Tage später beendete, war er zu dem Schluss gekommen, die Gerüchte seien »Humbug«. Doch die US-Regierung ignorierte diesen Befund, ebenso wie alle anderen, die nicht zur offiziellen Linie des Weißen Hauses passten. Und diese lautete: Saddam Hussein besitze Massenvernichtungswaffen, ein Krieg sei unvermeidlich.

Am 6. Juli 2003 machte Wilson in einem Kommentar in der *New York Times* seiner Empörung über die Irak-Politik seines Präsidenten Luft und katapultierte sich damit auf der Shit-List des Weißen Hauses ganz nach oben. Zwei Monate nachdem Wilsons Kritik öffentlich geworden war, schrieb die Washington Post, »zwei Top-Beamte des Weißen Hauses« hätten mindestens sechs Reporter kontaktiert, um Wilson und seine Frau anzuschwärzen. Tenor: Der Botschafter sei für die Mission fachlich gar nicht geeignet gewesen, den Job habe ihm seine Frau, eine Undercover-Agentin der *CIA*, verschafft. Ein klarer Fall von Nepotismus.

Beim Kolumnisten Robert Novak fielen die kolportierten Bosartigkeiten auf fruchtbaren Boden: Prompt enttarnte der konservative Journalist Wilsons Frau Valerie Plame als *CIA*-Agentin. Als Quelle zitierte er in seinem Bericht »hochrangige Regierungsbeamte«. Und erst daraufhin griffen Judith Miller von der *New York Times* und Mathew Cooper vom *Time Magazin* den Recherchefaden auf.

Nun ist die Freiheit der Presse zwar im ersten Zusatz zur US-Verfassung verankert, und darunter fällt natürlich auch der Informantenschutz. Doch kann dieser aufgehoben werden, wenn dies zur Klärung einer Straftat dient. Nachdem die Enttarnung von Geheimdienstmitarbeitern in Amerika seit 1982 als schweres Delikt gilt, hatte der als besonders ehrgeizig bekannte Sonderermittler Patrick Fitzgerald eine rechtliche Handhabe, Miller und Cooper vor eine Grand Jury zu zitieren. Novak blieb ein Auftritt vor Gericht erspart. In den Medien hielt sich hartnäckig das Gerücht, er habe mit dem Staatsanwalt hinter den Kulissen kooperiert.

Judith Miller kam, wie bereits erwähnt, ins Gefängnis. »Wenn wir die Identität unserer Quellen nicht schützen können, verlieren wir als Journalisten jede Glaubwürdigkeit«, sagte die 57-jährige, kurz bevor sie ins Frauengefängnis von Alexandria gebracht wurde. Ihr Kollege vom *Time Magazin*, Matthew Cooper, entging seiner Verhaftung knapp. Denn der mächtige *Time*-Konzern war letztlich in die Knie gegangen und hatte – gegen den Willen Coopers – die geforderten Unterlagen herausgerückt. Der Ehrenkodex der Medien, Quellen unter allen Umständen zu schützen, war damit gebrochen worden. Wie Frank Rich in der *New York Times* ätzte, dürfte die Standhaftigkeit mit zu großen finanziellen Risiken verbunden gewesen sein. Das Mutterunternehmen *Time Warner* wartete zu diesem Zeitpunkt gerade auf eine Genehmigung für den Kauf der bankrotten Kabelgesellschaft »Adelphia» und konnte oder wollte es sich nicht leisten, in der Causa »Wilsongate« auf Quellenschutz zu pochen.

Vergleicht man die Affäre »Wilsongate« nun mit dem Watergate-Skandal, so zeigen sich einige Parallelen: In beiden Fällen versuchte das Weiße Haus sich einer lästigen Affäre dadurch zu entledigen, dass die Enthüller mundtot gemacht werden. Die Aufdeckung eines Skandals erschien plötzlich schlimmer als der Skandal selbst.

Bereits im US-Wahlkampf 1972 war das Weiße Haus nicht vor schmutzigen Tricks zurückgeschreckt, wenn es darum ging, undichte Stellen aufzuspüren, durch die geheime Informationen sickerten. Spätestens seit die unter Verschluss gehaltenen »Pentagon Papers« durch *New York Times* und *Washington Post* an die Öffentlichkeit gelangt waren, war das Umfeld des Präsidenten alarmiert. Die Dokumente hatten die desaströse US-Politik in Vietnam offenbart, noch so eine Blamage wollte sich das Weiße Haus nach Möglichkeit ersparen.

Nixons Berater John Ehrlichman und H. R. Haldeman gründeten eine Spezialeinheit, die als »Klempner«-Truppe in die Geschichtsbücher eingehen sollte. Diese nahm ihren Auftrag, undichte Stellen aufzuspüren, so ernst, dass sie auf der Suche nach belastendem Material sogar in das Büro des Psychiaters von Daniel Ellsberg einbrach. Ellsberg hatte das Pentagon-Papier hinausgespielt. Darüber hinaus sabotierten Nixons »Männer fürs Grobe« die Kandidatur des demokratischen Herausforderers Edmund Muskie und halfen damit dem als weitaus weniger gefährlich geltenden McGovern in den Ring.

Obwohl der Watergate-Skandal zu diesem Zeitpunkt bereits aufgeflogen war, ging die Strategie auf und Nixon wurde im November 1972 mit 60 Prozent der Wählerstimmen gewählt. Erst als den Watergate-Einbrechern der Prozess gemacht wurde, geriet das Nixon-Umfeld in Bedrängnis. Die Medienberichte über das Gerichtsverfahren erhöhten den politischen Druck. Dic Folgen wogen schwer: Nach dem Rückzug der US-Truppen aus Vietnam verhinderte der Kongress ein neuerliches Eingreifen und schränkte die Befugnisse der *CIA* ein.

Spätestens hier enden die Ähnlichkeiten mit heute. Nixon musste sich noch mit einem demokratisch dominierten Kongress und einer renitenten Presse herumschlagen. Präsident Bush hingegen hatte die Medien geschickt in die patriotische Pflicht genommen: Im ersten Irak-Krieg 1991 waren die Journalisten noch ausgeschlossen gewesen. Die Reporter saßen weit vom

Schuss und verfolgten das Geschehen über Video. Im zweiten, von Bush junior im Jahr 2003 begonnenen Irak-Krieg gliederte die US-Regierung die Berichterstatter in ihre Truppen vor Ort ein. Nie waren diese näher am Kampfgeschehen dran, nie waren sie gleichzeitig so geknebelt. Wie die Praxis zeigte, führt diese Form des »embedded journalism« nicht zwangsläufig zu einer unabhängigen, wahrheitsgerechten Medienberichterstattung.

»Ich möchte auch gern liberal sein. Aber die Welt ist nicht so, dass man liberal sein kann«, sagte der jüdische Philosoph Jacob Taubes. Wenn der Feind auch im Inneren des eigenen Landes jederzeit zuschlagen kann, verschwimmen die sicherheitspolitischen Grenzen zwischen Außen und Innen. Die Folge: Heimatschutz avanciert zur Top-Priorität, der Informations- und Freiheitsrechte untergeordnet werden müssen. So haben es sich Regierungsvertreter in den USA, wo die Meinungsfreiheit als eines der höchsten Güter gilt, längst zur Gewohnheit gemacht, lästige Fragen zum Irak-Krieg einfach nicht zu beantworten. »Silencing« wurde zur gängigen Zermürbungstaktik und soll jene zum Schweigen bringen, die darauf herumreiten, dass die Irak-Mission zum Desaster geriet.

Die Bilder folternder US-Soldaten in Abu Ghraib, schrieb die amerikanische Schriftstellerin Susan Sontag, »das sind wir«. Sie kratzten nicht nur am Ruf Amerikas Kämpfer für Demokratie und Menschenrechte, sondern an der Idee des Liberalismus insgesamt. Sontags Befund ist nicht von der Hand zu weisen. Denn Freiheit verwirklicht sich nur in der Verfassung der Freiheit. Eine Bedingung für Recht und Ordnung ist laut Dahrendorf nun einmal »die Geltung von Normen, und diese ist nur garantiert, wenn es keine No-go-areas des Rechts gibt, also keine Rechtsoasen, wie man in Analogie zu Steueroasen sagen könnte«. Unter No-go-areas versteht man im ursprünglichen Sinn geographische Bezirke, in denen das theoretisch geltende Recht praktisch nicht erzwungen wird.

Solche rechtsfreien Räume entstehen bevorzugt dort, »wo der Terror des Krieges und der Horror des Friedens nicht mehr zu unterscheiden sind«, schreibt Thomas Assheuer in der Wochenzeitung *Die Zeit*, »in den No-go-areas Afrikas, in all den innerstaatlichen und zwischenstaatlichen Dauerkonflikten, an den Rändern zerfallender Nationen.« Der internationale Anti-Terror-Kampf nach den Anschlägen auf das World Trade Center, die Sprengung von Zügen auf Madrider Bahnhöfen und zuletzt nach den U-Bahn-Anschlägen von London scheinen solche rechtsfreien Nischen nachgerade zu fördern. Die Bilder von den Gefängniskäfigen auf Guantánamo in Kuba führten deutlich vor Augen: Die darin angehaltenen Taliban- und Al-Quaida-Häftlinge haben keinen klaren rechtlichen Status mehr.

Hat man sich an den Ausnahmezustand einmal gewöhnt, werden auch individuelle Freiheitsrechte veräußerbar. Auf den Meinungsseiten und im gehobenen Feuilleton wurde bereits lang und breit erörtert, ob man das Böse mit bösen Mitteln bekämpfen darf. Im Kern geht es dabei um die Frage, ob es einem Staat erlaubt sein soll, Menschen, die verdächtigt werden, ein Attentat zu planen, einer schmerzvollen »Sonderbehandlung« zu unterziehen. Dabei hinkt die Debatte der Praxis hinterher. Denn schon heute werden als gefährlich eingestufte Islamisten verhaftet und ohne Auslieferungsverfahren einem Drittland übergeben, wo sie mit Folterungen rechnen müssen. »Außerordentliche Überstellung« (extraordinary rendition) heißt diese Praxis im *CIA*-Jargon. Laut amerikanischen Presseberichten überstellten die US-Behörden seit September 2001 auf diese Weise über 100 Terrorverdächtige nach Ägypten, Jordanien, Pakistan, Syrien, Usbekistan und in andere Staaten.

Besondere Aufmerksamkeit erregte ein Fall aus Italien. Dort wurde am 17. Februar 2003 der mutmaßliche Islamist Hassan Mustafa Osama Nasr in Mailand auf offener Straße entführt und über den US-Stützpunkt Ramstein nach Ägypten verschleppt. Publik wurde das nur, weil im Juni 2005 die auf ihre Unabhängigkeit stolze italienische Justiz 13 *CIA*-Agenten, die für die Tat verantwortlich sein sollen, per internationalen Haftbefehl suchen ließ. Die *CIA*-Mitarbeiter waren zu diesem Zeitpunkt allerdings bereits außer Landes, und die Wahrscheinlichkeit, dass sie jemals vor einem Gericht erscheinen müssen, ist gering.

Die skizzierte Entwicklung findet ausgerechnet in einer Zeit statt, in der die Demokratie durch Globalisierungstendenzen auch anderweitig unter Druck gerät. Globalisierung, argumentiert Dahrendorf, bedeute immer auch Entdemokratisierung, denn es gebe keine Verfahren zur Ablösung der Entscheidungsträger, keine verlässlichen Kontrollmechanismen, keine »checks and balances«. Schon gar nicht existiere eine »systematische Methode, die Interessen und Meinungen der Betroffenen, geschweige denn des Weltvolkes insgesamt, in die Entscheidungen einzubringen«.

Zu allen Zeiten haben pragmatische, liberale Denker darauf hingewiesen, wie schnell eine Demokratie ins Autoritäre kippen kann. Eine demokratische Macht ist durch bürgerliche Freiheiten gezähmt. Wieder kommt der Pressefreiheit und ihrer Ausübung eine besondere Stellung zu. Doch die Bedingungen für jene bereits erwähnten »guten Geschichten, die die Männer an der Macht unglücklich machen« (Hersh) sind schwieriger geworden. Der Konkurrenzkampf am Medienmarkt, verschärft durch das Internet, führte zu einer Verknappung der Ressourcen. Das amerikanische »Project for Excellence in Journalism« konstatiert in seinem Bericht 2004 besorgniserregende Trends: Steigende Arbeitsbelastung für Journalisten, weniger Reporter und eine allgemeine Ausdünnung der Produkte. Auf diesem Nährboden gedeihen die subtilen Mechanismen der Selbstzensur. Und der Druck von außen nimmt weiter zu: Fragen auf Pressekonferenzen werden nicht beantwortet, Informationen von öffentlichen Stellen bewusst verschwiegen, Zugang zu Informationen erhalten gemäß dem »Pooling«-Prinzip nur mehr genehme Journalisten. Der klassische Liberalismus versteht unter Freiheit vor allem die »negativen« Freiheitsrechte gegen den Staat. Doch der Schutz vor staatlicher Zensur, eine grundrechtlich abgesicherte Freiheit der Berichterstattung allein reichen nicht mehr, wie der Leipziger Journalistik-Professor Michael Haller anlässlich des Internationalen Tages der Pressefreiheit im Jahr 2004 feststellte: »Die Pressefreiheit ist nur so viel wert wie die Zugangsrechte.« In vielen Staaten – auch in Österreich – fehlt es an einem Informationsfreiheitsgesetz.

Auch ein gesetzlich festgeschriebenes Recht auf Zugang zu Informationen verbessert die Voraussetzungen für die Dahrendorf eingemahnte »tätige Freiheit«. Ausüben müssen diese Freiheit sowohl die Medien als auch die Bürger. Demokratie braucht Demokraten – auf diese Formel lässt sich das Gesagte bringen. Denn sonst drohe uns, so Dahrendorf, eine »Gesellschaft der couch potatoes, der Fernsehzuschauer, die ihre Tage Kartoffelchips kauend auf dem Sofa verbringen und auf dem Bildschirm eine Welt passieren lassen, an der sie keinen Anteil mehr haben und bald auch keinen mehr haben können«.

Hannes Winkler

»Lass sie doch ihren Spaß haben (...)«

»Liebe Freunde, lasst Euch sagen
Geht was nicht nach Eurem Sinn
Will´s daheim Euch nicht behagen –
Kommt doch her, wo ich jetzt bin.

Alle Sorgen sind vertrieben
Hier an diesem schönen Fleck
Und nur eine ist geblieben:
Wie kommt man hier wieder weg?«

Leo Strauss, *Einladung*

Im Januar 1942 entstand im Umfeld der Wannseekonferenz der Plan, mit Theresienstadt ein Lager zu errichten, das dem Regime laut Eichmann Gelegenheit gab, »nach außen das Gesicht zu wahren«. Diese Überlegung war Ausdruck der Besorgnis, das Verschwinden prominenter Juden in den Vernichtungslagern könne unangenehme Fragen aus dem Ausland nach sich ziehen. Man befürchtete für das Programm der so genannten »Endlösung« hinderliche Interventionen von ausländischer Seite. Daher die Idee, die gesamte jüdische Prominenz in Theresienstadt eine gewisse Zeit lang, solange es aus diplomatischen Gründen opportun schien, für alle Welt vorzeigbar zu halten.

Es war das zynische Privileg der Theresienstädter Künstler, bis zu ihrer Ermordung nicht nur zur Unterhaltung ihrer Leidgenossen beitragen zu dürfen, sondern auch als Statisten in einem groß angelegten Täuschungsmanöver mitwirken zu müssen. Vor den Augen der Welt inszenierten die Nazis einen perfekten Vergnügungszirkus: Theater, Konzerte, Oper, Operette, Kaffeehaus – den Besuchern wurde ein Panoptikum lustiger Musikanten und Poeten vorgeführt. Der Trick funktionierte. Die Welt glaubte die Lüge.

Es kamen und gingen Diplomaten und ausländische Delegationen und durchschauten nicht das perfide Arrangement eines mörderischen Ortes, der mit allen Accessoires der Normalität geschmückt war, durchschauten nicht, dass hier eine scheinbar heile Welt nur simuliert wurde und dass hinter den Kulissen das Gesetz grausamsten Terrors herrschte.

Eine unverhältnismäßig große Zahl derer, die nach Theresienstadt gebracht wurden, waren Künstler: Künstler und »Prominente«, die neben der Kategorie »Juden aus dem Protektorat Böhmen und Mähren« in Theresienstadt für eine spätere Weiterdeportation in die Vernichtungslager gesammelt wurden. Hier standen plötzlich all jene Menschen, die es gewohnt waren, im Rampenlicht zu stehen oder von einem Publikum bewundert, verehrt zu werden, aller früheren Bindungen und ihres Lebensinhalts beraubt, allein da, einzig in der Gesellschaft des Todes.

Von SS-Gnaden erhielten sie eine kurze Frist, das Theater gewöhnlichen Lebens zu spielen, um schließlich, wenn sie nach Gutdünken der Mörder ihren Nutzen erfüllt hatten, in den programmgemäßen Tod, in die »Endlösung«, geschickt zu werden. Von den mehr als 141.000 nach Theresienstadt deportierten Menschen überlebten etwa 23.000, über 30.000 starben im »Ghetto«, 88.000 fuhren mit den »Osttransporten« (Treblinka, Auschwitz) in den Tod.

Das Musikleben hatte sich aus kleinsten Ansätzen spontan geselligen Musizierens entwickelt. »Kameradschaftsabende« mit bunt gemischten Programmen fanden in Kartoffelschälräumen statt, bei Konzertveranstaltungen wurde der Applaus verboten. Offiziell durfte nicht musiziert werden. Der Besitz von Musikinstrumenten war unter Androhung der Todesstrafe verboten. Dennoch entwickelte sich das künstlerische Leben mit einer Hektik ohnegleichen. Hier wurde mit einer Besessenheit in der Kunst gelebt, wie dies nur Todgeweihte vermögen. An diesem Ort, wo Recht und menschenwürdiges Leben zum Anachronismus geworden waren, wurde die Kunst als einzige Realität angebetet. Sie erwuchs zum einzigen Halt für die gebrochene Seele der Gefangenen, wurde zur wesentlichen – im buchstäblichen Sinne des Wortes – »Unterhaltung« ihres Lebens.

Hier begegneten sich das vitale Interesse der Gefangenen, ohne dass sie es gewollt oder es ihnen auch nur bewusst gewesen wäre, mit den Interessen ihrer Mörder, auch denen diente das kulturelle Leben Theresienstadts in einem bösen Doppelsinn zur Unterhaltung. Noch bis zum Sommer 1942 pendelte das Schicksal der sich allmählich strukturierenden Freizeitgestaltung zwischen stillschweigender Duldung und zeitweisem Verbot. »Der rasche Aufschwung« begann – dem Bericht des Rabbiners Erich Weiner zufolge – im Juli 1942. Erste öffentliche Konzerte mit Chor-, Kammer- und Klaviermusik ermutigten zu größeren Unternehmungen. Mit den beiden Aufführungen von Smetanas *Verkaufter Braut* unter Rafael Schächter im November 1942 war die endgültige Etablierung erreicht.

Das Repertoire, das in seiner Reichhaltigkeit den Spielplänen mehrerer Opernhäuser zusammengenommen selbst in normalen Zeiten alle Ehre gemacht hätte, umfasste: Die schon erwähnte *Verkaufte Braut*, Smetanas *Der Kuss*, dann *La Serva Padrona*, *Bastien Bastienne*, *Die Entführung aus dem Serail*, *Die Zauberflöte*, *Carmen*, *Aida*, *Hoffmanns Erzählungen*, *Tosca*,

La Bohéme, *Die Fledermaus* durften nicht fehlen: »Das ist ja ein fideles Gefängnis!« sangen die Häftlinge – die Operette parodierte die Wirklichkeit. Auch Oratorien kamen ins Programm, wie Haydns *Schöpfung* oder Mendelssohns *Elias*. Jedes Werk durfte hier aufgeführt werden, ohne Rücksicht darauf, ob es im Reich auf dem Index der verbotenen Stücke stand oder zumindest Juden die Beteiligung verboten war. In Theresienstadt hätte alles von der nationalsozialistisch frisierten Theater- und Musikgeschichte Unterdrückte wiederauferstehen können. Alle Werke von Juden oder mit jüdischer Thematik waren erlaubt. Und die Theresienstädter Juden trieben vieles, dessen »Lohn« anderorts eine drakonische Strafe gewesen wäre.

Jazzensembles schossen wie Pilze aus dem Boden, der Vermehrungseifer scharfzüngiger Kabarettisten war nicht zu bremsen, früh übte man sich darin, mit den »draußen« gültigen Grenzen zum Verbotenen zu kokettieren, etwa wenn die so genannten »Ghettoswingers« zwischen den Transporten ihren »Totentanz« vollführten. So generös dieses Privileg auf den ersten Blick scheinen mag, die Abwesenheit von Zensur war nicht mehr als eine zynische Geste der SS. Aus dem Bewusstsein heraus, dass dies alles Todeskandidaten seien, gab man den Gefangenen in der winzigen Frist, die ihnen noch zugestanden wurde, Narrenfreiheit. Ob sie knapp vor ihrem Tode Heine rezitierten oder Goethe, ob sie Mahler spielten oder Beethoven, war dem SS-Personal völlig gleichgültig: »Lass sie doch ihren Spaß haben, morgen sind sie sowieso alle tot!«

Es gab Kritikerstimmen, die diese aus solch grausiger Gleichgültigkeit resultierende totale künstlerische Freiheit durchaus positiv als Privileg werteten und Musikern wie Theaterleuten vorwarfen, die ihnen zufallenden Chancen nicht genügend genutzt zu haben. Kläglich hätten die Theresienstädter Künstler versagt, indem sie mieden, woraus den Gefangenen Trost und Hoffnung hätte entspringen können, schreibt in seinem »Vierten Musikkritischen Brief« Kurt Singer, der – Mitbegründer und einstiger Intendant des »Kulturbundes deutscher Juden« – neben einer Reihe von Komponisten und Interpreten in Theresienstadt Rezensionen über besondere musikalische Ereignisse schrieb. Aus der Fülle der Werke, die sich von Orlando di Lasso bis Schütz, Bach bis hin zu Mendelssohn und Bruckner mit der biblischen Geschichte, den Büchern Moses und den Psalmen befassen, hätten die Juden Theresienstadts, so Kurt Singer, die Oratorien Händels wählen sollen, um aus deren Bekenntnis zur Humanität in ihrer gegenwärtigen verzweifelten Lage Kraft zu schöpfen.

Das Aufblühen des Musiklebens, das im Grunde ein künstliches, ein gesteuertes Hochzüchten zum Musikbetrieb war, bedeutete für die Lagerinsassen, dass sie nun selbst mehr Freizügigkeit beim Umgang mit der Musik genossen. Die Kehrseite dieser Tatsache aber war, dass Musik und Musiker nunmehr offiziell geduldet, hoffähig geworden, dazu missbraucht werden sollten, die Lagerwirklichkeit zu verschleiern. Am 23. Juni 1944 gab das Konzentrationslager seine Galavorstellung. Die Bühnen wurden in mühevoller Kleinarbeit vorbereitet, die Fassaden der Kasernen strahlten, die Gefangenen mussten ein Lächeln aufsetzen – keine Spur von der harten Arbeit, die sie täglich leisten mussten, zehn bis zwölf Stunden lang – wie weggewischt war der für Theresienstadt so typische Staub. Jetzt galt es, so zu tun, als gebe es nur pures Vergnügen hier, nichts als Zerstreuung, die totale Freizeitgesellschaft. Die SS mischte sich mitten unter die Gefangenen, die auswärtigen Besucher im Gefolge. Und dann rollte vor deren Augen eine wohlkalkulierte Revue künstlerischer Ereignisse ab. In den Theatern hielten sich die Schauspieler bereit. In dem Augenblick, in dem die Kommission den Zuschauerraum betrat, begann man mitten in einem Drama zu spielen. Kaum waren fünf Minuten vergangen, begaben sich die Herrschaften mit ihren »Gastgebern« weiter und das Spiel wurde unterbrochen. Die Schauspieler und Sänger hatten die Szene zu mimen, als seien sie dabei, das gesamte Werk aufzuführen.

Die Besucher wurden gleichsam im Zeitraffer durch ein Überangebot musikalischer Programme geschleust. Natürlich wurde ihnen auch eine Kostprobe der musikalischen Hauptattraktion nicht vorenthalten: die Kinderoper *Brundibar* von Hans Krása, Libretto Adolf Hoffmeister; hier durften sie die Jüngsten bewundern, die unbefangen zu spielen und mit ihrem Gesang ungezwungene Heiterkeit auszustrahlen schienen. Dennoch war *Brundibar* der Spitzenreiter unter den künstlerischen Angeboten Theresienstadts, ein Stück, dem unter dem Fluss einer gängigen Musik der Stachel der Revolte innewohnte. Die Gefangenen strömten in Scharen in diese Oper, die fast einer politischen Demonstration gleich kam. Der gemeine Brundibar verkörperte das personifizierte Böse. Wenn die Kinder den Schlusschor sangen, »Brundibar geschlagen, wir haben ihn gefangen (…)«, stand für die Zuhörer außer Zweifel, dass Hitler gemeint war.

Solche Nuancierungen vermochten die ausländischen Gäste während des flüchtigen Ausschnitts, der ihnen von der Oper serviert wurde, freilich nicht wahrzunehmen. Sie wussten nicht, dass die Kinder, die jetzt so fröhlich für sie sangen, schon morgen oder übermorgen in einen Transport »eingereiht« werden konnten. Und dann würde die Oper mit anderen kleinen Akteuren wieder aufs Neue einstudiert werden und aufgeführt, bis auch sie in irgendeinem Transport verschwänden und so fort. Ein weiterer Schritt der propagandistischen Strategie der Nazis bestand darin, einen Dokumentarfilm über das komfortable Leben der Juden zu drehen. Unter dem betrügerischen Titel

Der Führer schenkt den Juden eine Stadt sollte Kurt Gerron, der mit der Gesamtproduktion beauftragt wurde, den Beweis liefern, dass die »Juden von Theresienstadt in aller Gemütlichkeit bei Kaffee und Kuchen das Ende des Krieges abwarten, während die deutschen Soldaten an der Front verbluten«. Die Produktion ging reibungslos vonstatten. Mit dem Resultat war die SS hoch zufrieden. Sie belohnte die Träger der Hauptrollen mit Leckerbissen, gestohlen aus den Päckchen, die den Gefangenen von Verwandten und Freunden aus dem »Protektorat« oder dem Ausland geschickt worden waren. Und schließlich gestatteten sie über achtzehntausend »Schauspielern« und den Produzenten des Films, Theresienstadt in Viehwaggons zu verlassen, die nach Auschwitz fuhren.

Nicht nur die an jenem ominösen Film Beteiligten, alle Künstler standen im Herbst 1944 auf den Transportlisten für die Deportation nach Auschwitz. »Prominenz« war plötzlich ein leeres Wort, über Nacht wurden die einst zugesicherten Privilegien null und nichtig. Ob Sänger, ob Instrumentalisten, der SS schienen sie jetzt überflüssig, auch die Komponisten, wenngleich sie noch an Auftragswerken arbeiteten, wie Pavel Haas, Hans Krása oder Viktor Ullmann, dessen sensationsträchtige Oper *Der Kaiser von Atlantis oder Der Tod dankt ab* der Premiere harrte, als der Komponist in den Transport zitiert wurde. Die Oper, die im Protektorat oder im Reich gewiss verboten worden wäre, war ein Beispiel unerschrockener Provokation und des unverhohlenen Protests gegen den nazistischen Krieg.

Die »Schleuse« war der Umschlagplatz für den Transport in die Vernichtungslager. Hier, am Ort ihrer Ankunft in Theresienstadt, wo man ihnen die Besitztümer genommen und sie eines Gutteils ihrer Identität entkleidet hatte, wurden sie für den »Osttransport« zusammengetrieben, die Scharen der Alten und Veteranen und schließlich auch die, die sich aufgrund ihrer Prominenz »objektiv geschützt« wähnten, wie es in der Lagersprache hieß.

Als am Vorabend des Jom Kippur im Jahre 1944 Hunderte von Menschen in der »Schleuse« versammelt waren, erschien, vom Judenältesten Dr. Paul Eppstein geschickt, eine Kapelle, um heitere beschwingte Musik zu spielen. Von einigen Anwesenden deswegen angegriffen, wehrte er ab: »Das sind bourgeoise Vorurteile. Die Leute sollen noch ihr Vergnügen haben.« Wenige Tage später waren die meisten der Deportierten vergast, Eppstein erschossen.

Optimismus zu verbreiten, Fröhlichkeit zu simulieren, war in der Theresienstädter Geschichte von Anbeginn an das bewährte Mittel, um in der gefährdeten Schwebe, in der die Gefangenen lebten, die Verzweiflung nicht Raum greifen zu lassen. Zu allen Zeiten hatten sich Kritiker in Theresienstadt gefunden, die sich darüber empörten, dass es Musik zu jeder Gelegenheit gab. Ob der Hunger grassierte, Menschen geschunden wurden, Folter, Mord und Todschlag herrschte, alles wurde musikalisch begleitet.

Aus dem Zorn über diesen Zustand entsprang ein Chanson, das mit bitterbösem Sarkasmus die Allgegenwart der Musik im Lager anprangerte: »(...) Mit Anstand hält man Takt, denn das gehört zum guten Ton/Am letzten Loch, da pfeift man doch/Und man gibt noch/ka Ruh/Und die Musik spielt dazu.«

Die Musiker spielten um ihr Leben. Zumindest glaubten sie, durch ihr Spiel vor dem Schlimmsten bewahrt zu werden. Sie irrten! Kaum ein paar Tage, nachdem ihr Publikum verschwunden war, verschwanden mit einem der nächsten Transporte auch die Mitglieder der Kapelle.

Als Ende Oktober 1944 in Auschwitz die letzten Vergasungen stattfanden, war Theresienstadt »künstlerfrei«.

»(...) Den Schmerz, den tapfer man verbissen,
Bei Tag, wenn grell die Sonne scheint,
Der hat uns oft das Herz zerrissen,
In Nächten, wenn man einsam weint.
Oh, merk Dir´s Bruder, Kamerad,
Das Liedchen von Theresienstadt.«
Walter Lindenbaum, *Das Liedchen von Theresienstadt*

Literaturhinweise:

Milan Kuna, Musik an der Grenze des Lebens. Musikerinnen und Musiker aus böhmischen Ländern in nationalsozialistischen Konzentrationslagern und Gefängnissen. (Frankfurt/Main 1993)
Ulrike Migdal, Und die Musik spielt dazu. Chansons und Satiren aus dem KZ Theresienstadt (München 1986)
Eugen Kogon, Der SS-Staat. Das System der deutschen Konzentrationslager (München 1988)
Guido Fackler, Des Lagers Stimme. Musik im KZ. Alltag und Häftlingskultur in den Konzentrationslagern 1933 bis 1936. Mit einer Darstellung der weiteren Entwicklung bis 1945 und einer Biblio-/ Mediographie (Bremen 2000)

Gerhard Weißgrab

Freiheit aus Sicht der Lehre des Buddha

Das Sekretariat übermittelte mir erst im Mai das Ersuchen des Verlages um einen Beitrag zum Thema »Freiheit – Tatsache, Möglichkeit, Bestimmung oder Hirngespinst?«. Der Beitrag war mit Ende Juni terminisiert und mein Terminkalender bis zu diesem Zeitpunkt überladen. Obwohl mich diese interessante Aufgabe sehr reizte, entschied mein freier Wille, der Vernunft zu folgen und sich keine weitere Aufgabe zuzumuten. Erst nach einer zweiten Anfrage des Verlages im Sekretariat, verbunden mit einer Terminverlängerung, sagte ich den Beitrag schließlich zu.

Wie war das nun? Lag es ganz in meiner persönlichen Entscheidungsfreiheit, diese Arbeit anzunehmen oder nicht? War es bereits klar in den Annalen des Universums unverrückbar vorgeschrieben, dass ich um eine Terminverlängerung ansuchte, diese erhielt und jetzt hier sitze und den Beitrag schreibe?

Wie stellt sich nun diese Frage nach Freiheit aus Sicht der Buddhalehre dar? Die Lehre des Buddha gründet sich auf mehreren Säulen. Eine dieser Säulen ist das sittliche (ethische) Verhalten des einzelnen Menschen. Hier kann man nun sagen, die Forderung nach ethischem Verhalten verlangt nach der Möglichkeit einer Entscheidung, sich auch unethisch verhalten zu können. Ohne diese Freiheit der Wahl, wäre diese Forderung obsolet.

Die Lehre des Buddha geht ganz wesentlich von der Eigenverantwortung aus. Es gibt darin keinen äußeren Beweger oder Lenker. Die Forderung des Buddha lautet: »Glaube nichts, prüfe alles! Nur was für dich stimmig ist, das anerkenne als für dich wahr.« In dieser wichtigen Anweisung des Buddha steckt nicht nur eine große Herausforderung für den, der sie ernst nimmt, sondern auch Freiheit.

Im Verständnis der Lehre bin ich gefordert, mein Sein so zu entwickeln und zu gestalten, dass ich auch in die Lage versetzt bin, meine möglichen Entscheidungen nach bestem Wissen und Gewissen zu treffen. Es impliziert die klare Verpflichtung, die Freiheit wahrzunehmen und meine Verantwortung zu tragen. Diese wird umso größer, je größer der jeweilige Rahmen an Freiheit ist. Insofern kann Freiheit auch als Last empfunden werden.

Aus diesen Überlegungen leitet sich für mich nun die Antwort ab: Freiheit ist eine Tatsache! Ich kann den Weg des Buddha gehen oder nicht, ich kann diesen Beitrag schreiben oder nicht. Allerdings ist diese Freiheit keine absolut bestehende, sondern eine relative, in einem sich jeweils verändernden

Rahmen. Dieser Rahmen, in dessen Grenzen die Freiheit der Entscheidung passiert, definiert sich in der Lehre des Buddha durch das Karmagesetz. Das Paliwort *Karma* (khamma) kann mit »handeln« oder »tun« übersetzt werden. Dieses Karmagesetz sagt, einfach ausgedrückt: Alles Tun[1)] hat eine Wirkung auf alle anderen und eine Rückwirkung auf einen selbst. Mein Handeln und Tun von heute bestimmt den Rahmen innerhalb dessen morgen meine freien Entscheidungen getroffen werden können. Das ist natürlich nur eine modellhafte Darstellung, da das *Karma*gesetz wesentlich komplexer in seiner Wirkung ist und selbstverständlich im realen Geschehen niemals auf eine einfache Ursache-Wirkung-Kette heruntergebrochen werden darf. So wäre es gänzlich unzulässig, aus einer Wirkung, zum Beispiel der körperlichen Behinderung eines Menschen, auf sein Tun in der Vergangenheit rückzuschließen.

In Bezug auf Freiheit sieht sich der Buddhismus im Westen oft mit zwei, in ihrer Wirkung gegensätzlichen Missverständnissen konfrontiert. Das eine Missverständnis besagt, dass in Ausübung der Lehre des Buddha jeder frei ist, zu tun, was ihm gefällt. Das zweite Missverständnis betrifft ein falsches Verständnis von Karma, indem Karma einerseits als schicksalhaft und andererseits als deterministisch verstanden wird. Beides stimmt so nicht.

Im ersten Fall, wo grenzenlose Freiheit zum Vorwurf gemacht wird, wird eine Freiheit, die in der anderen Waagschale die Verantwortung liegen hat, mit einfacher Lockerheit und Regellosigkeit verwechselt. Wie schon erwähnt, gehört es zum Wesen des Buddhismus, nichts unkritisch zu übernehmen, sondern alles zu erforschen und auf Authentizität zu prüfen. Der Buddhismus hat keine Dogmen und ist keine Glaubensreligion sondern eine Erkenntnisreligion. Das bedeutet, hier ist der Übende ständig gefordert, sich zu informieren und zu entwickeln. Das »Nicht-unterworfen-sein« unter klare Verbote und Dogmen bedeutet einerseits Freiheit, andererseits aber große Eigenverantwortung. Die Grenzen dieser Freiheit definieren sich hier parallel zu den Grenzen der Möglichkeit, die Verantwortung im vollen Maß zu tragen.

Im zweiten Fall trifft das Missverständnis ein gegenteiliges Postulat, das besagt, dass es in der Lehre des Buddha durch den »Glauben« an *Karma* zu einer Passivität und keiner Möglichkeit für freies Handeln kommt. Das Karma wird einfach schicksalhaft entgegengenommen oder im deterministischen[2)] Sinne als unveränderbar akzeptiert. Wie auch hier bereits ausgeführt, stimmt diese Ansicht so nicht. Es ist zwar so, dass *Karma* den Rahmen für die Freiheit meines heutigen Handelns vorgibt, innerhalb dessen ich aber frei bin in meinen Handlungsentscheidungen. Aus buddhistischer Sicht beschränkt sich der Rahmen meines freien Handelns ausschließlich auf das

Hier und Jetzt. Die Vergangenheit ist vorbei und nicht mehr veränderbar, die Zukunft noch nicht da und daher noch nicht behandelbar. Nur im Augenblick des Hier und Jetzt besteht die Möglichkeit und Pflicht meines Handelns. Und hier besteht auch die Freiheit meines Handelns, allerdings im Rahmen der gesetzten Bedingungen. So bewege ich mich in einem ständig sich entwickelnden Strom von in Freiheit gesetzten Bedingungen, die den Rahmen meiner nächsten Freiheit bestimmen werden.

Konklusion und Folgen

Die große Herausforderung für den einzelnen Menschen besteht nun darin, seine Eigenverantwortung tatsächlich wahrzunehmen. Das ist Chance und Belastung gleichzeitig, wo es doch die eine Wahrheit und damit die eine richtige Lösung nicht gibt.

Ebenso ist es Ausdruck von Freiheit, diese nicht entsprechend auszunutzen und mich an dogmatische Vorgaben zu halten und Entscheidungen nicht aus eigenem Handeln zu treffen. Ich kann »denken lassen« und vorgegebene Empfehlungen einfach übernehmen. Auch das ist Ausdruck von Freiheit. Zwangsläufig gar nicht immer die schlechteste Wahl, abhängig davon, von wem ich »denken lasse« – und ganz klar, auch diese Wahl ist Ausdruck von Freiheit. Und der, der da für »mich gedacht« hat, hatte vielleicht die stärkere Kapazität sich zu informieren und daher die Möglichkeit, die bessere Entscheidung zu treffen.

Trotzdem muss hier auch ganz deutlich darauf hingewiesen werden, dass das Nichtwahrnehmen der eigenen Verantwortung und das Delegieren derselben an so genannte Autoritäten eine ganz große Gefahr in sich birgt. Es kann nämlich die Eigenverantwortung in letzter Konsequenz nicht völlig negiert werden. Sie bleibt zumindest dort aufrecht, wo es um die Wahl der Autoritätsperson geht. Eine falsche Wahl hat an dieser Stelle in der Menschheitsgeschichte schon oft zu unsäglichem Unheil geführt.

Hier möchte ich noch einmal den Bogen von der Freiheit, deren Form des Bestehens oben beschrieben wurde, zur daraus sich zwingend ergebenden Verantwortung spannen. Es kann keine Freiheit ohne Verantwortung geben, ob sie nun wahrgenommen wird oder nicht. Es wäre jetzt ein sehr philosophischer Ansatz zu überlegen, inwieweit diese Verantwortung als weitere Einschränkung des Rahmens empfunden werden kann, innerhalb dessen Freiheit besteht. Eines lässt sich allerdings aus der Lehre des Buddha ganz klar ableiten: Je größer die Freiheit des Handelns, desto größer die dafür zu übernehmende Verantwortung. Je mehr ich den Rahmen nütze, desto mehr muss ich mich in die Lage versetzen, die Folgen und Konsequenzen meines

Handelns einschätzen zu können. Als Beispiel möchte ich auf die erste Sittenregel, das 1. *Sila* der buddhistischen Ethik verweisen. Dieses *Sila* besagt, »keine lebenden Wesen zu töten oder zu verletzen«. Nun liegt es in der Natur der buddhistischen Sittenregeln, dass sie keine klaren Gebote ohne Wenn und Aber darstellen, sondern eine Form von Empfehlungen und Richtlinien sind. Das heißt, sie enthalten die Freiheit für mich, die Vorgaben nicht einzuhalten und im Einzelfall anders zu entscheiden. Ich trage hier aber die Konsequenz der anderen Entscheidung ganz unabdingbar, da ich jedenfalls eine Handlung setze, die ihre karmische Wirkung im Sinne der eingangs beschriebenen Gesetze entfaltet. Allerdings, entscheide ich nicht anders und folge getreu den Buchstaben der Empfehlung, trage ich dafür ebenfalls die Verantwortung und karmische Folgen. Es ist aber eine legitime Möglichkeit, mich auf diese Wahl zurückzuziehen, wenn ich mich nicht imstande fühle, anders zu entscheiden.

Es gäbe viele Beispiele zum 1. *Sila.* Allein das große Feld von Schädlingsbekämpfung. Wo sind die Grenzen? Es geht nämlich nicht nur um den Schutz anderer Wesen, sondern in gleicher Priorität auch um meinen eigenen. Auffällig für den Menschen aus dem Westen ist hier die relative Gleichsetzung des Menschen mit den Tieren, weil hier nicht vom »Menschen« im Sinne des christlich-abendländischen Gebotes »Du sollst nicht töten« gesprochen wird, sondern von Wesen. Der Mensch genießt hier keine führende Stellung im Sinne der »Krone der Schöpfung« sondern gilt als »Mitwesen«. Trotzdem gilt die menschliche Geburt als eine besondere und zwar insofern, als nur in der Existenz des menschlichen Lebens die Erkenntnisfähigkeit und damit die Praxis des Weges zur Befreiung möglich sind.
Und hier kann die These angefügt werden: »Auch Freiheit ist nur im Rahmen einer menschlichen Existenz möglich.«

Zu den sicher komplexesten und schwierigsten Fällen der Ausübung des 1. *Silas* kommt es in der Ärzteschaft. Bei Entscheidungen, wo es dazu kommen kann, ein Leben gegen ein anderes abwägen zu müssen.

Aus all diesen Beispielen geht eines hervor: eine klare Antwort auf die Fragen gibt es nicht. Es besteht die Freiheit, die Entscheidung in die eine oder andere Richtung zu treffen.

Und hier schließt sich der Kreis. Die große Herausforderung in Sachen Freiheit ist, die Verantwortung dafür tragen zu können, diese Freiheit auch wirklich nützen zu dürfen und zu können. Es sind zwar der Staat, die Kirchen, die Gesellschaft oder wer auch immer, die versuchen, hier entsprechende Vorgaben zu machen, aber es bleibt immer das einzelne Individuum, das gefordert ist, sich zu entwickeln und Verantwortung zu übernehmen. Die Entwicklung des Einzelnen bleibt als unabdingbare Forderung bestehen. Nur wenn sich der Einzelne in allen seinen Möglichkeiten und Talenten entwickelt, kann es zu einer für alle heilsamen Ausnützung der relativ bestehenden Freiheiten kommen. Nicht die Freiheit ist ein Hirngespinst, der Glaube ist es, dass Freiheit per se schon etwas sehr Erstrebenswertes und Positives ist. Nein. Erst das, was wir mit und aus ihr machen, entscheidet darüber, wie Freiheit zur Wirkung gelangt.

Anmerkungen:

1) Entscheidend ist bereits die Motivation, eben der freie Wille; viel entscheidender als die dann folgende Tat.
2) Ex definitonem bedeutet deterministisch »Willensfreiheit verneinend«, »Bestimmtheit, Abhängigkeit des Willens« – *Karma* dagegen meint, in der Vergangenheit gesetzte Handlungen bestimmen zwar den heutigen Handlungsrahmen – aber die Handlungen der Vergangenheit im damaligen Handlungsrahmen, genauso wie die heutigen Handlungen innerhalb des heutigen Handlungsrahmen besitzen eine Bandbreite an Möglichkeiten zur Ausübung des freien Willens in den Entscheidungen.

Markus Grabenwöger

Seite 100 bis 106

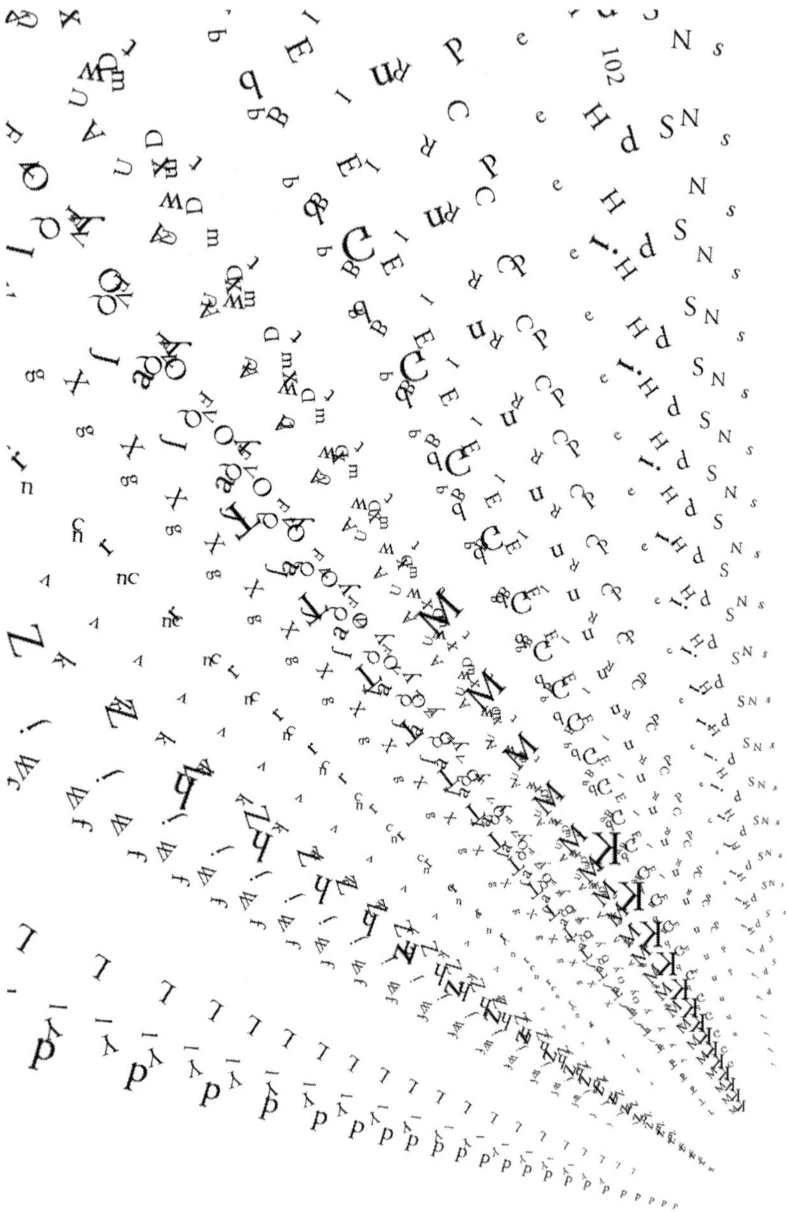

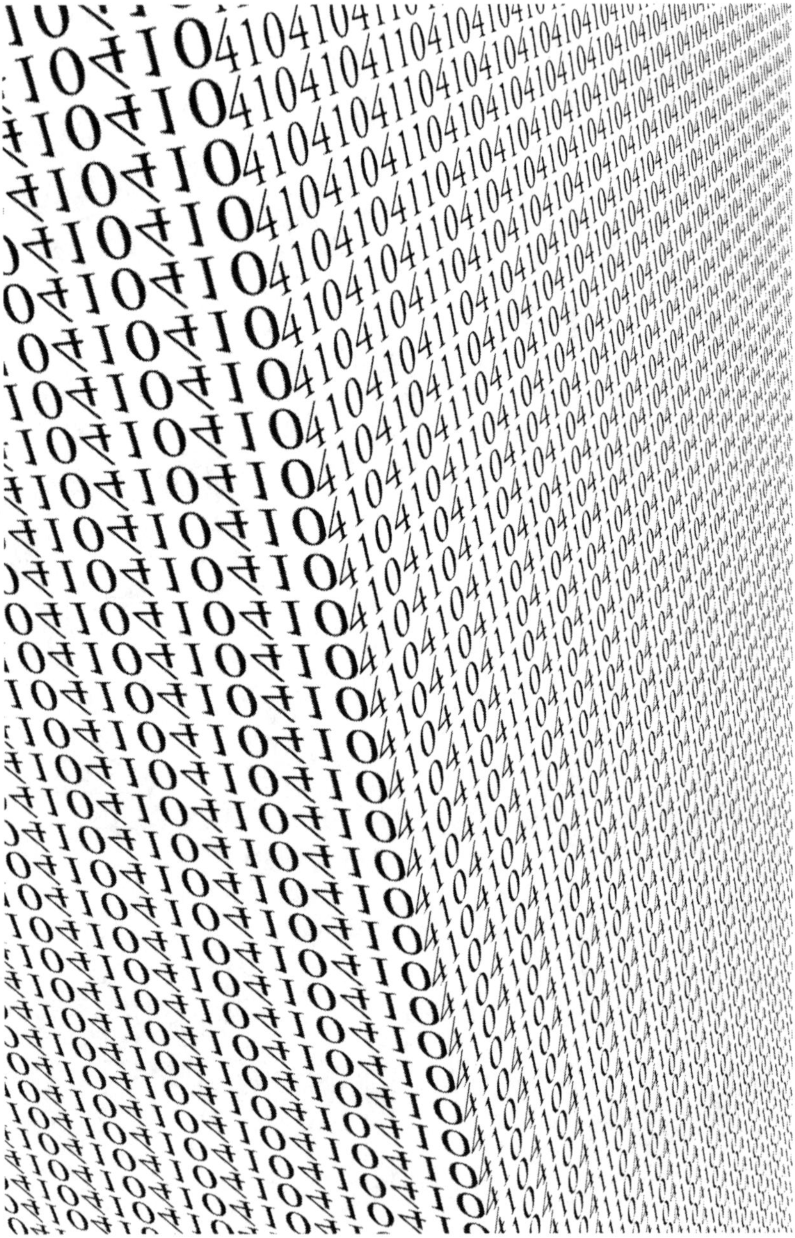

105

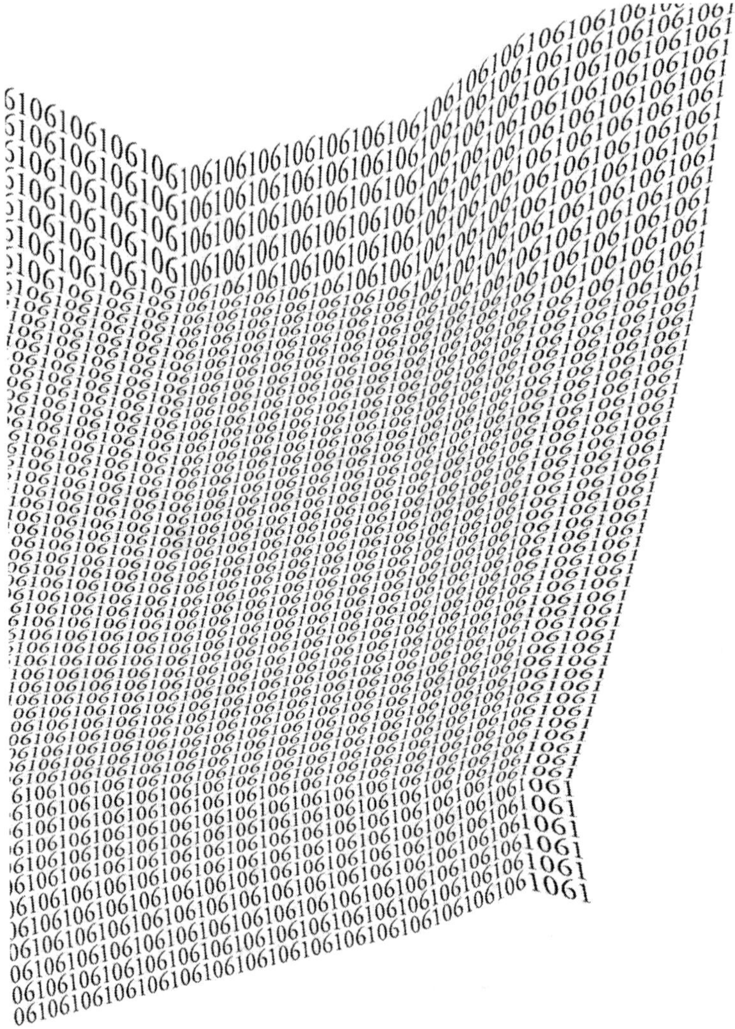

Roland Girtler

Die alte Geschichte der Freiheit und die vagabundierenden Studenten

Das Dilemma mit der Freiheit

Der Begriff der Freiheit ist ein häufig missbrauchter und er tritt in vieler Gestalt an uns heran. Gewaltregime bedienten und bedienen sich des Hinweises auf die Freiheit, um für ihre »wahre Freiheit« kämpfen und Menschen erniedrigen zu dürfen. Ebenso berufen sich Gesellschaften auf die Freiheit, für die die Arbeit und die Leistung im Vordergrund ihres Denkens stehen. Erst der Mensch ist demnach »frei«, »der im Schweiße seines Angesichtes sein Brot verdient«.

Das Prinzip der Leistung steht allerdings im Widerspruch zum Ideal der Freiheit, wie es die freiheitsliebenden Studenten und fahrendes Volk das ganze Mittelalter hindurch bis zur Neuzeit verstanden haben. Freiheit steht in diesem Sinn in einem gewissen Gegensatz zur Leistungsbesessenheit des modernen, am Gewinn und Wohlstand ausgerichteten Menschen.

Es zahlt sich aus, einige Gedanken zum Postulat der Freiheit hier einzubringen, denn schließlich ist es ein Losungswort der aufständischen Studenten des Jahres 1848. Und gerade diese menschenfreundliche Tradition scheint mir heute in Vergessenheit geraten zu sein. Ich meine nun, dass dieser Freiheitsbegriff der alten Studenten ein sehr weiterer ist, dass er einer ist, der die offenen Herzen klingen lässt. Darüber wird hier zu schreiben sein.

Die Freiheit der vagabundierenden Studenten – die Vaganten des Mittelalters

Das Freiheitsideal der Studenten geht weit in das Mittelalter zurück, es erinnert an die Gründung der ersten, auf arabische Gelehrsamkeit zurückgehenden Universitäten. Die ersten europäischen Universitäten, wie die von Paris und Bologna, gehen in ihrer Idee auf die arabischen Hochschulen zurück. Es waren arabische Gelehrte, die u.a. die Schriften von Aristoteles nach Europa gebracht haben. Geprägt wurde diese islamische wissenschaftliche Kultur durch die Tradition der Toleranz und Gelehrsamkeit, für die es charakteristisch war, dass Männer aus verschiedenen ethnischen Bereichen gemeinsam an einer Erweiterung des Geistes arbeiteten. Es war daher in diesem Sinn auch selbstverständlich, dass persische, jüdische und arabische Gelehrte sich zu gemeinsamer Wissenschaftlichkeit zusammengetan hatten. Die frühen, auf arabischer Gelehrsamkeit aufbauenden Universitäten genossen großes Ansehen. Um zu ihnen zu gelangen, mussten die Herren Studenten oft große Märsche auf sich nehmen. Wer sich bilden wollte, der war also gezwungen, seine Heimat zu verlassen. Dies taten zunächst die arabischen Studenten und später dann die Studenten von Padua, Paris und Bologna, die weit herumzogen, um zu den Füßen berühmter Gelehrter Rechtswissenschaften und Theologie aufzunehmen.

Der erste wissenschaftliche Reisezweck im mohammedanischen Osten war die Erweiterung der theologischen Kenntnisse durch Auffinden von *hadiths*, d.h. der Worte und biografischen Berichte des Propheten. Der *Tawvaf al akalin* (= der Durchwanderer aller Zonen) war hoch angesehen und seine Tätigkeit geheiligt. Über ihn hieß es: »Wer zum Suchen der Wissenschaften auszieht, befindet sich auf dem Wege Gottes, bis er heimkehrt. Die Engel breiten wohlgefällig ihre Flügel über ihn und alle Kreaturen beten für ihn, selbst die Fische im Wasser.« Diese herumziehenden religiösen Vaganten der arabischen Kultur zogen von Moschee zu Moschee, um auch zu etwas Geld durch Betteln zu gelangen. Mit ihren oft oberflächlichen religiösen Kenntnissen blufften sie nicht ungern die Laien und ihre weltgewandte Art, die sich mit dem Hang zum Dichten verband, imponierte den Leuten. Diese Tradition des Herumziehens, Dichtens und heiteren Lebens wird schließlich im europäischen Mittelalter mit der Entstehung der Universitäten weitergeführt.

Charakteristisch für diese Universitäten war ein herumziehendes, nach Gelehrsamkeit strebendes, aber auch Wein und die Liebe schätzendes Studententum, dessen wilde Vertreter die Vaganten waren. In einem Reich, dem Reich Friedrich Barbarossas und Heinrichs VI., das keine Grenzen kannte, zogen sie umher, sie, die ersten Weltbürger. In ihren Liedern feierten sie ein Freisein von kirchlichen und sozialen Zwängen. Das Mittelalter zeigte sich als eine stets umherziehende Gesellschaft, an den Universitäten entwickelte sich ein freier und sozial kritischer Geist, der bis in die Jetztzeit weitergetragen wird. In den Vagantenliedern wird dieser deutlich. So heißt es in einem Lied aus dem 13. Jahrhundert, in dem die Bestechlichkeit der Gerichte und die Niedertracht der Reichen angeprangert werden:

»Nummus ubi predicat,	»Wo der Mammon kühnlich blinkt,
labitur justitia,	kann Gerechtigkeit nicht sein
et causam, que claudicat,	und die Sache, welche hinkt,

rectam facit curia, | renkt der Richter wieder ein,
pauperem diiudicat | Arme er ins Kittchen bringt,
veniens pecunia. | tritt das teure Geld herein.
sic diiudicatur, | Also wird entschieden,
a quo nihil datur; | wer nichts hat gemieden;
iure sic privatur, | es gibt keinen Frieden
si nil offeratur.« | ohne Gold hienieden.«

rectam facit curia,	renkt der Richter wieder ein,
pauperem diiudicat	Arme er ins Kittchen bringt,
veniens pecunia.	tritt das teure Geld herein.
sic diiudicatur,	Also wird entschieden,
a quo nihil datur;	wer nichts hat gemieden;
iure sic privatur,	es gibt keinen Frieden
si nil offeratur.«	ohne Gold hienieden.«

Und in einem Trinklied wird der freie Geist beschworen:

»Ordo noster prohibet semper matutinas,
sed statim, cum surgimus,querimus propinas;
illuc ferri facimus vinum et gallinas (...).«

»Unserm Orden sind nun mal Metten ganz zuwider,
nach dem Aufstehn lassen wir uns im Wirtshaus nieder;
hegen da bei Huhn und Wein herrliche Gefühle (...).«

Paracelsus und Ulrich von Hutten

Das Freiheitsstreben der Vaganten, welches sich schlussendlich gegen den Kleinmut kirchlicher und weltlicher Institutionen richtet, findet sich auch bei dem großen Theofrastus Bombastus Paracelsus von Hohenheim, einem Mann, dem die Schulmedizin zuwider war und dessen Schriften man in Basel öffentlich verbrannt hat.

Paracelsus wurde 1493 zu Einsiedeln geboren und starb 1541 in Salzburg wahrscheinlich anlässlich einer Wirtshausprügelei (!). Er war ein vagabundierender Arzt, für den die Freiheit des Geistes wichtig war. Paracelsus meinte, dass seine Philosophie »dem Buche der Natur« entnommen sei. Und er sah sich selbst als ein »fahrender Scholar in Gottes Weltuniversität«. Er wanderte neun Jahre durch Europa und begleitete einen tartarischen Fürsten auf seiner Reise von Moskau nach Konstantinopel. Dabei soll er sich mit den indischen Geheimlehren vertraut gemacht haben. 1527 wird Paracelsus aufgrund der Fürsprache von Erasmus von Rotterdam zum Professor der Medizin in Basel, wo er allerdings die Schulmediziner unflätig beschimpfte und symbolhaft alte medizinische Schriften öffentlich verbrannte.

Für Paracelsus war die Natur mit ihren Geheimnissen Ziel seiner Wissenschaft, die man nicht bloß an der Universität lernen kann. Er meinte daher, man müsse vielmehr bei »alten Weibern, Zigeunern, Schwarzkünstlern, Landfahrern, alten Bauersleuten und dergleichen weniger beachteten Leuten in die Schule gehen und von ihnen lernen«.

Seine Sympathie für die »niederen Leute« brachte Paracelsus übrigens 1526 in Salzburg mit den Behörden in Konflikt, als man ihn verdächtigte, mit aufrührerischen Bauern in Verbindung zu stehen. Ihm war vermutlich das Leben der braven Bürger zuwider. Und er war ein großer Trinker. Wie sehr Paracelsus dem Trunk zugetan war, zeigt sich in folgenden Sätzen, die sein Famulus Johannes Oporinus über ihn schrieb:

»So sehr war er Tag und Nacht, während ich fast drei Jahre bei ihm verkehrte und wohnte, dem Trunk und der Prasserei ergeben, daß man ihn kaum eine Stunde oder zwei nüchtern fand; besonders nachdem er von Basel fortgegangen war und im Elsaß unter Edlen, Bauern und Bäuerinnen wie ein zweiter Askulap gefeiert worden war. Und dessen ungeachtet, wenn er am betrunkensten war und nach Hause gekommen, mir etwas von seiner Philosophie zu diktieren pflegte, so schien es so ordentlich zusammenzuhängen daß sie von einem nüchternen Menschen nicht verbessert hätte werden können.«

Es ist verständlich, dass Paracelsus als Vagant und Freund des Alkohols große Kritiker unter den Schulmedizinern fand. So charakterisierte ihn 1763 der Gelehrte J. 0. Zimmermann: »Er (= Paracelsus) lebte wie ein Schwein, sah aus wie ein Fuhrmann, fand sein größtes Vergnügen in dem Umgang des liederlichsten und niedrigsten Pöbels und war die meiste Zeit seines Lebens besoffen. Auch scheinen alle seine Schriften im Rausch geschrieben zu sein.« In seiner Lebensweise und in seiner Einstellung zum Alkohol widersprach Paracelsus einer kleinbürgerlichen Arbeitsmoral, die bis heute unser Leben bestimmt.

Geistig verwandt war Paracelsus der frühe Humanist Ulrich von Hutten, der für die Freiheit des Menschen zur Feder griff. Er kämpfte gegen die Vorherrschaft des Papstes, also gegen die römische Geistesknechtschaft, und er zog, ganz im Sinne des Vagantentums von Köln nach Rostock, von Wien nach Pavia und zurück. Er starb im Alter von 35 Jahren 1523 an Syphilis in Zürich. Zwingli schrieb über ihn: »Er hinterließ nichts von Wert, Bücher hatte er keine, Hausrat auch nicht außer einer Feder.« Beim Wartburgfest 1817 gedachten die deutschen Studenten Ulrich von Huttens, der zu ihrem Vorbild geworden war.

Die im 16. Jahrhundert beginnende Geistesrichtung des Calvinismus sollte sich schließlich auf das freiheitsliebende herumziehende Volk fatal auswirken. Nach dieser mit dem aus Genf stammenden Reformator Calvin verknüpften Ideologie ist der Gedanke verbunden, dass erst der Mensch gottgefällig ist, der auch echte Arbeit erbringt. Die Arbeit beginnt hier zum Idol des Europäers zu werden. Es ist eine Ideologie, die auch von den Sozialdemokraten übernommen wurde und die seit dem Ende des 18. Jahrhunderts das fahrende Volk verdrängt, in Arbeitshäuser gesteckt und seine Kultur vernichtet hat. Es ist höchst bemerkenswert, dass es der Schwiegersohn von Karl Marx, Paul Lafargue, war, der in seinem berühmten Buch »Das Recht auf Faulheit« davon sprach, dass man danach streben müsse, die Arbeit den Maschinen zu überlassen, wodurch der Mensch in Freiheit sein Leben genießen kann.

Der alte Geist der Vaganten hielt sich lange an den Universitäten – verbunden mit der Vorstellung Ulrich von Huttens, dass durch Wissenschaft der Mensch Freiheit erreichen könne. Es galt den freien Menschen heranzuziehen, fernab von jedwedem kleinbürgerlichem Zwang.

Studentischer Kampf gegen Fürstenwillkür und für Menschenrechte

Es waren daher auch die Universitäten, die das Denken der Aufklärung übernahmen, im Sinne Kants vom Mündigsein des Menschen gegenüber Kirche und Monarchie. So waren es die Studenten, die zum Kampf gegen Fürstenwillkür antraten. Der Begriff der Nation, der nun im Zuge der Französischen Revolution auftritt, besagt nichts anderes als die Gemeinschaft der freien Bürger, die sich gegen die Bevormundung der Aristokratie stellt. Das Freiheitspostulat wurde Aufruf der Studenten von Jena, die 1815 gelobten: »Wir, die wir stets nach innerer Freiheit streben wollen, werden das Urrecht jedes Menschen, die Freiheit, mit Schutz und Trutz gegen jeden Angriff verteidigen (...).« Es ist ein unklarer romantischer Freiheitsbegriff, der hier deutlich wird, aber er ist ein feuriger, ganz im Stile der Ideen der Französischen Revolution, an denen man sich ausrichtet. So pflanzen die Studenten in Jena den Freiheitsbaum der Jakobiner und in Wien singen die aufständischen Studenten 1848 die Marseillaise. Außerdem bewahrten die Studenten in der Aula der Wiener Universität in diesem Sturmjahr eine »heilige« Trikolore, die man extra aus Paris nach Wien gebracht hatte.

Die Intelligenz Deutschlands stand unter dem Bann der französischen Revolution. Schiller wurde ob seines freien Geistes sogar zum französischen Ehrenbürger ernannt. Und Heinrich Heine dichtet:

»Bang hat der Pfaff sich in die Kirch' verkrochen,
Der Herrschling zittert auf dem morschen Thrönlein ...
Sei deines Namens wert, für wahre Freiheit
Und freie Wahrheit kämpft mit deutschem Sinne ...«

Und an einer anderen Stelle schreibt Heine: »Deutschland ist jetzt frei; kein Pfaff vermag mehr die deutschen Geister einzukerkern; kein adeliger

Herrschling vermag mehr die deutschen Leiber zur Fron zu peitschen, und deshalb soll auch die deutsche Muse wieder ein freies, blühendes, unaffektiertes Mädchen sein (...).«

Hier zeigt sich ein weltbürgerlicher Humanismus, der vor allem von den Studenten weitergeführt und erkämpft wird. Über die Freiheit der Nation, die man gegen die Fürsten erkämpfen will, soll die Freiheit des Individuums gesichert werden. Und in diesem Sinn heißt es in der Verfassungsurkunde der frühen Burschenschaft in Jena: »Das Verhältnis der Mitglieder untereinander ist vollkommen gleich. (...) Alle Unterschiede der Geburt fallen gänzlich weg.« Die Jugend war mobilisiert und das aufrührerische Jena bezeichnete man im deutschen Ausland als »Jakobinernest«.

Man wollte ein geeintes Deutschland – keines im Sinne imperialistischer Ideen, sondern eines im Sinne von Republik und Demokratie, durch die man die Freiheit gewahrt sehen wollte, aber auch für den Degradierten und Ausgebeuteten wollte man sich einsetzen. So verlangten die Gießener »schwarzen Burschenschafter« um 1830 eine nach französischem Revolutionsmuster gebildete Republik mit Volksvertretung und gewähltem Staatsoberhaupt. Zu diesen Burschenschaftern gehörten die Brüder Follen. In einem Lied von Karl Follen, in dem er sich für die Odenwalder Bauern einsetzte, heißt es daher:

»Brüder, so kann's nicht gehn!
Laßt uns zusammen stehn!
Duldet's nicht mehr!
Freiheit,dein Baum fällt ab.
Jeder am Bettelstab,
beißt bald ins Hungergrab.
Volk ans Gewehr!«

Es ist übrigens interessant, dass Follen nach den USA flüchtete, wo er die Sklaverei vehement angriff, als in Widerspruch zu den Prinzipien der Freiheit und Gleichheit stehend. Für die damaligen Studenten war der Freiheitsbegriff unteilbar geworden, er bezog sich nicht nur auf die Deutschen, sondern auch auf die Polen, Griechen und alle anderen. So war es den Studenten selbstverständlich, dass sie mit den aufständischen Polen 1831 gegen die Russen sympathisierten. 1832 beim so genannten Hambacher Fest hingen die polnischen Fahnen neben den deutschen. Und 1848 traten Studenten in Wien gegen das kaiserliche Heer zum Kampf an, da dieses den Aufstand der kühnen Ungarn niederschlagen wollte. Es kam dabei zu einem fürchterlichen Gefecht an der Wiener Taborbrücke, bei dem viele Studenten fielen. Und ebenso demonstrierten die Studenten in Wien gegen den allseits hochgelobten Feldmarschall Radetzky, weil er den Aufstand der freiheitsliebenden Lombarden in Oberitalien niedergeschlagen hat. Man nannte Radetzky daher sogar »Menschenschlächter«. Es wehte in studentischen Kreisen der weltbürgerliche Geist der Freiheit, der sich gegen Diktatoren wandte und gegen all jene, die Menschen zu erniedrigen suchten.

Ganz im Sinne des aus dem österreichischen Banat stammenden Nikolaus Lenau, der sein Epos über die Albigenser mit diesen Zeilen beendet:

»Das Licht vom Himmel läßt sich nicht versprengen,
Noch läßt der Sonnenaufgang sich verhängen
Mit Purpurmänteln oder dunklen Kutten;
Den Albigensern folgen die Hussiten
Und zahlen blutig heim, was jene litten;
Nach Huß und Ziska kommen Luther, Hutten,
Die dreißig Jahre, die Cevennenstreiter,
Die Stürmer der Bastille, und so weiter.«

Nikolaus Lenau betont schließlich in seinem Gedicht *Die drei Zigeuner* ganz im Stile der alten Vaganten, dass Freiheit und wahres Leben mehr ist als bloße Arbeit und das Streben nach Gewinn und Geld:

»Drei Zigeuner fand ich einmal
Liegen an einer Weide,
Als mein Fuhrwerk mit müder Qual
Schlich durch sandige Heide.

Hielt der eine für sich allein
In den Händen die Fiedel,
Spielte, umglüht vom Abendschein,
Sich ein feuriges Liedel.

Hielt der zweite die Pfeif' im Mund,
Blickte nach seinem Rauche,
Froh, als ob er vom Erdenrund
Nichts zum Glücke mehr brauche.

Und der dritte behaglich schlief,
Und sein Cimbal am Baum hing,
Über die Saiten der Windhauch lief,
Über sein Herz ein Traum ging.

An den Kleidern trugen die drei
Löcher und bunte Flicken,
Aber sie boten trotzig frei
Spott den Erdengeschicken,

Dreifach haben sie mir gezeigt,
Wenn das Leben uns nachtet,
Wie man's verraucht, verschläft, vergeigt,
Und es dreimal verachtet.

Nach den Zigeunern lang noch schaun
Mußt' ich im Weiterfahren,
Nach den Gesichtern dunkelbraun,
Den schwarzlockigen Haaren.«

Und um diese Freiheit, die Paracelsus, Heinrich Heine und auch Nikolaus Lenau verherrlichen, ist täglich zu kämpfen. So soll es auch sein. Ich wünsche das Beste.

Anmerkungen:

Hussiten: Bezeichnung für verschiedene reformatorische beziehungsweise revolutionäre Bewegungen in Böhmen des 15. Jahrhunderts. Der Name Hussiten geht auf den tschechischen Theologen und Reformator Jan Hus (* um 1370) zurück. Dieser kritisierte den Reichtum der Kirche und ließ einzig die Bibel als gültig für Glaubensfragen gelten. Hus wurde auf dem Konstanzer Konzil zum Tode verurteilt und am 6. Juli 1415 verbrannt.
Johann Zizka (Ziska, spr. schischka) von Trocnow: Feldherr der Hussiten (um 1370–1424)
Ulrich, Ritter von Hutten (1488–1523): ritterlicher Vorkämpfer des Humanismus und der geistigen Freiheit
Cevennenstreiter = Kamisarden, Name der Hugenotten in den Cevennen, erhoben sich 1689 in den Cevennen
Stürmer der Bastille: Sturm auf die Bastille am 14. Juli 1789, Symbol für die Französische Revolution

Literaturhinweise u.a.:

Carmina Burana, Die Lieder der Benediktbeurer, Handschrift, München 1979
R. Girtler, Vaganten. Studenten, die Kultur des Alkohols und das Ideal der Freiheit, in: Einst und Jetzt, München 1992
R. Girtler, Die Lust des Vagabundierens – eine Pilgerreise mit dem Fahrrad nach Assisi, Wien 2001
R. Girtler, Irrweg Jakobsweg – die Narbe in den Seelen von Muslimen, Juden und Ketzern, Graz 2005
P. Lafargue, Das Recht auf Faulheit (Widerlegung des »Rechts auf Arbeit« von 1848), 1883
O. Scheuer, Heinrich Heine als Student, Bonn 1922

Michael Rosecker

Warum so traurig unter leeren Himmeln?
Das Selbst, die Lebenswelt und die Freiheit

Einleitung 1 – Traurigkeit und Freiheit

»Sich befreien macht nervös, befreit sein depressiv.«[1)]
Alain Ehrenberg

Wir – Bürger, Akteure, Arbeitnehmer, Kapitalisten, Wähler, Migranten, Arbeitslose und Konsumenten der *freien* Welt – leben heute in vielen Gesellschaften: In der Wissens-, Informations-, Dienstleistungs-, Medien-, Ellenbogen-, Zivil- und Hochleistungsgesellschaft. Wir leben im Kultur-, Finanz-, Konsum- und im mentalen Kapitalismus. Ebenso in Massen-, Medien-, libertären, sozialen und repräsentativen Demokratien. In der selbstbestimmten demokratischen und in der fremdbestimmten ökonomischen Sphäre. Wir leben auch im Westen und eben in der *freien* Welt. Und das bedeutet, dass das emanzipierte Individuum – die Einzelnen, die Ichs – Träger der gesellschaftlichen Entwicklung sind. Jeder Einzelne lebt in dem Glauben, die Möglichkeit zu haben, sich selbst als eigene Geschichte zu erschaffen bzw. zu erzählen, eine Erzählung aus rationalen Eigeninteressen und als rationales Eigeninteresse im *pursuit of happiness*.

Das klingt alles sehr nach Freiheit.

Wir leben in einer Zeit, die das Alte scheinbar nicht duldet. Rasante Neuerungen, Innovationen und Veränderungen prägen den Alltag aller. Das Neue verdrängt alles Alte, obwohl die Untauglichkeit des Alten noch nicht erwiesen und die Tauglichkeit des Neuen noch nicht bewiesen ist. Kein Bedenken, kein Erproben, kein Aneignen, kein Erlernen, keine Muße. Der Innovationsdruck erzeugt sich selbst.[2)] Weg mit Religionen, Weltanschauungen, Lebensweisheiten, Traditionen usf. Das Neue selbst ist des Neuen Zweck. Alles zu erneuern ist schon Funktion genug. Neue Medien, neue Formen der Familie, neue Mitte, neue Weltordnung, neue Menschen, Neu-Regieren und so weiter. Neuestes Wissen und neueste Informationen, kaum angekündigt, schon veraltet. Alles neue, unzählige, beliebig kombinierbare Angebote der Orientierungen, Lebensweisen und Identitäten; frei zur Wahl stehend.

Auch leben wir an Orten, die das Verweilen nicht dulden. Mobilität ist das geographische und emotionale Schlagwort der schnelllebigen Zeit. Die Abwechslung von Menschen, Beziehungen, Orten, Institutionen und Meinungen symbolisiert Ungebundenheit auf allen Ebenen. Fernreisen, Jobwechsel, Lebensabschnittspartner, Patchwork-Familien, Globalisierung usf. Frei vom Ballast alles Bindenden. Der aktuelle Konsumismus als ökonomische, soziologische und vielleicht sogar anthropologische Klammer der oben beschriebenen Gesellschaften ist das Versprechen des »immer wieder Neuen.«[3] Auch das klingt sehr nach Freiheit. Wahlfreiheit, Entfaltungsfreiheit, Konsumfreiheit, Meinungsfreiheit, Gestaltungsfreiheit, Bewegungsfreiheit usf.

Dieses Versprechen des Neuen ist zugleich das Versprechen auf irdische Paradiese der Freiheit.

Aber scheinbar ist es leichter zu behaupten, Unfreiheit macht glücklich, als wenn man dies über die heutige Freiheit sagen wollte, da einer neuen Studie zu Folge 127 Millionen EU-Bürger an psychischen und psychosomatischen Krankheiten leiden. Mehr als ein Viertel der Menschen, die in der EU der 25, in der Schweiz, in Island und in Norwegen leben, leiden an den zwölf häufigsten psychischen und neurologischen Erkrankungen.[4] Das menschliche Gehirn schaffe den zunehmenden Stress der modernen Zivilisationsgesellschaften nicht und Perspektivlosigkeit, die Unsicherheiten des persönlichen Lebens und enttäuschte Hoffnungen seien der Rahmen, der die riesigen Entwicklungen von neurologischen Erkrankungen nach sich zieht.

Die Freiheiten in den heutigen Demokratien sind also einerseits immer bedrohlicher »real«, andererseits auch immer virtueller, wenn »virtuell« heißt: der Kraft oder der Möglichkeit nach vorhanden. Die Realität der virtuellen Freiheiten ist oft die Freiheit des Scheiterns. Und diese wird umso bitterer, als viele der Freiheiten virtuelle Welten sind, die medial stets als Realität dargestellt werden, aber real für immer mehr Menschen immer weniger der eigenen Kraft nach möglich sind. Wer es nicht schafft, ist in der Logik der Virtualität selber schuld.

Wir leben in einer Gesellschaft, die auf »Verantwortung und Initiative«[5] beruht. Das heißt, dass all die Verheißungen, Chancen und Möglichkeiten, alles Lebensglück nur eventuell erreichbar sind. Eigeninitiative und Selbstverantwortlichkeit scheinen über Gelingen oder Scheitern zu entscheiden. Das Scheitern an den Versprechungen der unendlichen Horizonte der unbegrenzten Möglichkeiten wird also als Unzulänglichkeit und Mangel des Einzelnen verstanden. Strukturelle Hürden werden kaum erkannt. So schrumpft die Erreichung des individuellen Lebenssinns und -glücks auf eine alle individuellen Ressourcen verschlingende Privatangelegenheit des Einzelnen. Die medialisierte propagierte virtuelle Hyperfreiheit steht den alltäglichen Enttäuschungen des alltäglichen Lebens gegenüber. Enttäuschung durch Verarmung, Arbeitslosigkeit und Unwichtigkeit oder Enttäuschung durch

Übersättigung und Langeweile am Erreichten, beide sind weit verbreitete Lebensweisen. Frei gewählt sind beide nicht. Wir leben eben auch in der Risikogesellschaft und ein grundlegendes Risiko ist das Scheitern des Einzelnen und dieses wird auch für den Einzelnen kalkuliert, obwohl er das nicht ausreichend kalkulieren kann.

Wer sind nun diese heutigen Einzelnen, die so traurig über ihre *Freiheit* sind? Woher kommen die, die glauben, sich selbst als ihre eigene Geschichte entwerfen zu können? Der Versuch einer Antwort ist eine Erzählung von den Befreiungen und Entbindungen der Neuzeit sowie der Moderne, von deren Zwängen und Depressionen, vom Großen und Kleinen und von Himmel und Erde.

Einleitung 2 – Das Freiheitsgeschrei

»Die stillsten Worte sind es, welche den Sturm bringen, Gedanken, die mit Taubenfüßen kommen, lenken die Welt.«[6]
Friedrich Nietzsche

Eines vorweg: Die neuzeitliche und moderne – dieser Art europäische – Idee der Freiheit wurde stets mit viel Lärm und Getöse vorgetragen; auch ihre Gegner lärmten und schlugen viel Radau. Heute im Medienzeitalter wird der Diskurs für und wider die menschliche Freiheit noch immer laut, grell und in schriller Öffentlichkeit geführt; politisch, theologisch sowie geistes- und naturwissenschaftlich. Den Neuzeitlichen und Modernen gefiel die Freiheit immer gut, vor allem wenn sie anderen die ihre – und sich selber mehr davon – nehmen wollten. Das Freiheitsgeschrei war immer bedingt durch die Perspektive der Schreienden. Für die Freiheit wurden Menschen getötet, Theorien verbogen und Versuchsanordnungen fehlinterpretiert bzw. hysterisch voreilig publiziert, Kriege geführt und Reiche erschaffen bzw. zerstört. Es wurde getäuscht und enttäuscht, gelogen und betrogen, missverstanden und umgedeutet oder einfach nur daran geglaubt. Weniges glitt so leicht über die Lippen wie der Schrei: »Freiheit!« Edel, motivierend, laut und doch unerträglich perspektivisch, parteiisch, schmierig, beliebig und eben bedingt.

Der 1803 geborene französische Historiker Edgar Quinet – ein Freund der Französischen Revolution – stellte schneidend fest: »Alle Geschichten der Revolution kreisen um das Rätsel einer Freiheit, die einen noch nie dagewesenen Despotismus freisetzt.«[7] Dieses Rätsel stellt sich vielen Revolten und deren Niederschlagungen, Aufständen und (Konter-)Revolutionen der Moderne. Die Freiheit führte die Reihen stets pathetisch und schreiend. Auch ihre Gegner pflegten meistens schreiende Vergleiche und verspürten Lust an ihren *finsteren* Botschaften der Unfreiheit. Lustvoll wurde den Freunden der Freiheit ihr *törichtes Irren* vorgehalten. Wütende Pfaffen, erregte Materialisten, frustrierte Zyniker und ernste Naturwissenschafter trugen ihre Botschaften nicht mit großer Bescheiden- und Bedachtheit vor: »Wie der Urin eine Ausscheidung der Nieren, (...) so sei der Gedanke nichts anderes als eine Ausscheidung des Gehirns.«[8] Oder: »Die Freiheitserfahrung sei eine frühkindlich internalisierte ›Illusion‹, gleichsam der erste Sozialisationsirrtum in jeder Biografie.«[9]

Und wenn die Freiheit nicht laut war, so musste sie zumindest absolut, unbedingt und unendlich sein. Groß und stark. Schließlich muss auch der heutige Krieg gegen den Terror und für die Freiheit sowie der Kampf um die Freiheit der Aktien großmäulig, sprachlich alttestamentarisch und mit Sendungsbewusstsein geführt werden. Denn schließlich geht es ja um die freie Welt. Hier soll nun eine stillere Form der Freiheit in der *freien* Welt gesucht werden.

Hauptteil 1 – Der moderne Mensch an der Schnittstelle zum Nichts

»Ich hab mein Sach auf nichts gestellt, Juchhe!«[10]
Johann Wolfgang von Goethe

Mit der *Entdeckung* Vermeintlich-Westindiens im ausgehenden 15. Jahrhundert, begann in Europa die schrittweise *Kugelwerdung* der Erde: die *Globalisierung*. Damit setzte sich ein Prozess des ständigen Aufbrechens, Loslösens und daher Befreiens in Gang, der schließlich dazu führte, dass Menschen in der *freien* Welt heute aufgefordert sind, sich »als ein Wesen an der Grenze zwischen der Erde und dem Nichts vorzustellen.«[11] Die Erde als Kugel rollte gleichsam vom Zentrum des Universums an die Peripherie, in das Irgendwo der Befreiung von göttlicher Fürsorge, jenseitiger Erfüllung und höherem Plan. Sie wird Planet und ist nicht mehr eine geschlossene – transzendentale, religiöse – wahre *Welt*, die Himmel und Erde umfasst, die logische Widersprüche und Brüche in sich trägt und dennoch alles erklärt, sie ist gleichsam keine Welt mehr aus einem Guss. Immer schon daseiender Schutz und Sinn sowie klar verortetes Eingewobensein in *ein* All gehen verloren.

In »objektiver Realität zu leben, nicht in der endlosen Relativität rein subjektiver Erfahrungen gefangen zu bleiben, in einer wirklichen und wirksamen – und nicht in einer illusorischen – Welt zu stehen«[12], wie religiöse Menschen es vermeinen, war nicht mehr möglich. Vielmehr drehte der moderne Mensch mit seinem vermessenden, suchenden, ja auch offenen befreiten Blick das Verhältnis von Realität und Illusion um. Arthur Schopenhauer fand dafür ein gegenwärtiges Bild: »Im unendlichen Raum zahllose leuchtende Kugeln, um jede von welchen etwan ein Dutzend kleinerer, beleuchteter sich wälzt, die, inwendig heiß, mit erstarrter, kalter Rinde überzogen sind, auf der ein Schimmelüberzug lebende und erkennende Wesen erzeugt hat – dies ist die empirische Wahrheit, das Reale, die Welt.«[13] Neueste Erkenntnisse der Astronomie, die besagen, dass ein Riesenstern am Rande des sichtbaren Universums kollabierte und der damit verbundene – heute zu beobachtende – Gammastrahlenausbruch sei in einer Entfernung von 12,7 Milliarden Lichtjahren, bereits vor weniger als 900 Millionen Jahren nach dem Urknall, vor sich gegangen, unterstreichen diese Sichtweise eindrucksvoll.[14] Umgeben von unendlichen Weiten und unermesslichem Raum ragt der einzelne Mensch heute »transzendental obdachlos«[15] in das Offene hinaus, und das ist ab nun real!

Die eine immer schon währende *Wahrheit* wird zu den zeitigenden vielen Wahrheiten und schließlich zur individuellen Wirklichkeit.

So gleicht das Universum heute in der menschlichen Anschauung mehr dem Nichts als dem All. Der Planet Erde wird mit dem Sich-Leeren des Himmels ein zentraler Bezugspunkt des Menschen für das Neuvermessen seiner Stellung. Nicht göttlicher Wille, sondern Koordinaten weisen dem Menschen nun einen Ort im Raum zu und Chronometer einen Platz in der Zeit. Die Welt muss den Einzelnen nun erst erklärt, somit vermessen, kartographiert, analysiert, errechnet und festgehalten werden. Peter Sloterdijks wichtiger Hinweis auf die unermessliche Bedeutung von Landkarten für die neuzeitlichen Entdeckungsfahrten als »geopolitische Evangelien« endet in einem Weltbild, in dem »Atlas nicht mehr als Kugelträger in Erscheinung tritt, sondern als gebundenes Kartenbuch.«[16] Was zuvor einfach *gehalten* wurde, wird jetzt haltlos und muss erst wieder Halt finden. Jetzt muss man sich zunächst *ein Bild* davon machen.

Nur rationale homogene Gründe ohne Brüche und Widersprüche können, so das Credo der neuen Zeiten, neuen Halt geben. Es brauchte ab nun Theorien; vortheoretische Welterschließung war nicht mehr möglich. Vernunft, Verstand, Rationalität, Kosten-Nutzen-Rechnungen und wissenschaftliche Erkenntnis sollten der nun offenen *fremden* Welt (den leeren Himmeln und dem *neuen* Planeten) Sinn entbergen, dem Menschen durch die Beherrschung der Natur Schutzhüllen wiedergeben und ihn durch Naturgesetze wieder mit etwas Größerem verweben. Die Phänomenologie beschrieb dies so: »Die unendliche Welt (...) ist konzipiert, als eine solche, deren Objekte nicht einzelweise, unvollkommen und wie zufällig unserer Erkenntnis zugänglich werden, sondern die eine rationale, systematisch einheitliche

Methode erreicht.«[17] Der rationale Blick versucht stets der Blick der Dritten Person zu sein, beschreibend, unbeteiligt, unparteiisch und berechnend; sogar wenn er egoistisch ist wie der rationale Blick der Ökonomie. Diese »einheitliche Methode« sollte Wissen bereitstellen, welches die *Machbarkeit* der Welt ermöglichen sollte; dies war nun das Programm.

Unser Denken und Fühlen hat also – transzendental obdachlos geworden unter leeren Himmeln und an der Schnittstelle zum Nichts – eine neue Perspektive: die der rationalen Welterfassung. Wenn wir an dieser Schnittstelle in irgendetwas verwiesen sind, dann in diese *rationale* Perspektive; und diese erklärt zwar vieles (das Wie) und gibt dennoch kein transzendentales Obdach (das Warum). Der Preis der Befreiung von den Einschränkungen der *geschlossenen* Welten der Religion war die Bindung an die Rationalität und deren leerer »Sternenhimmel glänzt nur mehr in der dunklen Nacht der reinen Erkenntnis und erhellt keinem einsamen Wanderer – und in der Neuen Welt heißt Mensch-Sein: einsam sein – mehr die Pfade.«[18]

Privilegierte Zugänge zur *Wahrheit der geschlossenen Welten*, die alles erklären und nichts außer Betracht lassen, gibt es noch immer, aber sie sind heute in der *freien* Welt – auf dem Markt der virtuellen Hyperfreiheit – endgültig mit allen anderen *Wahrheiten* des Planeten kompatibel und kombinierbar. Sie sind kritisierbar, konsumierbar und käuflich. Sie sind auf den Markt geworfen und gehorchen den Regeln der Nachfrage-Erzeugung, der medialen Erregung und der Akkumulation von Aufmerksamkeit.

Sogar die bitteren Frohbotschaften des heutigen Kapitalismus kommen als Wahrheit einer *geschlossenen* Welt daher und sind gerade deswegen, weil sie so *wahrhaftig* vorgetragen werden, kombinierbar und kompatibel, also auch bezweifelbar; auch wenn sie ein Monopol beanspruchen im Meer der Deregulierung. Die kapitalistische Ökonomie »hat ihre Propheten, ihre Päpste, ihre Hohepriester und ihre Ketzer, aber von allen wird sie gleichermaßen verehrt.«[19]

Wahrheiten sind aber eigentlich prinzipiell *nur* mehr Wirklichkeiten von individuellen Lebenswelten, die in gesellschaftliche Verhältnisse eingebettet sind oder autistische Hirngespinste radikaler Minderheiten, wie sie auch die herrschenden Neoliberalen pflegen.

Hierin, im Hinausragen in den leeren Himmel, sogar in der Kompatibilität der *Wahrheiten*, steckt viel von Freiheit.

Hauptteil 2 – Das teilbare Unteilbare

»Ich weiß, dass ich existiere, ich frage aber, wer jener Ich ist,
von dem ich weiß, er ist.«[20]
René Descartes

Je mehr die Erde *errundet* wurde, je mehr sie *ein* Planet unter unvorstellbar vielen und die *eine* Sonne eben nur eine Sonne unter unzählig vielen wurde, umso mehr brauchte es ein neues Leitgestirn: das souveräne autonome denkende Ich. Das Subjekt (wörtlich: das Daruntergeworfene) wird mit dem denkenden Ich identisch und somit zum eigentlich letzten Zugrundeliegenden aller wissenschaftlich überhaupt fassbaren Wirklichkeit. Das Individuum wird im Bewusstsein seiner Eigenheit und Einmaligkeit als unteilbares Ganzes vorgestellt. Der individuelle menschliche freie Wille löste sich von göttlichem Plan und göttlicher Vorsehung.

Fuhr Gott zunächst in Gestalt von Priestern bei den Entdeckungsfahrten der frühen Neuzeit noch mit, verlor er mit jedem schwindenden weißen Fleck auf den Landkarten in Europa an Bedeutung. Die römische Religion wollte in der Fremde eine Welt und neue Gläubige erobern, hat aber einen *Planeten* und *daheim* die moderne Individualität bekommen.

Die »transzendentale Obdachlosigkeit« befreite den europäischen Menschen aus den althergebrachten Lebenszusammenhängen der *alten* Welt, die sich noch auf Schutzräume und -mäntel einer Welt gründeten, die vermeinte, im Zentrum zu stehen. Höhere Ordnungen und Hierarchien banden den einzelnen Menschen an Gemeinschaften, Instanzen und Personen und wiesen ihm seinen selbstverständlichen unabänderlichen Platz in klar umrissenen Räumen zu, von der zu bebauenden Scholle bis zum Himmelreich. Die »traditionellen Strukturen der wenigen Optionen und der starken Bindungen«[21] zerbrachen und Gruppen, Gemeinschaften, Stämme etc. zerfielen in einzelne Menschen, in Individuen. Es wurden neue Institutionen geschaffen, die sich nicht sehr lange auf Transzendentes berufen konnten und eher dem Bändigen des angenommenen *befreiten* Egoismus der Individuen dienten. Individuen sind ab nun noch immer Teil eines Größeren, aber nie mehr eines *Ganzen*.

Entdecker, Eroberer, Erfinder, Forscher, Abenteurer und Unternehmer waren die – zunächst meist männlichen – Figuren des ständig Neuen, die »in die Welt fuhren wie die Kugel in die Schlacht.«[22] Es muss hier betont, werden, es geht nicht um große Männer, die Geschichte machen, sondern um einen Typus Mensch, der in immer größerer Menge, schließlich in Massen auftrat, je mehr die Welten jedes Einzelnen aufgebrochen und von Bindung und Schutz befreit wurden. Hier reicht die Palette von den vogelfreien Mannschaften der Segelschiffe der Entdeckungsreisen über die freigesetzten ländlichen Unterschichten, die in die frühen Fabriken gepfercht wurden, bis hin zu den Massen *freier* Konsumenten, die der ultimativen Wunscherfüllung und Anerkennung nachhetzen. Sie alle drehten und drehen durch ihren alltäglichen Lebensvollzug an den Rädern der Moderne. Um etwas oder sich selbst aufbrechen zu können, muss man zunächst von allem Alten, Starren, Bindenden, aber auch Schützenden befreit werden. Der Einbruch der Europäer in die fremden überseeischen neuen *Welten* war der Aufbruch in den Gesellschaften ihrer eigenen alten *Welt*.

Die Moderne brach in ihr Freiheitsprojekt somit mit dem Glauben auf, es gäbe ein konsistentes, ja fast gravitätisches freies Ich. Ob Humanisten den Menschen als Bildner seiner selbst sahen, oder ob Kapitalisten sich als Schöpfer großer Produktivkräfte betrachteten, ob Idealisten, wie Fichte, behaupteten, das Ich setze sich selbst, oder Solipsisten, wie Max Stirner, überhaupt alles Sein mit dem eigenen Bewusstsein gleichsetzten, alle Impulse mussten in das Innere des Akteurs verlagert werden. Nur mehr innerer Stimme und eigenem Antrieb durfte als freies Individuum, als Ich, gefolgt werden: »Ich bin [nicht] Nichts im Sinne der Leerheit, sondern das schöpferische Nichts, das Nichts, aus welchem Ich selbst als Schöpfer Alles schaffe.«[23)] Bewegen können, ohne selbst bewegt zu werden, das war das Bild von Freiheit, das nun in den Menschen selbst versenkt wurde: Ein »gehirnloser Gott«[24)], von Natur und Welt unabhängig gedacht.

Alle Gegenstrategien der Moderne, das Individuum wieder *einzufangen*, ihm neue – der neuen Zeit gemäße – geschlossene Riten der Selbst- und Gemeinschaftsvergewisserung oder Schutz- und Sinnräume als neue geschlossenen Welten – also Ideologien – zu schaffen, endeten im 20. Jahrhundert kriegerisch, grausam, blutig und totalitär oder lösten sich, ohne viel Aufsehen zu erregen auf (bzw. blieben Refugien für Fanatiker). Dem modernen *befreiten* Individuum konnte in der Masse, egal ob als Volk, Klasse, Nation oder Milieu, einfach keine neue *geschlossene* Welt des Sinns, des Schutzes und des Eingewobenseins geschaffen werden. Heute in der nachmodernen *freien* Welt sind in sich geschlossene – alles begreiflich machende – Welterklärungen, -anschauungen und -bilder endgültig erledigt: »Wir können in einer geschlossenen Welt nicht mehr atmen«[25)], brachte es Georg Lukács auf den Punkt. *Die* Religion der Moderne, wenn man Religion als »Rückbindung«[26)] versteht, der Fortschrittsglaube, verfängt heute nicht mehr. Überhaupt, alles Haltbare, das dem modernen Subjekt in der Obdachlosigkeit und Uferlosigkeit angeboten wurde (Ideologien, die Erwerbsarbeit, Geschichte, Nation etc.), um trotz der sich leerenden Himmel identisch mit sich bleiben zu können, erodierte. Identität heißt hier, die Notwendigkeit alles was war, ist und sein soll auf sich zu beziehen und als das Eigene, als Identität zu verstehen.

Je länger die Moderne dauerte, umso zwiespältiger und vielfältiger wurden die Zugangsweisen zum Individuum. Zweifel kamen auf, ob denn das Individuum wirklich so unteilbar, ob das Ich überhaupt Herr im eigenen Haus sei. Zuerst ahnten es Dichter, dann Philosophen, dann wussten es Evolutionstheoretiker, Psychoanalytiker und heute schließlich scheinen es Hirnforscher zu beweisen. Heute sind wir dort angelangt, dass viele behaupten, das Ich sei eine neurophysiologische Einbildung und Illusion des Gehirns. Peter Sloterdijk hat das schöne Bild eingebracht, dass die »menschlichen Gehirne neurologische Erdmonde«[27)] seien.

Das Ich sei plötzlich doch wieder verstrickt in das große aber nur mehr naturwissenschaftliche *Ganze* der Naturgesetze. So sehr sei es an diese gekettet, dass es eigentlich gleich gar nicht mehr existiere. Aber Obdach – als wieder *daheim* im *Ganzen* – ist dieses gänzlich *Unganze* der völligen Unfreiheit keines, vor allem wenn alle glauben, persönliche Initiative, Selbstschöpfung und das Sich-Selbst-Erzählen seien Sinn des Daseins. Das ist ein grundlegender Widerspruch, aber keine Heimat. Autonomie und Heteronomie stehen lauthals nebeneinander.

In den heutigen nachmodernen Zeiten steht *die* Freiheit, die zunächst Menschen glauben machte, die Welt nach ihrem Sinne bilden, ja schaffen zu können, auf dem Spiel.

Heute plötzlich, in der nachmodernen *freien* Welt der virtuellen Hyperfreiheit, die angeblich am konsumistischen Zenit der Wahl- und Entwicklungsmöglichkeiten für den Einzelnen steht, wird der Träger des Freiheitsbanners, das Individuum, zwar permanent als Einzelner angesprochen, aber gleichzeitig dessen Kern, das Ich, in Frage gestellt. Obwohl die technischen Machbarkeits- und Schöpfungspotentiale alleine in der Gentechnik einen neuen Höhepunkt gefunden haben, bricht der irdische *Schöpfer*, das *freie* Individuum, weg oder leidet zumindest an psychischen Krankheiten. Das menschliche Gehirn wird gegen die menschliche Freiheit ins Feld geführt. So wie das Universum unendlich groß geworden ist, so sollte man »auch dem Gehirn eher die Tiefe des Kosmos zuschreiben, als sich auf sein geringes Volumen zu verlassen.«[28)] Im gewissen Sinne ragen wir sogar in unserem Inneren ins Offene hinaus.

Dieses Offene findet sich plötzlich vor Wahlfreiheit, Entfaltungsfreiheit, Konsumfreiheit, Meinungsfreiheit, Gestaltungsfreiheit, Bewegungsfreiheit usf. So stehen Menschen zum einen vor der unbegrenzten Globalisierung und zum anderen vor der uferlosen Individualisierung, wobei letztere als

Vereinzelung zu verstehen ist, da das vermeintlich *Unteilbare* (das Individuum) ja bis zur völligen *Spaltung* geteilt wurde.

Diese Spaltung sollten wir unbedingt bedenken, wenn uns heute von Neoliberalen die völlige Eigenverantwortlichkeit, Individualität und der absolute Egoismus im *pursuit of happiness* eingeredet wird.

Einschub – Dank an die Hirnforschung

»Und schließlich stellt sich die Frage, wie sich ein so dezentral organisiertes System seiner selbst bewusst werden kann.«[29)]
Wolf Singer

Eine unvorstellbar kurze Zeitspanne von rund 400 Millisekunden attackiere die Integrität des modernen Ichs am heftigsten. Genau diese Zeitspanne bevor sich ein Individuum seiner Absicht oder seines Wunsches zu handeln bewusst wird, baut das Gehirn ein Bereitschaftspotential auf, bereitet eine Willenshandlung vor und leitet sie ein. Das heißt, dass nicht der bewusste freie Wille den Willensprozess einleitet, sondern unbewusst das Gehirn.[30)] Der freie Wille steht in Frage und schließlich gleich auch noch das Ich, weil die Hirnforschung im Gehirn keinen Ort des Ichs fand. Seit dies von dem Hirnforscher Benjamin Libet *bewiesen* wurde, entbrannte ein Kampf der anderen Art um die Freiheit des Menschen. Keine Barrikaden werden zu Ehren der Freiheit mehr gebaut und keine Bastille mehr erstürmt, sondern nur die Trutzburgen der Begrifflichkeiten und des individuellen Selbstverständnisses eingerissen. Zuerst wurden wir Verwandte der Affen und jetzt wurde auch noch unsere evolutionäre *Leistung*, das menschliche Gehirn, mit verschwindend wenigen Prozenten Unterschied den Gehirnen von Affen gleichgestellt.

Die Attacke traf sehr tief, da alleine die Bindung an die rationale Perspektive, die Möglichkeit diese Erkenntnisse einfach zu ignorieren sehr einengte und nur von jenen mit den privilegierten Zugängen zur Wahrheit abgewehrt, also vom Tisch gewischt werden konnte. Die *Freiheit* von den *geschlossenen* Welten hatte eben den Preis, die Freiheit von rationalen Argumenten und rationaler Methodik zu verlieren. Die Dritte Person entdeckt vermeintlich, dass die Erste Person, das unmittelbare Wissen vom *Da*sein und vom Selbstgefühl in uns selbst, gar nicht existiere. Die Erkenntnisse der Hirnforschung gehen eben so tief, weil sie das alltägliche Selbstverständnis jedes Einzelnen grundlegend in Frage stellen. So drängen naturwissenschaftliche Erkenntnisse in die alltägliche Praxis alltäglichen Lebens herein. Denn das Infragestellen der Urheberschaft des Menschen bei seinen Handlungen bezweifelt die Freiheits- und daher die Schuldfähigkeit des Individuums und hat daher schwerwiegende Auswirkungen auf das Rechts-, Gerechtigkeits- und Selbstverständnis der Menschen in der *freien* Welt.[31] Diese *Erkenntnisse* der Hirnforschung beeinflussen somit den Diskurs über den Rechtsstaat und die *mündigen* souveränen Staatsbürger, und das sind zwei zentrale Institutionen der *freien* Welt.

Der Freiheitsdiskurs, der durch die radikalen Interpretationen der Ergebnisse der Hirnforschung entfacht wurde, hatte jedoch auch seine befreienden Seiten. Alleine der Angriff auf das Ich ist in einer Gesellschaft, die auf Initiative und Verantwortung baut, ja fast umstürzlerisch.

Dem lauten Geschwätz von der unbedingten menschlichen Freiheit als unbedingtem freien Willen konnte nicht mehr nur begrifflich-philosophisch entgegengetreten werden, sondern auch empirisch. Ein unbedingter freier Wille müsste, um eben ein solcher sein zu können, von allen ursächlichen Zusammenhängen und guten Gründen losgelöst, gleichsam befreit sein. Er wäre damit unbeeinflussbar, das Individuum, das Ich, wäre nicht mehr Urheber. Diese Freiheit müsste den Einzelnen dann als fremd und nicht mehr als eigene Freiheit erscheinen.[32] Unbedingtes, voraussetzungsloses Handeln, unabhängig von der eigenen Biografie, guten Gründen, eigenen Überzeugungen und der sozialen Umwelt.[33] Die absolute Freiheit, unbedingt und stark, wäre ätherisch, ja genau genommen gespenstisch und das Ich, als unbewegter Beweger eine »unguided missile«. Innere Abgeschlossenheit, ein Monadenleben ist keine Freiheit.

Das radikale Gegenteil, der völlige naturgesetzliche Determinismus als ein geschlossener Kreislauf von Rückkoppelungen der materiellen Welt zwischen Gehirn und Naturgesetzen, kommt interessanter Weise ebenso durch die Hirnforschung unter Druck. Das darf nicht übersehen werden. Dem Determinismus steht nicht nur die alltägliche menschliche Erfahrung gegenüber, die eben noch als »Sozialisationsfehler« oder subjektive Unschärfe abzutun wäre, sondern auch die Tatsache, dass kulturelle Übereinkünfte und soziale Interaktionen auf Hirnfunktionen wie alle anderen Faktoren einwirken. Wenn man hier das Gehirn nur als Symbol für die Determiniertheit alles Materiellen nimmt, tut sich eine Kluft als Freiheitsproblem auf, welches selbst Benjamin Libet festhielt: »Es ist eine Tatsache, dass subjektives Erleben nicht durch rein physische Beobachtungen der Aktivität von Nervenzellen beschreibbar ist oder daraus hervorgeht. (…) Die Emergenz von bewusster subjektiver Erfahrung aus der Aktivität von Nervenzellen ist immer noch ein Geheimnis.«[34] Es ist nicht beweisbar, dass Menschen Marionetten der Neuronen, also unfrei sind. Alleine das erkenntnistheoretische Problem, »wie das Erklärende, unser Gehirn, seine eigenen kognitiven

Werkzeuge ein[setzt], um sich selbst zu begreifen«[35] und ob dieser Versuch überhaupt gelingen kann, ist schwer zu lösen.

Allen deterministischen sowie reduktionistischen Theorien und dem materialistischen Monismus, der alles *geistlos* auf das eine Prinzip der Determiniertheit reduziert, gebricht es nicht nur in Form der Hirnforschung ebenso an letzter Konsequenz, wie dem Freiheitsgeschrei.[36]

Heute muss man kein Mystiker, Gläubiger – oder sogar Fanatiker –, Schwätzer, US-Präsident, Börsenguru, PR-Manager oder Komplexitätsreduzierer sein, um von Freiheit sprechen zu können. Sogar der rationale Blick entdeckt eine Kluft, die so einfach nicht zu schließen und auch nicht zu ignorieren ist und in der es sich frei leben lässt. Zwischen Erster und Dritter Person spannt sich ein Raum für eine Lebenserzählung der Einzelnen auf. Die Freiheit des Menschen muss noch immer verhandelt werden. Immer aufs Neue. Beide Erkenntnisse über die Extrempositionen der Un- bzw. Freiheit sind hilfreich bei der Suche nach Freiheit. Sie treffen die windige Predigt vom monadischen Egoismus genauso wie das adressatenlose Gerede von mechanistischem Determinismus. Dafür Dank an die Hirnforschung.

Hauptteil 3 – Die stille Freiheit der Aufmerksamkeit

»Was haben wir gefunden? Komplexe Verhältnisse.«[37]
James H. Austin

Mit dem Brüchigwerden der Vorstellungen von einem festen, allem zugrunde liegenden Ich – egal ob es die Zirbeldrüse (wie Descartes es glaubte) oder ein neuronales Schaltzentrum sei – kann es sein, dass die leeren Himmel durch uns durchscheinen. So lässt sich das Ich nicht mehr als zentrale Instanz verantwortlichen Denkens und Handelns, als Subjekt, vorstellen und empfinden. Die dafür notwendige Identität mit sich selbst geht verloren.[38] Die Instanz der Initiative wird brüchig und mit Unbekanntem und Grenzenlosem von Innen und Außen konfrontiert. Alles ist möglich und doch nicht, da aus der Notwendigkeit der Initiative die Unfähigkeit zu handeln werden kann. Aber irgendetwas bleibt konsistent genug, um sich selbst Verantwortung für das Nichthandeln zuzuschreiben. Dass dies psychisch krank macht, sollte weiters nicht verwundern, vor allem in einer Zeit, in der zwanghafte Ich-Konzepte des unendlich steigerbaren Lebensglücks – trotz grundlegender Infragestellung des Ich – im Alltag bestimmend sind. Viele werden heute nicht krank weil sie Einzelne sind, sondern weil sie sich als irgendeiner unter irgendwelchen fühlen und dem Fetisch Ich verzweifelt frönen.

Die heutigen Demokratien sind Gesellschaften der unbegrenzten aber im steigenden Maße eben nur virtuellen Freiheiten: an sich möglich, für die meisten von uns aber nur als Zuschauer real. Die Neuzeit und die Moderne haben die Welt grundlegend verändert. Die Veränderungsgeschwindigkeiten der Systemzustände menschlichen Zusammenlebens haben sich immens beschleunigt und tun dies noch immer. Die Agenten dieser Umwälzung waren die emanzipierten Individuen.

Der moderne Mensch und seine Gesellschaftsformen wurden nur als Übergang gedacht. Die Mechanisierung des 19. Jahrhunderts glaubte an die Erlösung des Menschen von schwieriger Arbeit durch Maschinen, den Kapitalismus glaubte man als *Übergang* zum Sozialismus, der Mensch sogar selbst sei nur ein Zwischending zum Übermenschen gewesen und vom Homunkulus sowie vom *Neuen* Menschen über den Herrenmenschen zum Klon ist es ein gar nicht so weiter Weg. Was dieser Glaube an *Übergänge* alles angerichtet hat, wissen wir heute. Der Fortschrittsglaube hat sich auf naturwissenschaftliche Erkenntnisse zurückgezogen. Gesellschaftlicher *Fortschritt* hat sich auf »Wirtschaftswachstum« und »Kaufkraft« reduziert. Die großen *Identitäten* (Nationen, Klassen, Beruf etc.) des Menschen verlieren ständig an Bindekraft oder lösen sich auf. Sogar das Ich ist angeschlagen und in Frage gestellt. Was bleibt? Unser Selbst!

Wir sind in hastiger Veränderung aber wir sind eben kein *Übergang*. Wir bleiben, aber nicht als gravitätisches Ich, sondern als unser Selbst. Kierkegaard hat es wie folgt beschrieben: »Das Selbst ist ein Verhältnis, das sich zu sich selbst verhält, oder ist das an dem Verhältnisse, dass das Verhältnis sich zu sich selbst verhält (…).«[39] Zu diesem Sich-Verhalten ist ein Verhältnis aufzubauen, um so etwas wie Freiheit zu erreichen und sein eigenes Selbst zu entwerfen oder zu bewahren. Es »ist das Vertrauteste, weil es all unser Erleben begleitet und wir gar nicht umhin können, es intim zu kennen. Es ist das Fremdeste, weil wir es in seiner eigenen Wirklichkeit nicht fassen, es nicht wie andere Dinge vor uns hinstellen können.«[40] Dieses Selbstverhältnis wird aber durch die scheinbar unbegrenzten Möglichkeiten, die Zeitnot, die ortlose Mobilität und schließlich den Erfolgsdruck, sein eigenes Leben zur Erfolgsgeschichte zu machen, gestört bis zerstört. Das Evangelium der individuellen Entfaltung der Einzelnen droht an der Wirklichkeit zu zerbrechen. Das Selbst ist gefährdet zur Restinstanz zu schrumpfen, die sich nur noch spürt durch das Leiden an den angepriesenen Möglichkeitsversprechungen und deren versagten Verwirklichung.

Hier werden die Angriffe der Hirnforschung auf das Ich, dass es *nur* »ein soziales Konstrukt«[41] sei und dass das neuronale Netz kein Steuerungszentrum habe, das Ich genannt werden kann, hilfreicher und weniger gefährlich als uns zunächst die individuelle Verlustangst rät und weit nützlicher als das die Politik glaubt. Aufmerksamkeit ist ein zentraler Begriff für die Möglichkeit von Freiheit in der heutigen *freien* Welt. Hier wurde ausgeführt, wie jeder unter dem Druck lebt, aus dem eigenen Leben die eigene Erfolgsgeschichte zu machen bzw. zu erzählen; unter dem propagierten unbegrenzten Horizont, dass für jeden alles möglich wäre, wenn genug individuelle Initiative und Verantwortung aufgebracht werden könne. Georg Franck hat wegweisend in seiner »Ökonomie der Aufmerksamkeit« darauf hingewiesen, dass Aufmerksamkeit im »mentalen Kapitalismus« eklatant ungleich verteilt ist.

Georg Franck: »Der mentale Kapitalismus ist hart und frivol. Er hat Zugriff auf das Selbst der Subjekte und verteilt die Chancen glückender Identität. Er ist frivol in der ungleichen Verteilung der Chancen und im Luxus, den er gedeihen lässt. Da sind die gefeierten und groß Herausgebrachten, die in Aufmerksamkeit baden, und da sind die Darbenden, die Verzweiflungstaten begehen, um wenigstens einmal aufzufallen.«[42] Und: »Das Elend im mentalen Kapitalismus ist das der Ausgebeuteten, die nicht genug Beachtung verdienen, um ein intaktes Selbstwertgefühl zu ernähren.«[43] Jedoch nicht nur durch Nichtbeachtung wird das Selbst geschwächt, sondern auch die übersteigerten Ansprüche erhöhen die Dosis der Aufmerksamkeit, die kaum noch erbracht werden kann. Der »Traum von der Starrolle im Bewusstsein derer, die in unserem eigenen Bewusstsein die Hauptrolle spielen« ist wahrlich in der nach allen Seiten offenen Welt des Alles-ist-möglich zum Motor menschlichen Handelns und zum ökonomischen Faktor geworden.

Tritt das Individuum auf den Plan, dann rückt die Attraktivität der eigenen Person ins Zentrum. In geschlossenen Welten bündeln Institutionen und Hierarchien die Aufmerksamkeit auf sich und verdammen die Sehnsucht aller anderen danach als Eitelkeit und Sünde. Unter leeren Himmeln will jeder ein Stern auf Erden sein. So bricht sich diese Selbstfixierung jedoch immer im Inneren über das Außen, das Andere und die Anderen. Was wir glauben bzw. hoffen, was sich von uns selbst in den anderen spiegelt, wird dann in unserem Kopf reflektiert. Das Fremdbild wird unser Selbstbild. Das ist eine hohe Form von Unfreiheit auf dem Weg zur Sucht.

Die Beschäftigung mit sich selbst ist von großer Bedeutung, aber nicht als Akkumulation von Aufmerksamkeit durch andere – als das Begehren des Begehrens durch andere –, die, sollte sie sogar genügend *Ertrag* bringen, dazu neigt, die Enttäuschung über das Erreichte noch viel unerträglicher ausfallen zu lassen. Mit Selbstbeschäftigung ist jedoch auch nicht jene Gefahr gemeint, die droht, wenn das Selbst zum Fremdbild im eigenen Bewusstsein wird: das von Anderen abhängige Selbstwertgefühl. Sondern jene Selbstaufmerksamkeit, die zunächst im Inneren erkennt, wie wir von außen, durch das Andere und die Anderen geprägt sind. Jeder Mensch ist durch biologische Prädispositionen und kulturelle Wirklichkeit geprägt – so auch unser Gehirn. Mit der Fähigkeit, zu sich selbst inneren Abstand nehmen zu können und »mit sich selbst die Erfahrung einer gewissen Kontinuität zu machen«[44], um sich kennenzulernen und an sich selbst zu arbeiten, ist die stille Freiheit in der Zeit der Überforderung mit der *medialisierten propagierten* virtuellen Hyperfreiheit möglich. Viele der Prägungen und Prädispositionen drükken sich in unseren Wünschen, unserem Wollen und unserem Verhalten aus. Diese zu beobachten, zu artikulieren, zu verstehen, sich anzueignen und schließlich zu bewerten, ist ein Akt, der Freiheit schafft und den man schafft, wenn man sich sein Selbst aneignet. Peter Bieri entwickelte hierfür die Vorstellung von der »Aneignung des Willens« und Wilhelm Schmid nannte es »hermeneutische Selbsterkenntnis«[45] durch die der Einzelne ein Selbstbild entwickeln kann, um sich selbst zu konstituieren und zu gestalten. Dieses Bild ist aber nicht das feste gravitätische Ich-Konzept des Aufbruchs in die leeren Himmel, sondern eine fluktuierende Freiheit und ein fließendes Selbst; dem Fließen eine Bahn, sich selbst Form geben.

Die Idee, auch unser Gehirn als »Knetmasse der Kultur«[46] zu sehen, wie dies der biokulturelle Ko-Konstruktivismus tut, zeigt uns zum einen, dass die Kultur des europäischen Aufbruchs mit der *Errundung* der Erde über die Jahrhunderte ihrer Entwicklung – jetzt sogar mit *neuronalem Segen* – freiere Menschen und gesellschaftliche Strukturen geschaffen hat und zum anderen, dass das heutige Individuum aber ein geteilter Einzelner in einer unendlich reziproken Wechselwirkung ist. Wir Nachmodernen fahren heute nicht mehr wie die Kugeln in die Schlacht, sondern weben als Verwobene an uns selbst.

Die Prädispositionen (neuronale Verschaltungen, Gene und kulturelle Prägungen) begrenzen uns, so wie wir ständig durch Beziehungen zu den Bedingtheiten der Welt draußen bestimmt werden. Wir selbst müssen uns durch deren Erkenntnis, durch Aneignung des Gegebenen und durch Gestaltung des Offenen ebenfalls Konturen, also sogar wieder Grenzen geben. Die Kluft in dem Problem, wie das Erkennende und das zu Erkennende das Selbe sein können, ist die Kluft, die noch nicht überbrückt werden konnte. Soviel wir auch in der transzendentalen Obdachlosigkeit im Innen und im Außen ins Offene hinausragen, so sehr wurden wir dadurch befreit, um dann doch wieder mit der Welt verwoben zu sein und dennoch Facetten bedingter stiller Freiheit zu finden und zu pflegen. Wer das erkennt, wird auch an der vorgegaukelten Hyperfreiheit nicht krank werden. Er entdeckt in sich die Einflüsse der Welt und die seinen in der Welt. So ein Selbst erkennt sich als Konstruiertes und als Konstrukteur, eben als Webender und Verwobener eines für immer Unganzen.

Es ist schon gut, dass wir nicht mehr in geschlossenen Welten atmen können, wir selbst müssen uns nur der Grenzen bewusst werden und uns neue ziehen, um nicht in der Virtualität der Hyperfreiheit zu hyperventilieren.

Schluss – Die Anderen in uns selbst und in der Lebenswelt

»Ohne eine feste Vorstellung davon, wozu er leben soll, wird der Mensch gar nicht leben wollen, und er wird sich eher vernichten, als dass er auf Erden leben bliebe.«[47]
Fjodor Dostojewski

Die Eigenschaft des Selbst, ein kaum fassbares Etwas zu sein, aber dennoch da zu sein, das ist die Wirklichkeit der Ersten Person, heute brüchig, völlig bedingt und von der rationalen Dritten Person in Frage gestellt oder ignoriert. Aber: Das Selbst ist nur sich selbst und eben nicht mit objektiven Mitteln der Erkenntnis zugänglich. Das zu Erklärende wird im Akt des Erklärens als Bedingung seiner Möglichkeit bereits vorausgesetzt. Es ist da, aber dennoch lässt es sich nicht verfestigen und einfrieren. Erst recht nicht mehr, seit die geschlossenen Welten in der Neuzeit zerbrochen sind und auch in der Moderne die gesellschaftlichen Zwänge abnahmen und die von außen aufgezwungenen Identitäten zerfielen.

Dennoch, mit Georg Francks Worten: »Jedes *Da*sein bedeutet die Gegenwart einer eigenen Welt.«[48] Dieses *Da*sein braucht Zeit und Orte der Aufmerksamkeit, um ein Selbst zu werden. Mit übender Selbsterkenntnis, als ein artikulierender, verstehender und bewertender Akt der Integration des zuvor Unverstandenen, der und des Anderen und schließlich irreduzibler Prädispositionen, ist ein Selbst auszubilden, das mit sich »selbst die Erfahrung einer gewissen Kontinuität«[49] machen kann und durch alle Modifikationen der Zeit hindurch Kohärenz entwickelt.[50] Die stille Freiheit dieses brüchigen, fließenden Selbst besteht darin, »nicht einfach aus dem Nichts etwas Neues [zu erzeugen], sondern vielmehr das Gegebene neu [zu interpretieren].«[51]

In der entgrenzten Globalisierung der virtuellen Hyperfreiheiten muss, wenn Freiheit auch lebbar bleiben soll, das Selbst auch außen Grenzen ziehen. Die vorgestellte Uferlosigkeit der Wahl- und Handlungsspielräume, die unbegrenzten Freiheiten, können das Selbst sonst auslaugen, Initiative zerstören und zu Handlungsunfähigkeit führen. Der Begriff der Lebenswelt ist so eine Begrenzung: »Die Lebenswelt ist die Wirklichkeitsregion, in die der Mensch eingreifen und die er verändern kann, indem er in ihr durch die Vermittlung seines Leibes wirkt. [Sie] ist also eine Wirklichkeit, die wir durch unsere Handlungen modifizieren und die andererseits unsere Handlungen modifiziert.«[52] Hier kann auch der Horizont der möglichen Gestaltung und Veränderung der Lebenswirklichkeit gefunden werden, nicht auf das Ich fixiert und nicht in der Grenzenlosigkeit gelähmt.

Die Lebenswelt ist auch der Raum der Politik. Wie tief Umwelt, gesellschaftliche Verhältnisse und andere Menschen in uns hineinreichen, hat uns auch die Hirnforschung mit ihrem Hinweis auf die Plastizität unseres Gehirns dargestellt. Kultur findet sich demnach im Gehirn real und konkret wieder.[53] Somit steckt hier auch der Ansatz, dem Ohnmachtsgehabe der demokratischen Politik in der Globalisierung etwas entgegenzuhalten.

Politik, die sich gegen die Kultur des Kapitalismus stellt, sollte die Wirkung von Musik auf das Gehirn studieren. Neurologische Studien wollen bewiesen haben, dass die Hörkultur die Entwicklung der rhythmischen Wahrnehmung beeinflusst und, dass intensives Musizieren tatsächlich zu neurobiologischen Veränderungen führt. Wer Musikmachen trainiert, nimmt Musik besser wahr und macht daher bessere Musik usf. Dieses Konzept trägt natürlich – wie das Freiheitsproblem allgemein – tautologische Züge, kann hier aber zumindest als Metapher dienen. Einfluss auf politische und gesellschaftliche – in unserem Fall kapitalistische und demokratische – Kultur hat schwerwiegende Auswirkungen auf Einzelne und somit wieder auf das System. Und: die Möglichkeit, etwas zu üben und die Einsicht in die Notwendigkeit dieser Einübung, um die Fertigkeit zu steigern, gelten auch für den Umgang mit Freiheit und daher für die Selbstaufmerksamkeit. Überstimulanz kann bei Profimusikern zum so genannten Hirnkrampf, also zur fokalen Handdystonie führen. Die Wirkungen der Hyperfreiheit auf uns lässt sich dann ebenso erahnen.

Gesellschaftliche Verhältnisse, die legitimiert werden mit dem absolutistischen Freiheitsmythos der konsistenten Ich-Konstruktionen sowie der konsumistischen virtuellen Hyperfreiheit und dazu führen, dass eine bestimmte Art der Ökonomie – die berechnendste Variante des rationalen Blicks – als Naturgesetz dargestellt wird, müssen somit hinterfragt werden. Die Folgen dieses Weltzuganges, wie das Abkoppeln eines wachsenden Teiles der Bevölkerung von den kulturellen *Segnungen* der *freien* Welt und die künstliche Verknappung des Zugangs zu den alltäglichen materiellen Lebensgrundlagen, sind kein unabänderliches Gebot der ökonomischen Rationalität oder des propagierten egoistischen Grundmusters des Menschen, greifen aber tief in das Selbst der davon Betroffenen und schaffen in der Lebenswelt (im Außen) materielle Tatsachen und gesellschaftliche Vorstellungen, die wiederum geistig-emotionale Wirklichkeiten (im Innen) schaffen; im Wechselspiel.

Das auf diesen ökonomischen *Wahrheiten* aufbauende heutige System ist aber nur eine Möglichkeit, das Gegebene unserer Gesellschaften zu interpretieren. Es ist weder ein Naturgesetz noch gottgegeben. Es ist nicht genetisch determiniert noch Notwendigkeit einer neuronalen Verschaltung. Die unsichtbare Hand des Marktes ist unsichtbar, weil es sie nicht gibt: »Es kommt darauf an, die Ökonomie zu enttheologisieren.«[54)] Unter leeren Himmeln hat auch sie nicht die Rolle der geschlossenen Welt zu spielen.

Die neoliberale Ökonomie bzw. deren Weltbild ist, wie bereits beschrieben, eine von vielen *Wahrheiten.* Sie ist eine von vielen Möglichkeiten in den reziproken sich beeinflussenden Verhältnissen des Menschen zu sich selbst und zum Rest der Welt. Eingewoben in den gesellschaftlichen Prozess der Kausalitäten, in die Zeitnot, in die Aufmerksamkeitsakkumulation und dem materiellen ökonomischen Druck unterworfen, geht hier oft die politische Aufmerksamkeit verloren. Entscheidungen werden vom Einzelnen getroffen, die fremdbestimmt sind, aber als selbstbestimmt geglaubt werden. Karl Marx fand einen anderen Namen dafür: »Das automatische Subjekt.« Diese paradoxe Metapher bedeutet: »Das automatische Subjekt ist keine aparte Wesenheit, die für sich irgendwo dort draußen hockt, sondern es ist der gesellschaftliche Bann, unter dem die Menschen ihr eigenes Handeln dem Automatismus des kapitalisierten Geldes unterwerfen.«[55)] Dennoch sind die Einzelnen verantwortlich für ihr Tun und sie sind die Einzigen, die etwas ändern können. Das unaufmerksame Selbst, das zwischen der Zumutung der Zuweisung der Allverantwortlichkeit und der parallelen Zuweisung der Unzurechnungsfähigkeit des *geteilten Individuums* schwankt, wird das erschöpfte Selbst sein, das seine Freiheit völlig verliert. Die Realität – auch die gesellschaftliche – greift tief in uns hinein, neurobiologisch gesprochen formt sie sogar unser Gehirn. Politik ist damit nicht nur Arbeit an materiellen Wirklichkeiten sowie an Gedanken und Gefühlen, sondern auch Arbeit an Gehirnen.

Zum einen begründet sich hier eine Notwendigkeit von Politik und ein Sinn des Gesellschaftlichen (Arbeit am Außen), gegen die neoliberalen hyperfreien und hardcore individualistischen Angriffe gegen beides. Und zum anderen entpuppt sich somit auch das individuelle Konzept der Selbstaufmerksamkeit als politisch und gesellschaftlich (Arbeit am Innen).

Gesellschaftliche Angst- und Drohpotentiale müssen vom Selbst in sich selbst erkannt und verarbeitet werden, damit es veränderungsfähig bleibt und verändernd wirken kann. Selbstaufmerksamkeit ist der erste Ansatz, der zwischen Ohnmachtsgehabe und Allmachtsphantasien Ausgleich findet und die Lebenswelt ist der Ort, wo Veränderung möglich wird: »Der Nachweis der Freiheit erfolgt nicht durch ein Wissen, sondern durch die Tat, aber nicht durch irgendeine einmalige Tat, sondern durch das Tun aller Tage (...).«[56)]

In der Welt der virtuellen Hyperfreiheit finden wir durch Unaufmerksamkeit keine Anderen und kein Selbst, sondern nur Sachzwänge und Abhängigkeit, damit Ohnmacht in der Lebenswelt und eine Spirale der Unfreiheit.

Die unmittelbare Lebenswelt ist kein Zurück in eine geschlossene Welt, sondern nur ein Handlungs- und Gestaltungsradius. Dieser wird zwar ständig – alleine schon durch heutige Vernetzungen der Medien und Flüsse der Informationen – erweitert oder droht sogar gesprengt zu werden, ist aber erstens eine unumgängliche Tatsache des individuellen Lebens und zweitens der Raum des individuellen Lebensentwurfs. Darauf muss jedoch das Selbst ebenfalls seine Aufmerksamkeit bewusst richten. Unüberschaubarkeit, Entgrenzung und unkontrollierte Mobilität zerstören lebbare Radien und führen erneut zur Unfähigkeit des Handelns und zur Lähmung der *Initiative*. Das Gefühl der Ohnmacht, heute ebenso eine politische Kategorie, entsteht hier in der Lebenswelt am häufigsten, da das Erschlagenwerden durch das Hinausragen ins Offene – Innen wie Außen – tief empfunden wird und angesichts der übermächtigen Größe kausaler Abhängigkeiten sogar das alltägliche Handeln brechen kann.

In der Lebenswelt finden wir aber auch all jene Anderen, die unser Selbst am meisten interessieren, deren Aufmerksamkeit wir am meisten begehren und auch brauchen. Hier leben jene, die uns dadurch auch intensivst beeinflussen, auch wenn die *großen* Entscheidungen der *großen* Welt mit ihren Zwängen hereinbrechen. Hier kann das aufmerksame Selbst sowohl merken, wie tief die Anderen in uns hereinreichen und uns bedingen, als auch erkennen, wie sehr diese den »Aktivitätshorziont«[57)] erweitern. Ebenso Einengungen und Abhängigkeiten können in aufmerksamer Introspektive erkannt und nur dadurch gelenkt oder beseitigt werden.

Je offener Gesellschaften werden, umso bedeutender wird die Rolle der Lebenswelt für die Freiheit. Möglichkeitshorizonte können erkannt und die Erkenntnis gewonnen werden, dass wenn alles geht, nichts mehr geht. *Frei*zeiten und *Frei*räume für die Selbstaufmerksamkeit sind die Voraussetzung für die Entfaltung eines Selbst. Darin sind die geteilten Einzelnen und die demokratische Politik in den Lebenswelten der *freien* Welt gefordert. Hier lassen sich vielleicht stillere, aber dafür doch freiere Lebensgeschichten entwerfen, ohne an der Wirklichkeit zu zerschellen. Hier ist ein lebbares Maß an Initiative und Verantwortung dann möglich.

Ohne die Entdeckung Vermeintlich-Westindiens wären wir nie so weit gekommen. Rüdiger Safranski hat das schöne Bild der »Lichtungen«[58] als »jenen Raum (...) den der Einzelne braucht, um ein Individuum zu sein« in den Globalisierungsdiskurs eingeführt. Dem folgend können wir vielleicht selbst mit unserem Selbst ein Licht in der erbarmungslosen Kausalität anzünden, das still und bedingt ein Licht der Freiheit ist.

Nachsatz – Obdach und Krüppel

»Geduld, denn diese Welt ist breit und weit.«[59]
Edwin A. Abbott

Eines noch: Wenn wir dank der technischen Möglichkeiten ins Weltall *in See stechen*, um erneut wie in der Neuzeit aufzubrechen, werden wir mit hoher Wahrscheinlichkeit keine Welt mehr *errunden*, da die *Freiheit der leeren Himmel* in uns selbst bereits mitfährt. Diese werden wir einfach nicht mehr los. So sind wir in einem unendlich unfrei, in unserer Verwiesenheit auf den Planeten Erde. Stansilav Lem hat im hohen Alter in einem Interview bekannt: »Wir sind irdische Wesen und außerhalb der Erde sind wir halbe Krüppel.«[60]

Hierin sind wir wirklich unfrei, haben aber vielleicht dennoch eine Art Obdach, auch wenn es der Boden unter den Füßen ist. Das ist ein Mittel gegen die Traurigkeit. Der Planet Erde ist zwar fast nichts im All, aber alles als Lebenswelt; das sollten wir mit Aufmerksamkeit bedenken.

Anmerkungen:

1) Alain Ehrenberg, Das erschöpfte Selbst. Depression und Gesellschaft in der Gegenwart (Frankfurt/Main 2004) S. 53
2) Nach: Konrad Paul Liessmann, Einleitung. In: Konrad Paul Liessmann (Hg.), Die Furie des Verschwindens. Über das Schicksal des Alten im Neuen (Wien 2000) S. 10 ff.
3) Norbert Bolz, Das konsumistische Manifest (München 2002) S. 17
4) Thomas A. Friedrich, Europa der Angst und Depressionen. In: Die Zeit, am 27. April 2005
5) A. Ehrenberg, Erschöpfte Selbst, S. 9

6) Zitiert nach: Mona Ozouf, Freiheit. In: Francois Furet / Mona Ozout (Hg.), Kritisches Wörterbuch der Französischen Revolution (Frankfurt/Main 1996), Bd. II, S. 1103
7) Friedrich Nietzsche, Ecce Homo. Wie man wird, was man ist (München 1994) S. 463
8) Zitiert nach: Hoimar von Ditfurth, Geist und Materie. Gedanken zum Leib-Seele-Problem aus naturwissenschaftlicher Sicht. In: Hoimar von Ditfurth, Die Wirklichkeit des Homo sapiens – Naturwissenschaft und menschliches Bewusstsein (Hamburg 1995)
9) Christian Geyer umschreibt so die »Radikalreduktion des Psychischen auf das Physische« von Wolf Singer. Christian Geyer, Hirn als Paralleluniversum. Wolf Singer und Gerhard Roth verteidigen ihre Neuro-Thesen. In: C. Geyer, Hirnforschung. S. 88
10) Zitiert nach: Die Zeit, Willi Winkler, Rhabarber, Rhabarber. Journalismus als Geschwätz, 50/1998
11) Peter Sloterdijk, Im Weltinnenraum des Kapitals. Für eine philosophische Theorie der Globalisierung (Frankfurt/Main 2005) S. 54
12) Mircea Eliade, Das Heilige und das Profane. Vom Wesen des Religiösen (Frankfurt/Main / Leipzig) S. 28-29
13) Arthur Schopenhauer, Die Welt als Wille und Vorstellung, Bd. 2/1 (Köln 1997) S. 11
14) Der Standard, Explosion am Rand des Weltalls, am 14. 9. 2005, S. 27
15) Nach: Georg Lukács, Die Theorie des Romans. Ein geschichtsphilosophischer Versuch über die Formen der großen Epik (München 2000) S. 32
16) P. Sloterdijk, Weltinnenraum, S. 160-161
17) Edmund Husserl, Phänomenologie der Lebenswelt. Ausgewählte Texte II (Stuttgart 1896) S. 221
18) G. Lukács, Theorie des Romans, S. 28
19) Pascal Bruckner, Ich kaufe also bin ich. Mythos und Wirklichkeit der globalen Welt (Berlin 2004) S. 108
20) René Descartes, Meditationen über die Grundlagen der Philosophie mit den sämtlichen Einwänden und Erwiderungen (Hamburg 1994) S. 21
21) N. Bolz, Manifest (München 2002) S. 9
22) Heinrich Mann verwendet dieses Bild. Zitiert nach: P. Sloterdijk, Weltinnenraum, S. 111
23) Max Stirner, Der Einzige und sein Eigentum (Stuttgart 1991) S. 5
24) Detlef B. Linke, Die Freiheit und das Gehirn. Eine neurophilosophische Ethik (München 2005) S. 11
25) G. Lukács, Theorie des Romans, S. 25
26) zu lat. re-ligare »rückbinden«
27) P. Sloterdijk, Weltinnenraum. S. 22
28) Reinhard Olivier, Wonach sollen wir suchen? Hirnforscher fragen nach ihrer Frage. In: C. Geyer, Hirnforschung. S. 153
29) W. Singer, Verschaltungen, S. 44
30) Benjamin Libet, Mind Time. Wie das Gehirn Bewusstsein produziert (Frankfurt/Main 2005) S. 10 und S. 245
31) Vgl. u.a.: Michael Pauen, Illusion Freiheit. Mögliche und unmögliche Konsequenzen der Hirnforschung (Frankfurt/Main 2004)
32) Peter Bieri, Das Handwerk der Freiheit. Über die Entdeckung des eigenen Willens (München/Wien 2001) S. 230 ff.
33) Nach: M. Pauen, Illusion, S. 17
34) B. Libet, Mind Time, S. 229
35) Wolf Singer, Verschaltungen legen uns fest. Wir sollten aufhören, von Freiheit zu sprechen. In: Christian Geyer (Hg.), Hirnforschung und Willensfreiheit. Zur Deutung der neuesten Experimente (Frankfurt/Main 2004) S. 30

36) C. Geyer, Hirn als Paralleluniversum, S. 91
37) Bekenntnis des Neurobiologen James H. Austin in seinem Buch »Zen and the Brain«. Zitiert nach: Wilhelm Schmid, Mit sich selbst befreundet sein (Frankfurt/Main 2004) S. 89
38) Vgl.: Georg Franck, Mentaler Kapitalismus. Eine politische Ökonomie des Geistes (München 2005) S. 157
39) Sören Kierkegaard, Die Krankheit zum Tode (Köln 1985) S. 8
40) Georg Franck, Ökonomie der Aufmerksamkeit (München 1998) S. 25
41) Wolfgang Prinz: Der Mensch ist nicht frei. Ein Gespräch. In: C. Geyer, Hirnforschung. S. 23
42) Georg Franck: Mentaler Kapitalismus. In: Konrad Paul Liessmann (Hg.), Die Kanäle der Macht. Herrschaft und Freiheit im Medienzeitalter (Wien 2000) S. 59
43) G. Franck, Mentaler Kapitalismus. Politische Ökonomie, S. 30
44) P. Bieri, Handwerk, S. 412
45) Ebd. S. 408 ff. und Wilhelm Schmid, Mit sich selbst, S. 72 ff.
46) Ulrich Schnabel, Knetmasse der Kultur. In: Die Zeit, 07/2005
47) Fjodor Dostojewski, Die Brüder Karamasov
48) G. Franck, Mentaler Kapitalismus. Politische Ökonomie, S. 243
49) P. Bieri, Handwerk, S. 412
50) W. Schmid, befreundet sein, S. 108
51) D. Linke, Die Freiheit, S. 20
52) Alfred Schütz, Strukturen der Lebenswelt (Konstanz 2003) S. 29 ff.
53) U. Schnabel, Knetmasse Kultur
54) Jochen Hörisch, Es gibt (k)ein richtiges Leben im falschen (Frankfurt/Main 2003) S. 98
55) Robert Kurz, Marx lesen. Die wichtigsten Texte von Karl Marx für das 21. Jahrhundert (Frankfurt/Main 2000) S. 233
56) Karl Jaspers, Über Gefahren und Chancen der Freiheit. In: Karl Jaspers, Das Wagnis der Freiheit. Gesammelte Aufsätze zu Philosophie (München/Zürich 1996) S. 131
57) D. Linke, Die Freiheit, S. 174
58) Rüdiger Safranski, Wie viel Globalisierung verträgt der Mensch (München/Wien 2003) S. 89 ff.
59) Edwin A. Abbott, Flächenland. Ein mehrdimensionaler Roman (Laxenburg 1999) S. 9
60) ZeitWissen, Im Ramschladen der Phantasie. Zweites Interview mit Stanislaw Lem in Krakau, 04/2005

Udo Jesionek

Willensfreiheit – Schuld – Strafe

Keine Rechtsordnung kommt ohne Strafrecht aus, das heißt ohne Normen, die bestimmen, was zu geschehen hat, wenn jemand gegen elementare Regeln einer Gesellschaft verstößt und dadurch einen Erfolg herbeiführt, den die Gesellschaft durch Aufstellung ebendieser Regeln verhindern wollte. Archaische Strafrechte tun sich dabei leicht: Ein Verstoß gegen die – in der Regel göttlichen – Gebote führt zwangsläufig zu einer Bestrafung des Täters und zwar ursprünglich in der Regel ohne Berücksichtigung der Frage, welche innere Einstellung der Täter zu der Norm und seiner Tat hat. Die Todesstrafe war die ursprüngliche Strafe gegen einen Verstoß gegen die 10 Gebote, später schon bei Pythagoras und dann bei Drakon findet sich das Talionsprinzip, das die Strafe nach dem Ausmaß der Störung aber noch immer nicht nach einer Schuld des Täters bemisst. Auch das alte germanische Recht kannte eine reine Erfolgshaftung (»die Tat tötet den Mann«).

Spätestens bei Aristoteles kommt nun plötzlich die Schuld als zusätzliche Komponente für Begründung und Ausmaß der Strafe ins Spiel. Das Maß der Verantwortung, das ein Täter zu tragen hat, bestimmt sich nun nicht mehr nach dem materiellen Talionsprinzip, sondern unter Bedachtnahme auf seine persönliche Schuld, die in seinem fehlerhaften Willensentschluss liegt. Diesen Ausschluss der reinen Erfolgshaftung kannten auch schon die Zwölf Tafeln des Römischen Rechtes.

Seither ringen alle Rechtsordnungen und die dafür Verantwortlichen mit dem Problem der persönlichen Schuld als Grundlage der strafrechtlichen Reaktion. Und damit müssen sie sich zwingend mit der Frage befassen, ob der Mensch sich indeterministisch frei für Recht und Unrecht entscheiden kann und ihm aus seiner Entscheidung für das Unrecht eben ein Vorwurf gemacht werden kann oder ob er letztlich in allen seinen Entscheidungen und damit auch in der konkreten Tatentscheidung determiniert ist und ihm sohin letztlich kein Schuldvorwurf gemacht werden kann. Dann ergibt sich aber wieder die Frage, wie und mit welcher Berechtigung man gegen einen Menschen vorgehen kann, der determiniert, also schuldlos ein strafbares Verhalten setzt und damit nicht nur gegen Gemeinschaftsregeln verstößt, sondern auch die Gemeinschaft gefährdet.

Nun kann ein Gesetzgeber den naturwissenschaftlichen Streit über die Willensfreiheit nicht lösen, er muss aber einfach rechtliche Konsequenzen ziehen. Er kann indeterministisch die Willensfreiheit bejahen und hat dann freie Hand für ein reines Schuldstrafrecht. Er kann deterministisch die Willensfreiheit verneinen und flüchtet sich dann in ein reines Maßnahmenstrafrecht, das ausschließlich auf die Gefährlichkeit des Täters und den notwendigen Schutz der Gesellschaft abstellt oder er kann versuchen, einen Mittelweg zu gehen und sich vor der Beantwortung der Frage zu drücken. Wir finden Beispiele für alle diese drei Positionen, selbst in den Strafrechten des 20. Jahrhunderts.

Das deutsche Strafrecht ist der Frage aus dem Wege gegangen und legt seinem Schuldstrafrecht einen fast voraussetzungslosen Indeterminismus zugrunde: »Mit dem Unwert und dem Teil der Schuld wird dem Täter vorgeworfen, dass er sich für das Unrecht entschieden hat, obwohl er sich für das Recht hätte entscheiden können«, fasst der Deutsche Bundesgerichtshof in seiner Entscheidung 2, 194 (200) die Kernaussage eines indeterministischen Strafrechtes zusammen. Natürlich kennt auch das deutsche Strafrecht eine Reihe von Bestimmungen, die Rücksicht darauf nehmen, dass der Täter im Tatzeitpunkt nicht voll fähig war, die auf ihn einwirkenden Antriebe zu kontrollieren und seine Entscheidung nach Sinngehalten, Werten und Normen auszurichten. Dem wird durch Ausnahmebestimmungen wie Berücksichtigung der Schuldunfähigkeit (§§ 19, 20 d. StGB), der verminderten Schuldfähigkeit (§ 21 d. StGB), des Irrtums (§§ 16, 17 d. StGB), von Notwehr und Notstand (§§ 32 ff. d. StGB) Rechnung getragen. Für gefährliche Täter, denen keine oder nur ein sehr reduzierter Schuldvorwurf gemacht werden kann, gibt es Maßregeln, wie die Unterbringung in einem psychiatrischen Krankenhaus (§ 63 d. StGB).

Ein interessantes Beispiel für ein rein deterministisches »Strafrecht« war das Strafgesetzbuch der Russischen Republik 1926, das von einem sozial begründeten Determinismus ausging, wonach der Mensch im Wesentlichen durch seine Umweltfaktoren geprägt ist und die Anfang des 20. Jahrhunderts in der Sowjetunion lebenden Menschen eben noch der Prägung durch die vorsozialistischen Verhältnisse unterlagen, bis sich durch sozialistische Verhältnisse Kriminalität selbst aufheben würde. Dieses StGB kannte keinen Schuldvorwurf und daher auch keine Strafen im engeren Sinn, sondern nur Maßnahmen des Sozialschutzes. Dass diese Maßnahmen noch viel intensiver in die menschlichen Grundrechte eingriffen, als dies bei den durch den Schuldgrundsatz begrenzten Strafrechten der Fall war, wurde bewusst in Kauf genommen. Allerdings gaben die »Sozialistischen Staaten« diese rein deterministische Strafrechtsauffassung bald auf und kehrten zu einem, wenn auch eingeschränkten Schuldstrafrecht zurück.

Auch die Strafrechtskommission, die das österreichische StGB von 1974 vorbereitete, hat sich lang mit dem Problem von Schuld und Willensfreiheit beschäftigt und letztlich einen sehr interessanten Lösungsansatz gefunden: Den Ersatz der Willensfreiheit durch die Handlungsfreiheit des »mit den rechtsgeschützten Werten verbundenen Menschen«.

Zu dieser Lösung kam man im Wesentlichen über Anregung von Friedrich Nowakowski, der den Allgemeinen Teil des österreichischen Strafrechtes ganz wesentlich geprägt hat und der den naturwissenschaftlichen Streit mittels eines Instruments der juristischen Methodik zu lösen versuchte. Er ging davon aus, dass Indeterminismus im Sinne des Auch-anders-handeln-Könnens wissenschaftlich nicht erweisbar ist und daher, da sich der Mensch diese Fähigkeit, sofern er sie nicht haben sollte, auch nicht geben kann, auch nicht normativ gefordert werden kann. Sicher ist jedoch, dass die Entscheidungsfreiheit des Menschen, wenn er auf sie angelegt sein sollte, durch vielerlei organische und sonstige Bindungen, zumindest sehr beschränkt ist. Diese sind bisher nur zum Teil bekannt und soweit man sie theoretisch kennt, sind sie im Einzelfall doch oft nicht feststellbar. Gerade im Einzelfall muss das Schuldurteil aber im Gerichtssaal gefällt werden. Ein Vorwurf aufgrund der Wahlfreiheit könnte daher immer nur eine Schuldvermutung sein. Sie wäre eine Tatsachenvermutung zum Nachteil des Angeklagten und wäre daher unvereinbar mit den Grundlagen der modernen Strafrechtspflege. Wenn man nun aber die Regeln des StGB unabhängig von weltanschaulichen Standpunkten und Bekenntnissen des einzelnen von jedem Rechtstreuen als sinnvoll anerkannt haben wollte, kann man die Wahlfreiheit nicht in die Grundlage des Schuldbegriffes einbeziehen.

Dem Gesetzgeber steht es nun frei, Tatsachen als Fiktionen zu behaupten und daran Rechtsfolgen zu knüpfen, ohne Rücksicht darauf, ob diese Tatsachen wahr sind oder nicht. Ein schönes Beispiel gibt etwa § 22 ABGB, der die (unwiderlegbare) Fiktion aufstellt, dass ein totgeborenes Kind rechtlich so betrachtet wird, als wäre es nie empfangen worden. Etwa in der Zwischenzeit zwischen Empfängnis und Geburt entstandene Erbrechte, die einem lebend geborenen Kind zukommen, entstehen also gar nicht. Nun ist es klar, dass auch ein totgeborenes Kind einmal empfangen wurde, der Gesetzgeber schließt dies aber, soweit es Rechtswirkungen entwickeln kann, aus. Eine ähnliche Fiktion wird nun im Strafrecht aufgestellt:

Ohne auf die Frage der Willensfreiheit einzugehen, ergibt die Erfahrung, dass ein normal entwickelter Mensch zweifelsohne das Bewusstsein hat, seinen Willen – von Ausnahmesituationen abgesehen – beherrschen zu können. Er vermag daher auch eine der Schuld entsprechende Strafe als gerecht, nämlich als sachgemäße Reaktion der Gesellschaft auf die Tat zu empfinden. Zur Begründung der persönlichen Vorwerfbarkeit ist es daher egal, ob wir Menschen auch wirklich frei sind, wesentlich ist nur, dass wir uns bei unseren Handlungen frei fühlen.

Dem Normunterworfenen sind die gesellschaftliche Wertordnung und damit verbunden auch der Rechtschutz dieser Werte im Allgemeinen geläufig, wenn er auch nicht die einzelnen Paragraphenbezeichnungen und die konkreten Konsequenzen kennt. Strafrechtliche Schuld ist nunmehr ein Mangel an der Willensbildung, der sich gegenüber Vorstellungen einstellt, auf die das Recht eine bestimmte Reaktionsweise erwartet. Die Abweichung geht darauf zurück, dass die vom Recht anerkannte und geschützte Wertordnung im Schuldigen nicht die vom Recht geforderte motivierende Kraft hatte. Dabei hat der Gesetzgeber selbstverständlich nur das Recht, Menschen die Beachtung solcher Werte vorzuschreiben, die er ausdrücklich in seiner Rechtsordnung unter Schutz stellt. Sein allenfalls von der Gesellschaft als unsittlich betrachtetes Verhalten, das nicht gegen rechtlich geschützte Werte verstößt, muss logischerweise außer Kraft bleiben.

Wenn nun aber unbestreitbar jedermann (von Irrtumsfällen, mangelnder Zurechnungsfähigkeit und gesetzlich akzeptierten Notfällen, wie Notwehr und Notstand, abgesehen) grundsätzlich in der Lage ist, die Rechtsordnung zu erkennen und der Überzeugung ist, im konkreten Einzelfall sich dafür entscheiden zu können, die Rechtsordnung zu beachten oder nicht, so kann ihm aus der Tatsache, dass er normwidrig gehandelt hat, ein Schuldvorwurf gemacht werden. »Den Täter trifft der strafrechtliche Schuldvorwurf, wenn er in der Situation, in der er sich befand, in dem Sinne anders hätte handeln können, als nach unseren Erfahrungen über das Wesen des Menschen ein anderer an seiner Stelle, bei Anspannung der Willenkraft, die diesem Täter möglicherweise gefehlt hat, unter den konkreten Umständen anders gehandelt hätte«.

Mit der Schaffung dieses »mit den rechtlich geschützten Werten verbundenen Menschen« als Maßstab für den Schuldvorwurf, hat das österreichische Strafrecht einen überzeugenden Lösungsansatz für die Begründung strafrechtlicher Schuld gefunden. Konkrete Beispiele mögen dies noch ergänzen:

Wenn ein Mensch eine Straftat begeht, um einen unmittelbar drohenden bedeutenden Nachteil von sich oder einem anderen abzuwenden, zum Beispiel die Scheibe eines Pkws einschlägt, um den im PKW eingeschlossenen Hund vor dem Ersticken zu retten, oder als Bankbeamter dem Räuber das Geld ausfolgt, um sein Leben zu retten, so ist das nach österreichischem Recht gemäß § 10 StGB als Notstandssituation unter anderem nur dann entschuldigt, wenn »in der Lage des Täters von einem mit den rechtlich geschützten Werten verbundenen Menschen kein anderes Verhalten zu erwarten war«. Maßstab ist also, ob ein mit den rechtlich geschützten Werten verbundener Mensch in dieser Situation wahrscheinlich genauso gehandelt hätte.

Wenn ein Täter eine Straftat begeht, weil er nicht weiß, dass seine Tat nach österreichischem Recht strafbar ist, handelt er nach § 9 StGB nicht schuldhaft, wenn ihm der Irrtum nicht vorzuwerfen ist. Der Irrtum ist ihm allerdings gemäß § 9 Abs. 2 d. StGB unter anderem dann vorzuwerfen, »wenn das Unrecht für den Täter wie für jedermann leicht erkennbar war«, wenn also auch einem mit den rechtlich geschützten Werten verbundenem Menschen in der konkreten Situation das Verbot dieser Handlungsweise nicht bekannt gewesen sein muss. Bei erwachsenen Menschen wird im Kernbereich des Strafrechtes eine solche Unkenntnis kaum angenommen werden können. Bedeutsam ist diese Regelung aber bei Jugendlichen und auch bei Ausländern, die aus einem fremden Kulturkreis stammen, in dem andere Auffassungen über Recht und Unrecht bestehen.

Wie andere Rechtsordnungen privilegiert auch das österreichische Recht die im Affekt begangene Tötung eines Menschen gegenüber dem Mord als Totschlag. Allerdings ist nach § 76 d. StGB nicht schlechthin der Affekttäter privilegiert, sondern nur der, der »sich in einer allgemein begreiflichen heftigen Gemütsbewegung dazu hinreißen lässt, einen anderen zu töten«. Es ist also immer zu prüfen, ob die Tötung unter den gegebenen Umständen und Motiven auch von einem mit den rechtlich geschützten Werten verbundenen Menschen unter besonderer Berücksichtigung der Umstände des Einzelfalles und des Gesellschaftskreises des Täters hätte begangen werden können. Auch hier wird also ein maßstabgerechtes Verhalten verlangt, wobei sich der Maßstab nach der persönlichen Beschaffenheit des Täters und seinem Umfeld richtet, allerdings »allgemein begreiflich« sein muss, das Verhalten nicht sittlich verwerflich sein darf. Bei Jugendlichen etwa ist als Vergleichsperson ein anderer an sich rechtstreuer Jugendlicher von gleicher persönlicher Art, der unter denselben Verhältnissen gelebt hat, heranzuziehen, es ist also zu seinen Gunsten zu berücksichtigen, dass er sich noch in einem psychologischen und charakterlichen Entwicklungsstadium befindet und deshalb einem Affekt weniger Widerstand entgegenzusetzen vermag. Ein alter Mensch wieder ist mit den gleichen körperlichen, geistigen und seelischen Gebrechen zu denken, die ein Mensch in dem Alter und der Situation des Täters mitbringt. Die Einschränkung der sittlichen Verwerflichkeit zieht die Judikatur bei Charaktereigenschaften, die als absolut unsozial zu qualifizieren sind (Mordlust, Habgier, Brutalität, Grausamkeit, Sadismus usw.).

Wenn auch der Nichtjurist gegen diese österreichische Lösung der Schuldproblematik im Strafrecht erheblich Einwände haben kann, so hat sie sich dennoch in der Praxis sehr bewährt. Sie gibt einerseits dem Richter eine gute Handhabe, die strafrechtliche Schuldfrage in diesem Bereich rechtlich sauber zu lösen und gibt ihm – und das ist nicht unwichtig – auch ein gutes Gewissen. Gleichgültig, ob er persönlich die Willensfreiheit bejaht oder nicht, kann er sich, zumindest was die strafrechtliche Beurteilung des Verhaltens eines Menschen betrifft, durchaus mit der vorgegebenen Lösung anfreunden. Auch als Richter weiß er, dass er in seinem Leben permanent Entscheidungen trifft und doch davon ausgeht, in der Regel die einzelnen Argumente, die für und gegen die Entscheidung sprechen, abwägen zu können und letztlich zu einer Entscheidung zu kommen. Und auch als Richter empfindet er dann, wenn er eine rechtswidrige Entscheidung getroffen hat, »Schuldgefühle« und er wird eine allfällige Bestrafung zwar als Unglück, bei einiger Selbsteinsicht aber nicht als ungerecht empfinden.

Literaturhinweise:

Jescheck/Weigend, Lehrbuch des Strafrechts, Allgemeiner Teil 5, Dunker & Humboldt Berlin 1996, 407 ff.;
Jescheck, Die neuere Entwicklung des Strafrechts und des Strafverfahrensrechtes in der SBZ, in: Die Lage des Rechts in Mitteldeutschland, 1965, 79 ff.;
Jesionek, Strafrecht Allgemeiner Teil II, Linzer Rechtsstudien, Manz Verlag Wien 2004, 3 ff.;
Leukauf/Steininger, Kommentar zum StGB3 Prugg Verlag Eisenstadt 1992, § 4 Rz 4, § 10 Rz 17 ff.;
Maurach/Zipf, Strafrecht Allgemeiner Teil Band 18, Müller Heidelberg 1992, 43 ff.;
Mitteis, Deutsche Rechtsgeschichte, Beck Verlag München-Berlin 1958, 21 ff.;
Nowakowski, Wiener Kommentar zum StGB1, Vorbem. Rz 36 ff.;
Nowakowski, Das Ausmaß der Schuld, SwZStr 1950, 301 ff.;
Nowakowski, Freiheit, Schuld, Vergeltung, Rittler-FS 1957, 55 ff.;
Nowakowski, Die Problematik eines Strafgesetzentwurfes, in: Zur Österreichischen Strafrechtsreform, Schriftenreihe der Vereinigung Vorarlberger Akademiker, Heft 7 1965, 12 ff.;
Preiser, Das Recht zu Strafen, Festschrift für E. Mezger 1954, 71 ff.;
Radbruch, Der Ursprung des Strafrechtes aus dem Stand der Unfreien, in: Elegantiae Juris Criminalis2 1950, 1 ff.;
Schittenhelm, Strafe und Sanktionensystem im Sowjetischen Strafrecht, 643 ff.;
Triffterer, Österreichisches Strafrecht Allgemeiner Teil2 Springer Verlag Wien-New York 1994, 250 ff.

Brigid Weinzinger

Cuba libre

oder die Sache mit der Freiheit

Es war einmal vor vielen vielen Jahren an der Bar eines kubanischen Touristen-Ressorts spätnachmittags zur blauen Stunde. Ein älteres kanadisches Ehepaar tritt nach einem vermutlich mit Sonne und Strand verbrachten Tag an die Theke des kleinen Lokals und bestellt Drinks, zweimal Cuba libre. Als der Barkeeper die Gläser auf die Theke stellt, erklären die beiden ihm in fröhlich gönnerhafter Laune, er müsse sich keine Sorgen machen, eines Tages werde sicher auch sein Cuba »libre«, also frei, sein. Sie lächelten treuherzig, wandten sich ihren Drinks zu und ließen den Barkeeper, einen etwas älteren Herren jener Generation von KubanerInnen, für die es noch heißt »libertad o muerte« und in deren kollektivem Gedächtnis Castros Revolution als Befreiung von der Oligarchenherrschaft fest eingespeichert ist, völlig verblüfft und etwas ratlos zurück.

Frage: Wer war nun freier? Das kanadische Ehepaar, das aus einer westlichen Demokratie stammte, Reisefreiheit hatte, nach Kuba einreisen durfte (im Unterschied zu ihren US-amerikanischen Nachbarn) und über die nötigen Dollars für einen angenehmen Urlaub verfügte? Das gleichzeitig so gefangen war in seiner Gedankenwelt und den Vorstellungen einer kommunistischen Diktatur auf Kuba, dass ihnen der Blick auf ihre Umgebung verstellt und ein echtes Kontaktaufnehmen mit dem Barkeeper zumindest erschwert, wenn nicht gar unmöglich war. Oder der Barkeeper, der in der Überzeugung seiner Befreiung von einem ausbeuterischen Regime lebte, einen besseren Job hatte als wohl viele andere und sicher viele Generationen vor ihm und dem ein ausgezeichnetes Sozialsystem und ein jedenfalls im lateinamerikanischen Vergleich spitzenmäßiges Gesundheitssystem existenzielle Sicherheiten boten? Der allerdings sein Land nicht verlassen konnte und sich mit öffentlicher Regimekritik und Protestkundgebungen in seinem eigenen Interesse besser zurückhielt. Oder ich als zufällige Zeugin dieser Szene aus einem Land, das von beidem etwas hat – Demokratie und Wohlfahrtsstaat, westlich und (vom Nazi-Regime) befreit – und die nun auf ihrem spontan gebuchten Urlaub über die Szene mit der missverstandenen Freiheit lächeln oder sich tief schürfenden Gedanken hingeben konnte? Wobei mich gleichzeitig körperliche Erschöpfung an der Erfüllung meiner Urlaubserwartungen und Sehnsüchte hinderte und ich weiß gar nicht welche blinden Flecken alle an der Wahrnehmung meiner Realität.

Mit dem Beispiel sollte hinlänglich dokumentiert sein, dass es *die* Freiheit wohl nicht gibt, dass Freiheit ein vielschichtiges, schillerndes Konstrukt ist, das sich abhängig vom Standpunkt der BetrachterInnen und ihrem kulturellen Hintergrund unterschiedlich darstellt. So ziemlich die einzige gesicherte absolute Aussage über Freiheit dürfte sein, dass es jedenfalls keine absolute Freiheit gibt. Zumindest nicht, solange wir einen physischen Körper mit seinem Bedürfnis nach Wasser, Nahrung und Einhaltung einer bestimmten Körpertemperatur haben (und ob »danach« dann absolute Freiheit oder sonst etwas kommen mag, entzieht sich der Betrachtung).
Widmen wir uns daher ein paar ausgewählten »Freiheiten« und ihrer politischen wie praktischen Dimension.

Die bürgerliche Freiheit

Die bürgerliche Freiheit ist entstehungsgeschichtlich gekennzeichnet durch ihre Abgrenzung zu jenen, die nicht als »BürgerInnen« galten und daher nicht Anspruch auf dieselben Grundfreiheiten genossen. Es handelt sich also von Anfang an um eine Art Freiheit mit beschränkter Gültigkeit, die beschreibt, was ein Gemeinwesen (Staat) seinen Mitgliedern und gegebenenfalls den unterschiedlichen Gruppen von Mitgliedern zugesteht. Heute werden weniger die »Nutzergruppen« beschränkt, als vielmehr die »Anwendungsbereiche«, also die bürgerlichen Freiheiten selbst. Unter dem Zeichen des Kampfes gegen den internationalen Terrorismus droht die Überwachung der BürgerInnen die Oberhand über die Freiheiten der BürgerInnen zu gewinnen. Was natürlich die nicht unbrisante Frage aufwirft, wie viel Beschränkung der individuellen Freiheit ein Gemeinwesen zur Verteidigung seines Grundwerts »Freiheit« (im Sinne der bürgerlichen Freiheit und nicht als Gegensatz zu Okkupation oder Besetzung durch ein anderes Gemeinwesen) einsetzen darf, um überhaupt noch die Rechtfertigung zu deren Verteidigung ableiten zu können.

Eine viel schleichendere Unterwanderung der bürgerlichen Freiheiten kommt allerdings von anderer Seite. Vor einiger Zeit unterhielt ich mich mit einem US-amerikanischen Staatsbürger, der sich mit »Händen und Füßen« gegen die Vorstellung wehrte, man könnte eine Meldepflicht einführen (um nämlich das umständliche System der Wahlregistrierung überflüssig zu machen und den Zugang zu demokratischen Wahlen zu erleichtern). Das verstoße ganz und gar gegen ein Gründerprinzip der USA, dass man sich überall niederlassen könne, ohne dass einem der Staat oder sonst eine Instanz gleich auf den Fersen sei. So weit, so nachvollziehbar. Derselbe Mann fand allerdings absolut nichts dabei, dass auf den Flughäfen in den USA inzwischen die elektronisch erfasste Kreditkarte als quasi Personalausweis verwendet wird und ein Einchecken ohne Kreditkarte kaum mehr möglich ist.

Der Kreis schließt sich offensichtlich dort wieder, wo die Überwachung von elektronischen Daten (Handy, Internet, Kreditkarten etc.) wieder zur vermeintlichen oder tatsächlichen Terrorismusbekämpfung herangezogen wird.

Die Wahlfreiheit

Die Wahlfreiheit ist ein vergleichsweise spät erfundener und dennoch schon politisch pervertierter Freiheitsbegriff, der sich vor allem in der frauenpolitischen Debatte niederschlägt. Mit der Frauenemanzipation (spätestens mit der zweiten Frauenbewegung Ende der 60er- und in den 70er-Jahren) begehrten Frauen auf und beanspruchten für sich das Recht auf Beruf und Karriere. Inklusive dem Recht, all das selbst entscheiden zu können und sich nicht vom Mann bestimmen zu lassen. Sie wollten die Wahlfreiheit, selbst zwischen Haus und Herd oder Beruf wählen zu können. Seither ist einiges geschehen, und es sollte inzwischen selbstverständlich sein, dass Frauen dasselbe Recht wie Männer auf beides – auf Familie und Beruf – haben. Und siehe da: Jedes Mal wenn dahingehende politische Forderungen erhoben werden, ziehen konservative Parteien ihre Version der »Wahlfreiheit« aus dem Hut und fordern ihrerseits, dass die Frauen selber wählen können sollen (statt es vom Staat vorgeschrieben zu bekommen), ob sie »arbeiten gehen oder lieber zu Hause bleiben wollen«, also im Klartext, ob sie lieber nur im Haushalt ohne Bezahlung arbeiten oder auch einer bezahlten Arbeit nachgehen möchten. Nun stimmt es zwar, dass keine Frau (und übrigens auch kein Mann) seine Lebensgestaltung vom Staat vorgeschrieben bekommen sollte, aber wie sieht es denn tatsächlich aus? Wie frei ist eine Frau, wenn sie durch diese Form der »Wahlfreiheit« gezwungen ist, sich entweder für Beruf und Karriere oder für Familie und Kinder zu entscheiden? Beides so selbstverständlich zu leben, wie das Männer heute weitgehend tun, ist ihnen durch die ungünstigen Rahmenbedingungen verwehrt.

Für diese Rahmenbedingungen aber ist wiederum wesentlich der Staat verantwortlich, der daher indirekt vielen Frauen sehr wohl die Freiheit ihrer Lebensgestaltung nimmt. Eine »Wahlfreiheit«, die zur Entscheidung für entweder A oder B zwingt, ist wohl auch im größeren Kontext zu hinterfragen. Von Freiheit lässt sich wohl erst reden, wenn die Wahl auch auf A und gleichzeitig B oder auf weder A noch B fallen kann oder wenn eine Entscheidung auch verweigert werden kann.

Die Warenfreiheit

Wer die globale Mobilität von Menschen und Waren vergleicht, kann nur feststellen, dass Waren ungleich mehr (Bewegungs-)Freiheit haben als Menschen. Und das nicht nur, weil viele Menschen die Finanzmittel für Reisen nicht haben. Viel schwerer wiegt, dass es internationale Abkommen und so etwas wie ein politisches Selbstverständnis (zumindest der westlichen Staatengemeinschaft) gibt, die dem freien Warenverkehr höchste Priorität einräumen. Nun soll keineswegs einer Marktabschottung oder einem neuen Protektionismus das Wort geredet werden, aber muss es nicht auch möglich sein, nationale Regelungen zum Beispiel zum Schutz von Arbeitsrechten oder Umweltstandards zu verankern? Wiegt der freie Warenverkehr tatsächlich schwerer als die Freiheit eines Gemeinwesens, bestimmte glaubwürdig argumentierbare, nicht-ökonomische, öffentliche Schutzinteressen wahrzunehmen? Derzeit klipp und klar: »Ja!« Und das sagt vermutlich mehr über die Machtverteilung (und damit Gestaltungs-Freiheit!) zwischen internationalen Wirtschaftsinteressen und einzelnen Staaten aus, als wirklich über Grundwerte.

Neben dem Bekenntnis zum freien Warenverkehr gibt es parallel und gegengelagert das Bekenntnis zur Beschränkung des Menschen-Verkehrs. Während die Abschottung der Märkte für Waren tabu ist, ist die Abschottung der Märkte für Arbeitskräfte der Normalfall. Ja, es scheint, dass häufig gerade jene Staaten, die am vehementesten die Marktliberalisierung vertreten und betreiben, die restriktivste Zuwanderungspolitik aufweisen. Nun ist das zwar realpolitisch nachvollziehbar – den Reichtum, den man sich im Zuge der Marktliberalisierung auf finanz- oder strukturschwächerem Boden verdient hat, will man nicht mit den Menschen von anderswo oder eben dort teilen – das Ganze wird aber unter dem Banner der Freiheit geführt. Was bleibt, ist ein übler Nachgeschmack. Wer von uns will schon unfreier sein als ein Becher Joghurt, ein Elektrogerät oder sein eigenes T-Shirt?

Die Gedankenfreiheit

Nun, wenn schon die Menschen nicht (alle) so frei sind, wie sich das so manche wünschen würden, dann aber doch wenigstens ihre Gedanken? Hmmh. Im Prinzip natürlich schon. Denn erstens kann keiner meine Gedanken sehen, beobachten oder gar überwachen. Zensiert werden können immer nur in Wort, Schrift, Bildern oder sonst wie gefasste Gedanken. Und zweitens kann mich unter normalen Umständen (also Gehirnwäsche, lang andauernde physische und psychische Gewaltanwendung oder ähnliche Extremsituationen ausgenommen) niemand daran hindern, mir meine eigenen Gedanken zu machen und selber zu Schlussfolgerungen zu kommen, die nicht unbedingt die vorgegebenen sind. Es stellt sich allerdings eine Frage: Können wir etwas denken, das völlig unbeeinflusst ist von äußeren Einflüssen und übernommenen und verinnerlichten Fremdvorstellungen? Oder anders formuliert: Wie viele Menschen gibt es, die ihre Meinung zu politischen Themen nicht auf Grundlage von Medienberichten und ohne Beeinflussung durch die Gespräche mit ihren FreundInnen und Bekannten bilden? Wie viele Kinder gibt es, die ihre ganze Kindheit hindurch immer nur gehört haben, dass sie dumm sind und sich danach besonders klug finden? Wie viele KonsumentInnen treffen ihre Kaufentscheidungen ausschließlich nach persönlich gewählten Kriterien, unbeeinflusst von Werbung und Kauftricks? Wären die Gedanken wirklich frei und unberührbar, dann wären ganze Branchen mit einem Schlag arbeitslos. Werbung, Marketing, Politikberatung, KampagnenplanerInnen etc. verdienen sich ihr tägliches Brot nicht mit der bloßen Beobachtung und Beforschung von Menschen und ihren Meinungen, sondern mit deren mehr oder weniger gezielten, mehr oder weniger erfolgreichen Beeinflussung. Wenn man, wie es heißt, mit einem entsprechenden Werbebudget Sand in der Wüste verkaufen könnte oder Eiskästen an die Inuit, warum sollte es dann unmöglich sein, Sie, mich oder sonst jemanden von etwas – oder seinem Gegenteil – zu überzeugen?

Zum Glück arbeiten nicht alle genannten Branchen im selben Auftrag und mit demselben Ziel, und zum Glück ist ihr Budget auch nicht so groß, jedem Inuit einen Eiskasten, jedem Wüstenbewohner Sand und jedem von uns eine andere Meinung zu verkaufen. Und selbstverständlich ist nicht jede Propaganda so geschickt gemacht, das keiner was merken würde. Es wird also auch weiterhin Menschen geben, die einen von ihrer Regierung angezettelten Krieg trotz aller patriotischen Parolen kritisieren, die sich Marketingtricks entziehen und kritische MedienbeobachterInnen sind. Doch vielleicht lohnt es sich, gelegentlich kurz innezuhalten und nachzudenken, wie frei die eigenen Gedanken gerade sind.

Die Vogelfreiheit

Frei wie ein Vogel! Vögel dienen als eines der Symbole für Freiheit schlechthin. Nicht erdgebunden ziehen sie hoch über uns ihre Kreise. Doch die Vogelfreiheit bezeichnet die Kehrseite dieser grenzenlosen Freiheit: Wer nicht zur Gemeinschaft zählt, wer wild und frei lebt, ist zum Abschuss für jedermann freigegeben. Die Vogelfreien stehen außerhalb des Schutzes der Gemeinschaft. Sie unterliegen nicht deren Spielregeln, müssen sich nicht deren Grenzen unterwerfen. Diese Freiheit hat aber ihren Preis, den der Ausgrenzung, des Andersseins und damit des Schutzlos-Seins. Die Vogelfreiheit beginnt dort, wo die Gemeinschaft ihre Grenzen um sich gezogen hat. An ihr wird das Spannungsverhältnis zwischen Individuum und Gesellschaft, zwischen dazugehören und frei sein, besonders manifest.

Im Mittelalter etwa gab es die, die Land hatten, Titel hatten, sesshaft waren und innerhalb der Stadtmauern wohnten, gegenüber jenen, die herumzogen oder in den Wäldern hausten. Egal, ob sie das freiwillig taten oder ob sie keine andere Wahl hatten. Frauen, die nicht entsprechend den Normen ihrer Gemeinschaft lebten, verloren deren Schutz besonders leicht. Man denke nur an die Hexenverfolgungen. Oder den geringen Schutz, den Prostituierte wohl in den meisten Gesellschaften genießen. Übrigens heute noch: Es ist noch gar nicht lange her, dass in einem österreichischen Gerichtsverfahren wegen der Vergewaltigung einer Prostituierten der Richter sinngemäß meinte, bei »so einer« sei das eh nicht so schlimm wie bei einem behüteten Bürgertöchterlein. Als wäre Vergewaltigung nicht gleich Vergewaltigung. Die Vogelfreien von heute sind noch immer die, die nicht so ganz dazugehören, nicht so leben wie die meisten, nicht automatisch dieselben Rechte und denselben Schutz genießen wie die anderen. Und derer gibt es noch heute genug.

… und die Politik?

Die gewählten Beispiele für die unterschiedlichen Freiheiten sind nicht zufällig solche, aus denen jeweils ein Anspruch an politisches Handeln und politische Verantwortung abzuleiten ist. Natürlich wünsche ich mir einen Staat – auch international – der bürgerliche Freiheiten hochhält und vor der eigenen Überwachung zu schützen weiß; der niemandem eine falsche »Wahlfreiheit« aufzwingt, aber allen eine echte Wahl lässt, indem alle Optionen gleich lebbar gemacht werden; der gesellschaftliche Schutzinteressen zumindest gleich hoch bewertet und verankert wie den freien Warenverkehr; der für unabhängige Medienberichterstattung und Transparenz in der Gesellschaft eintritt; und der anders Lebenden und gegen gesellschaftliche Normen Verstoßenden dieselben Rechte und denselben Schutz angedeihen lässt. Das würde meinen Vorstellungen nahe kommen. Politik kann Freiheit für den/die Einzelne/n nicht herstellen, wohl aber ihn/sie entweder unterstützen und erleichtern oder einschränken und beschneiden.

Doch wie gesagt, das ist meine Vorstellung. Nicht umsonst bin ich damit bei den Grünen gelandet. Denn natürlich ist der Freiheitsbegriff auch in der Politik ein Konstrukt, das je nach Partei und Standpunkt sehr unterschiedlich ausfällt. Die Grünen haben ihre Sichtweise im Grundsatzprogramm folgendermaßen festgehalten: »Freiheit auf individueller Ebene wie gesellschaftlich wird möglich durch das Zusammenspiel und die Wechselwirkung der beiden Grundwerte ›Selbstbestimmung‹ und ›Solidarität‹, die das eine oder andere Mal auch in Widerspruch geraten können, da es immer um die Beziehung zwischen Individuen bzw. die Beziehung zwischen Individuum und Gruppe geht. Selbstbestimmung stößt dort an ihre Grenzen, wo sie die Lebensgestaltung anderer betrifft. Und ohne die Solidarität der Gemeinschaft und einen existenziellen ›Sockel‹ und Schutz wären der Selbstbestimmung individuell Unterschiede und in manchen Fällen enge Grenzen gesetzt.«

Was für einen einzelnen Menschen Freiheit bedeutet, dazu gibt es wohl noch mehr Konstrukte als Menschen, denn meine Freiheit von heute muss nicht die von vor zehn Jahren oder die von übermorgen sein. Manche Freiheiten werden mir in bestimmten Lebensabschnitten wichtiger sein, als andere und in ihrer Summe daher eine andere »Freiheit« ergeben. Und an manchen Tagen habe ich sowieso eine Lieblingsfreiheit – die Narrenfreiheit. Doch das ist eine andere Geschichte.

Horst Hahn

Freiheit! Das muss man wollen

Es gibt einen Tag im Jahr, den die Bürger der Stadt mehr fürchten als alle 7 Todsünden zusammen. Schon Wochen davor werden Vorbereitungen getroffen, um an diesem Tag weit, weit weg von der Innenstadt zu sein.

»Der 1. Mai gehört den Roten,« erklärt soeben Kommerzialrat Bösch seinem Sohn Hubert.

Der Kommerzialrat erfuhr dieses ungeschriebene Gesetz schon von seinem Vater. Mit tiefer, sonorer Stimme hatte dieser es ihm an einem schönen Tag im April mitgeteilt.

»... gehört den Roten, gehört den Roten«, hatte es in seinem jungen Bürgerkopf widergehallt. Seine ganze Körperbehaarung stand aufrecht, wenn er an diese Worte dachte. Es hatte bedrohlich geklungen und furchteinflößend. »Wer sind diese Roten? Warum sind sie rot? Die Hölle ist auch rot. Kommen die denn aus der Hölle? Und wenn ja, warum nur an diesem einen Tag?«, hatte er gedacht.

Viele Fragen, die in seinem Kopf Achterbahn fuhren, keine Antworten. Der Kopf des jungen Bösch, damals noch ohne Titel, schwoll an vor Erregung.

Der alte Bösch sparte mit Erklärungen. Er war es gewohnt, nichts erklären zu müssen. Was er sagte war Gesetz. So war es und so blieb es auch, bis ihn der liebe Gott in das Himmelreich abkommandierte. Der alte Bösch war eingerückt in die große Armee. Dort traf er bestimmt alle seine treuen Kameraden.

»Beim Tarock und einem Glaserl Wein wirds recht lustig sein!«

Kommerzialrat Bösch führt die Tradition fort. Sein Wort ist nun Gesetz. Nun ist sein Sohn in einem Alter, in dem Vater und Sohn ein Gespräch von Mann zu Mann führen sollten.

»Mein lieber Junge, wir sind die Säulen dieser Stadt. Ohne uns hätten die Leute keine Arbeit. Ohne Arbeit hätten sie kein Geld. Ohne Geld müssten sie auf der Straße schlafen und hungern. Wir haben diese Stadt und dieses Land aufgebaut. Wer zahlt , schafft an, du verstehst, was ich meine.«

Der kleine Bösch hat soeben vor Ehrfurcht in seine Krachlederne gepinkelt und etwas den Faden verloren. Er überhört die gewichtige Rede seines Vaters. Diese kleine Konzentrationsschwäche hat zur Folge, dass sein noch spärliches Repertoire an Lebensweisheiten keine Ergänzung erfährt.

Sektionsobmann Karl Holzer verspürt ebenfalls einen menschlichen Drang. Zum Unterschied von Hubert Bösch junior, bevorzugt Holzer, im Schutz der Dunkelheit, in den Biergarten seines Stammwirtshauses *Da Koal*, zu urinieren. Dieses Ritual zaubert ein kindliches Lächeln in Holzers rotwangiges Gesicht. Wenn möglich sieht Holzer, breitbeinig dastehend, zu den Sternen hoch und macht sich seine eigenen Gedanken über die Welt und unser Dasein.

Zurück im Extrazimmer des *Koal* muss er sich wieder der Realität stellen. Er tut es gerne, schließlich ist er Obmann der drittgrößten Sektion in dieser Stadt. Es gibt viel zu tun in der Sektion. Da bleibt wenig Zeit für die Familie. Glücklicherweise ist seine Ehe fast kinderlos geblieben. Holzer hat nur drei Töchter und findet daher, neben seinem Beruf als Polizist bei der Kriminalpolizei, die Zeit, um die Fäden in der Sektionsarbeit beisammen zu halten. Holzer nimmt Platz in der Runde seiner engsten Mitarbeiter und eröffnet die Sitzung in seiner gewohnt souveränen Manier:

»Liebe Freunde, ich begrüße euch auf das Herzlichste bei unserer heutigen Sitzung und möchte euch zu Beginn den Bericht über den vergangenen Monat bringen. Unsere Osteraktion war wieder ein voller Erfolg. Wir haben, mit eurer tatkräftigen Unterstützung, 453 rote Ostereier verteilt. Das sind, meine lieben Freunde, 13 mehr als im vergangenen Jahr. Die Ostereier sind, wie auch in den vergangenen Jahren, gut angekommen. Die Aktion war also ein voller Erfolg. Aber wir können und wollen uns nicht auf diesen Lorbeeren ausruhen. Wie ihr wahrscheinlich alle wisst, steht der 1. Mai vor der Tür. Zu diesem Festtag brauche ich kein weiteres Wort verlieren. Da wisst ihr alle was zu tun ist. Wie immer treffen wir uns um 17 Uhr hier vor dem Haus und marschieren dann los. Gibt es noch Fragen oder Anregungen?«

Franz Skolicek, ein rüstiger Beamter im Ruhestand, meldet sich zu Wort: »Liebe Freunde, ich stelle den Antrag, auch heuer wieder rote Nelken zu kaufen. Diese sollen an die Teilnehmer verteilt werden.«

Werner Krutnik, ein in die Jahre gekommener Jugendlicher, kontert: »Wir müssen Transparente mit unseren Forderungen basteln, damit die Leute unsere Anliegen mitbekommen. In Zeiten wie diesen wollen die Leute wissen wofür wir stehen. Arbeitslosigkeit, Globalisierung, die Pensionen, das sind Themen, die den Leuten unter den Fingernägeln brennen. Wie stehen wir dazu? Was sind unsere Antworten?«

Skoliceks Faust donnert auf den Tisch. Die Bierkrüge schwanken leicht. Alle Augenpaare richten sich auf ihn. Werner Krutnik weiß was jetzt kommt und versucht sich demonstrativ aufzurichten, was ihm, aufgrund des fortgeschrittenen Alkoholkonsums nicht ganz so leicht fällt. Und schon poltert Skolicek los: »Du mit deinen Transparenten, jedes Jahr kommst mit dem

Schaß daher. Mir hobn scho gnua Oabeit, a ohne derer Molerei.«

Stille. Krutniks linker Augapfel beginnt zu zucken. Die Innenflächen seiner Hände kleben am Bierkrug. Jeden Moment kann das Glas dem Druck nachgeben und brechen. Im Hinterzimmer des *Koal* herrscht Krieg.

Da greift Holzer beruhigend ein: »Werner, das macht doch kein schönes Bild, wenn wir mit diesen Fetzen auf unseren schönen Hauptplatz marschieren. Kaufen wir die Nelken, das kommt gut an, wirst sehen.«

Krutniks Schultern sacken nach unten. Er nimmt einen kräftigen Schluck aus seinem Glas, murmelt Unverständliches und bestellt beim Kellner noch ein Bier.

Beruhigtes Aufatmen bei den meisten Anwesenden. Skolicek lehnt sich lässig zurück und zeigt demonstrativ seine stolzgeschwellte Brust und die darunter befindliche, beeindruckende Bierwampe. Zum Glück sieht Krutnik die Siegesgebärden des Alten und das dazugehörige süffisante Grinsen nicht, denn sonst hätte Holzer noch einiges zu tun an diesem Abend. So aber kann der Sektionsobmann fortfahren und seine Pläne darlegen.

»Also abgemacht, wir bleiben bei den Nelken.« Holzer beugt sich zu seinem Stellvertreter Leopold Brandner. Diese Geste birgt immer etwas Geheimnisvolles in sich.

»Wie viele Nelken kaufen wir?«, flüstert Holzer und dabei legt er die Stirn in Falten, als hinge von der Antwort Brandners der Fortbestand der Nation ab. »Gleich viele wie letztes Jahr, denke ich«, erwidert Brandner mit gespitzten Lippen . Holzers Gesicht hellt auf. Er ist sichtlich erleichtert. Brandner greift sofort zum Telefon und wählt die Kurzwahlnummer S1 für Schatzi 1, um sein baldiges Eintreffen zu Hause anzukündigen.

Kommerzialrat Bösch greift zum Telefon, um seinen Freund, Rechtsanwalt Dr. Bösch, anzurufen. Mit Dr. Bösch verbinden Kommerzialrat Bösch einige schöne Dinge. Bösch hat für seinen Sohn Hubert den Beruf des Rechtsanwalts ausgewählt. Dr. Bösch soll für Hubert die Anmeldung in der Rechtsanwaltskammer durchführen. Kommerzialrat Bösch hatte mit Dr. Bösch die Schulbank im örtlichen Gymnasium gedrückt. Die Söhne der Böschs und der Böschs besuchen ebenfalls diese Schule und mit Frau Bösch hatte Kommerzialrat Bösch, während einer Gartenparty im Sommer 1980, eine halbstündige Affäre.

»Hier Dr. Bösch«, hört Bösch unerwartet rasch und beendet erschrocken das zur Zeitüberbrückung begonnene Taschenbillardspiel.

»Hallo Hubert, hier spricht Hubert, wie geht es dir denn.«

»Hubert, so eine Überraschung. Mir geht es gut, wie geht es dir?«

»Danke Hubert, nicht ganz so gut. Ich mache mir Sorgen wegen der

Rechtsanwaltskammer, die haben sich bei mir noch nicht gemeldet. Weißt du etwas Neues.«

»Um ehrlich zu sein Hubert, ich halte eine Anmeldung bei der Rechtsanwaltskammer, für etwas verfrüht, schließlich ist Hubert gerade erst 7 Jahre alt geworden.«

»Soll das heißen, du hast in der Angelegenheit noch nichts unternommen?«

»Noch nicht mit Nachdruck, wenn du verstehst was ich meine.«

»Die Fristen, Hubert, die Fristen, wir dürfen keinesfalls die Fristen versäumen.«

»Keine Angst Hubertchen, ich habe alle Fristen im Kopf, glaube mir, wir haben noch genügend Zeit.«

»Bist du dir ganz sicher?«

»Absolut Hubert, du hast mein Wort als Anwalt und Freund.«

»Na, wenn du mir dein Wort gibst, bin ich beruhigt. Als Rechtsanwalt bist du schließlich Fachmann auf diesem Gebiet.«

»Korrekt Hubert, du triffst wie immer den Nagel auf den Kopf. Kann ich sonst noch etwas für dich tun? Im Vertrauen, Marlene ruft nach mir. Du weißt, Frauen haben es immer furchtbar eilig mit ihren Problemchen.«

»Ja, gut, dass du fragst. Wir fahren am 1. Mai weg. Wollt ihr nicht mitkommen? Wir könnten in eine Therme fahren, unsere gestressten Körper in Schuss bringen lassen und anschließend gepflegt zu Abend essen. Was hältst du davon?«

»1. Mai, 1. Mai, da war doch etwas. Da muss ich vorher noch einen Blick in meinen Kalender werfen.«

»Komm schon Hubert. Am 1. Mai ist es in der Stadt ohnehin immer sehr laut. Und wenn ich diese Vorstadtgesichter sehe, wird mir übel. Wir bleiben sicher nicht hier.«

»Du hast recht, ich denke wir werden uns die Sache überlegen. Sei mir bitte nicht böse, aber jetzt muss ich leider unser Gespräch beenden. Marlene braucht mich. Grüß dich Hubert.«

»Auf Wiederhören Hubert, schönen Abend noch und herzliche Grüße an Marlene.«

Kommerzialrat Bösch bleibt noch einen Moment in Gedanken versunken an seinem Schreibtisch sitzen. Ein Blick auf die Pendeluhr verrät ihm die vorgerückte Stunde.

Es ist 20.30 Uhr. Er seufzt und beginnt von neuem das unterbrochene Ballspiel in seiner Hose.

20.30 Uhr. Die Stadt schläft nur scheinbar. Ein genauer Blick auf die Straßen und hinter die spärlich erleuchteten Fenster lässt Geschichten zum Vorschein kommen, die nicht nur vom Zufall bestimmt werden.

Arnold Wodasch, Atemschutzbeauftragter der Freiwilligen Feuerwehr, hat mit dieser Geschichte nichts zu tun, aber verpasst soeben, auf Grund einer defekten Satellitenantenne, den letzten Teil seiner Lieblingsfernsehserie und ist stinksauer.

Im Polizeirevier Strohgasse 11 läutet das Telefon und niemand hebt ab. Der Fernsehapparat des Wachzimmers ist zwar ein billiges japanisches Fabrikat, funktioniert aber seit Jahren tadellos. Die Beamten nützen dieses Gerät hin und wieder. Zur Hauptabendzeit immer ausgiebiger. Welches Programm gesehen wird entzieht sich noch unserer Kenntnis.

Zwei Häuser weiter, Ecke Strohgasse und Meersackallee, lehnt Franz Stoisser mit dem Rücken zur Wand. Der Betriebsschlosser hat keine Ahnung wie er seiner Frau diesen Kapitalrausch erklären soll. Es ist auch eher unwahrscheinlich, dass Stoisser sein Problem in absehbarer Zeit lösen kann.

Auf dem Dachboden des Hauses Flugfeldgürtel 35 hat sich vor wenigen Sekunden ein rostiger Nagel aus einem der Dachbalken gelöst. Die daran befestigte Wäscheleine und die tropfnassen Bettbezüge gehören der im 1. Stock Tür 2 wohnenden Witwe Hermine Schausberger. Glücklicherweise richtet die herabfallende Wäsche, außer einer umgestürzten Satellitenantenne, keinen größeren Schaden an. Die derben Flüche aus der Wohnung unter ihr stören Hermine Schausbergers Schlaf nicht im Geringsten.

Schade findet Ralf Zimmermann, dass sein Auto nicht mehr im Halteverbot vor der Hauseinfahrt des Hauses Deutschgasse 7 steht. Zwecks Standortbestimmung seines schwarzlackierten Lieblings, wählt er die Notrufnummer der Polizei, nicht ahnend, dass alle Anrufe vom Leiter der Telefonzentrale ausnahmsweise ins Polizeirevier Strohgasse 11 umgeleitet werden. Grund dafür ist die Direktübertragung des Weltmeisterschaftskampfes im Ringen, zwischen Walt *The Viper* Schinkel und Helmut *Blue Eye* Johnson. Die Musik in der Warteschleife empfindet Ralf als nicht unangenehm.

Julia Stoisser hat nichts besseres zu tun, als auf ihren Mann Franz zu warten. Dessen derzeitiger Aufenthaltsort ist ihr nicht bekannt. Voller Sorge zieht sie daher einen informellen Anruf bei der örtlichen Polizei in Erwägung. Der Ringkampf interessiert sie nicht.

Schade findet auch Kevin Broschek, dass seine Freundin Veronique Platzer eben mit den um 3 Jahre älteren Hubert Bösch, dem Sohn des stadtbekannten Baumeisters, Ingenieur Hubert Bösch, die Party verlässt und er ihr schon vorher seine neue *Blumfeld*-CD geschenkt hat.

Auf dem großen bewachten Parkplatz der städtischen Verwaltung steht einsam und verlassen der abgeschleppte Wagen Ralf Zimmermanns. Unter der Motorhaube frisst eben ein Marder die zum Starten des schwarzlackierten Lieblings wichtigen Kabel auf. Im Inneren des Wagens stöhnt Edmund Zapf laut auf. Der allseits beliebte Obdachlose hat soeben seine letzte Bierdose im Dunkeln verschüttet. Sein Zorn darüber wird sich wahrscheinlich in den nächsten Sekunden entladen.

Sepp Broschek, der Wächter des Parkplatzes lässt soeben aus Langeweile zum 96. Mal die Schranke nach unten und spricht dazu die Worte: »Schranke runter« nachdem er das Schauspiel kurz zuvor mit den Worten, »Schranke rauf«, kommentiert hatte.

In der Kassenhalle des Bahnhofs schlichtet Rashid Kahndan die nicht verkauften Zeitungen, wobei er, angesichts der Schlagzeilen, den Glauben an die westliche Kultur verliert.

Im großen Saal des Kinocenters wird das Werbedia der Installationsfirma Hubert Bösch und Söhne gezeigt, aber keiner der 36 Kinobesucher nimmt Notiz davon.

Der Schriftsteller Klaus Kümmel sitzt vor einem leeren Blatt Papier und versucht, die von seinem Analytiker diagnostizierte Schreibhemmung, durch das Öffnen einer Flasche Wein zu beheben.

20 Uhr 31 …

Bettina Walde

Ein neues Menschenbild?
Willensfreiheit zwischen Hirnforschung und Lebenswelt.

I. Der Ruf nach einem neuen Menschenbild – Herausforderungen der Hirnforschung

Die Debatte um die menschliche Willensfreiheit wurde in den letzten 15 Jahren mehr als je zuvor vor allem von neurowissenschaftlichen Einsichten geprägt. Die am 17. Juli 1990 in einer Rede vor dem Kongress von George W. Bush ausgerufene »Dekade des Gehirns« ging auch an der Frage nach der Willensfreiheit keineswegs spurlos vorüber. So ist in der aktuellen Diskussion immer wieder behauptet worden, dass die Willensfreiheit empirisch widerlegt worden sei, manch einer hat sogar gefordert, »wir sollten aufhören von Freiheit zu sprechen«[1]. Und auch der Ruf nach einem neuen Menschenbild, das den neuen Einsichten gerecht würde, wurde laut. Doch was ist nun dran an den vielfachen Forderungen und Thesen? Ist es tatsächlich so, dass neurophysiologische Untersuchungen die Willensfreiheit widerlegen? Belegen empirische Untersuchungen zur Handlungssteuerung und zur Rolle bewusster, mentaler Zustände tatsächlich den Epiphänomenalismus, die These also, dass bewusste, mentale Zustände keine Auswirkung auf den Körper (oder allgemeiner: auf die gesamte physikalische Welt) haben? Und inwieweit folgen aus der Hirnforschung tatsächlich Änderungen im Hinblick auf das Menschenbild?

Auslöser für die neu entfachte Diskussion um die Willensfreiheit waren neuropsychologische Studien, die zu zeigen scheinen, dass bereits vor dem Treffen einer bewussten Entscheidung in den motorischen Arealen im Gehirn ein Bereitschaftspotential aufgebaut wird, das der Durchführung einer Körperbewegung vorangeht. Es scheint, als würde die Durchführung der körperlichen Bewegung bereits motorisch vorbereitet, bevor es überhaupt eine bewusste Entscheidung für die Durchführung der Handlung gegeben hat. Benjamin Libet, der entsprechende Resultate bereits 1985 publiziert hatte, wies seine Versuchspersonen an, zu jeweils frei gewählten Zeitpunkten ihren Finger zu beugen und zugleich anzugeben, wann sie erstmals den Drang verspürten, diese Bewegung durchzuführen.[2] Auf einer oszillographischen Uhr konnten sie den subjektiv empfundenen Zeitpunkt datieren, zu dem die bewusste Entscheidung auftrat. Dabei zeigte die Ableitung des Bereitschaftspotentials, dass das *Bewusstsein erst auftritt, wenn die Handlung bereits auf unbewusster Ebene vorbereitet wird.* Da das Moment der bewussten Entscheidung zu spät auftritt, ist die Entscheidung offensichtlich nicht frei – so die Schlussfolgerung. Wenn man nun annimmt, dass es sich bei dem von Libet beobachteten Phänomen um einen grundlegenden Mechanismus der Handlungssteuerung handelt, der stets bei der Durchführung von Handlungen zu finden ist, so hätte sich die Willensfreiheit als empirisch widerlegt erwiesen. Bewusste Willensentscheidungen wären ganz einfach nicht das ausschlaggebende Moment vor der Durchführung einer Handlung.

Eine solche Schlussfolgerung hätte weit reichende Implikationen für das menschliche Selbstverständnis als willentlich und bewusst entscheidende und handelnde Subjekte. Die Auffassung etwa, dass Handlungen willentlich und bewusst durchgeführt werden können, wäre demnach falsch und überholt. Dies könnte wiederum Rückwirkungen auf die gesellschaftliche Praxis der Verantwortungszuschreibung[3)] haben, denn sie basiert ja auf der Annahme, dass Individuen (zumindest in einigen Fällen von Entscheidungen und Handlungen) so etwas wie Willensfreiheit haben – eine der Voraussetzungen dafür besteht jedoch darin, dass Personen willentlich und bewusst entscheiden und handeln können. Gibt man nun die Willensfreiheit auf und nimmt stattdessen an, dass keine Person jemals anders hätte entscheiden und handeln können als sie es getan hat, so scheint Verantwortungszuschreibung kaum mehr möglich.

Doch eine genauere Betrachtung offenbart schnell, dass ein solcher Argumentationsgang aus verschiedenen Gründen zu kurzsichtig wäre. Sicherlich zeigen Resultate wie die von Benjamin Libet, dass die unmittelbare Steuerung einer bestimmten Teilklasse von Handlungen (solche bei denen der Abstand zwischen Handlungsabsicht und Handlung nur wenige Sekunden beträgt) unbewusst erfolgt. Wichtig ist jedoch, die Relevanz dieses Resultats im Hinblick auf Willensentscheidungen, wie sie uns im Alltag begegnen und wie sie im Hinblick auf Fragen nach der Verantwortung wichtig sind, genauer zu beschreiben. Denn dort geht es um Handlungen, bei denen die Handlungsabsicht und die spätere Handlung oft ganz weit auseinander liegen und es ist fraglich, wieweit sich die Ergebnisse für die kurzen Zeitskalen auf längere übertragen lassen. So lassen sich nahezu alle bisherigen empirischen Untersuchungen in diesem Bereich so deuten, dass die im Hinblick auf Willensentscheidungen maßgebliche Ausbildung der Handlungsabsicht schon im Zusammenhang mit der Versuchsanweisung erfolgt! Sie erfolgt dagegen nicht erst – wie bei der Interpretation vieler solcher Versuche angenommen – unmittelbar vor der Durchführung von Handlungen. Die von den Versuchspersonen in solchen Untersuchungen gemachten Zeitangaben über das Auftreten ihrer »Intentionen« oder Handlungsabsicht wären gemäß dieser Interpretation nur Zeitangaben darüber, wann eine schon lange vorher gebildete Intention handlungswirksam wird. Damit bringen aber viele der bisherigen empirischen Untersuchungen gar keine Ergebnisse über Freiheit oder Unfreiheit des Willens, sondern vielmehr zeigen sie, dass einmal gebildete und bereits vorhandene Intentionen auf unbewusstem Wege handlungswirksam werden.

Intuitiv und auf den ersten Blick mag es zwar so scheinen, als wäre willentliches Handeln an Bewusstsein geknüpft. Doch schon wenn man über Handlungen von großer Komplexität nachdenkt, die ein hohes Maß an Fertigkeit und Übung erfordern, wird klar, dass Bewusstsein keine *notwendige* Bedingung für die Durchführung von Handlungen sein kann. Nicht jede Handlung setzt eine unmittelbar vorangehende, bewusste Willensentscheidung voraus. Dies trifft bereits auf die Alltagstheorie des Wollens zu. Dort sind bewusste Intentionen weder hinreichende noch notwendige Bedingungen des Handelns: Handlungen kommen ohne bewusste Intentionen vor – das Beispiel automatisierter Handlungen wie sie etwa beim Klavierspiel eines Virtuosen vollzogen werden, macht deutlich, dass bewusste Intentionen keine notwendige Bedingung für das Auftreten von Handlungen sein können (wäre sich ein Klaviervirtuose über jede seiner einzelnen Fingerbewegungen bewusst, würde sich das Spiel vermutlich viel weniger perfekt anhören). Und Handlungen kommen nicht vor, obwohl sie intendiert sind – das Beispiel der Willensschwäche macht deutlich, dass bewusste Intentionen keine hinreichende Bedingung für Handlungen sein können. Wenn Bewusstsein also eine Rolle innerhalb der Handlungssteuerung spielt, dann muss sie anders aussehen als es auf den ersten Blick scheint.

Wesentlich im Hinblick auf die Frage nach der Willensfreiheit ist die Frage, ob aufgrund solcher Studien wie der oben beschriebenen an »irgendeiner kausalen Rolle von bewussten Intentionen und Handlungsabsichten festgehalten werden kann oder ob bewusste mentale Zustände wie Willensentscheidungen überhaupt keine kausale Rolle innehaben.«[4)] Solange man an einem Modell der Handlungssteuerung festhalten kann, das eine kausale Rolle von bewussten mentalen Zuständen wie Handlungsabsichten oder Intentionen vorsieht, die einfach nur auf der Grundlage unbewusster Vorgänge handlungswirksam werden, würden sich auch keine allzu gravierenden Konsequenzen im Hinblick auf das Menschenbild ergeben. Lediglich die kausalen Pfade, auf denen bewusste mentale Zustände Eingang in das Handeln finden, wären andere. Inwieweit sich unser Menschenbild durch Studien wie die Libets verändert, hängt folglich davon ab, ob man die spektakulären Schlussfolgerungen aus den empirischen Studien teilt oder eher nicht. Für diejenigen, die solche Schlussfolgerungen teilen und sich nicht vergegenwärtigen, von welchen Vorannahmen diese Interpretationen empirischer Daten abhängen, ergeben sich in der Tat große Umbrüche. Doch wie sich gezeigt hat, muss man solche Schlussfolgerungen nicht teilen, da sich die Studien auch anders interpretieren lassen. Doch es gibt auch andere Gründe, die gegen die These sprechen, dass die Hirnforschung eines Tages die Willensfreiheit widerlegen könnte. Die Frage nach der Willensfreiheit hat eine über 2000 Jahre alte Tradition innerhalb der Philosophie und im Zuge dieser langen Debatte wurden viele verschiedene Ansätze der Willensfreiheit entwickelt, die nicht alle von den empirischen Studien zur unbewussten Handlungssteuerung und zur kausalen Rolle des Bewusstseins in gleicher Weise betroffen sind. Ob diese Studien (und viele ähnliche) tatsächlich die Willensfreiheit widerlegen und damit das Menschenbild nachhaltig verändern, hängt unter anderem davon ab, welche Auffassung von Willensfreiheit gemeint ist und welche Theorie des Geistes man vertritt.

II. Einige philosophische Bemerkungen zu den metaphysischen Voraussetzungen der empirischen Widerlegung der Willensfreiheit

So hat die philosophische Debatte um die Willensfreiheit deutlich gemacht, dass solche Thesen nur dann ableitbar sind, wenn man bestimmte stillschweigende Voraussetzungen macht: Zu diesen Voraussetzungen gehört der Dualismus von Gehirn und Geist und die These, dass Willensfreiheit darin bestehe, gleichsam wie aus dem Nichts heraus neue Kausalketten initiieren zu können. Doch beide impliziten Voraussetzungen erscheinen aus philosophischer Sicht fragwürdig. In der philosophischen Willensfreiheitsdebatte stand sehr lange die Frage nach der Vereinbarkeit von kausalem Determinismus, also der These, dass jedes neue Ereignis durch die vergangenen Ereignisse und die Naturgesetze bestimmt wird, und der Freiheit unserer Willensentscheidungen im Mittelpunkt. Die Diskussion solcher Fragen hat deutlich gemacht, dass es fast unmöglich ist, gleichermaßen am kausalen Determinismus und an einer Form der Willensfreiheit festzuhalten, die davon ausgeht, dass willensfreie Personen mit ihren Willensentscheidungen neue Kausalketten in Gang setzen. Diese Einsicht hat dazu geführt, dass man schon lange vor der jetzt aktuellen Debatte um neurophysiologische Einwände gegen den freien Willen, versucht hat, ein anderes Modell der Willensfreiheit zu entwickeln. Innerhalb der Philosophie wird zwischen *kompatibilistischen*[5)] und *inkompatibilistischen*[6)] Ansätzen der Willensfreiheit unterschieden: *Kompatibilistische Ansätze* gehen davon aus, dass Willensfreiheit darin besteht, dass die handlungswirksamen Wünsche und Motive einer Person mit ihren reflektierten und bewusst abgewogenen höherstufigen Überzeugungen, Wünschen, Zielen, Werten usw. übereinstimmen. Eine Person hätte dann anders entschieden und gehandelt, wenn sie andere Abwägungsprozesse vorgenommen hätte, Werte, Ziele und Motive anders bewertet hätte usw. Eine Person wäre also frei gewesen, wenn sie in diesem Sinne anders hätte entscheiden und handeln können. Nur *inkompatibilistische Ansätze* gehen dagegen davon aus, dass Willensfreiheit voraussetzt, dass eine Person *unter identischen Bedingungen* (d.h. in exakt derselben Entscheidungssituation, im selben Kontext und gegeben genau dieselbe Vergangenheit) auch anders hätte entscheiden können.

Diese Differenzierung unterschiedlicher Modelle der Freiheit ist mit Blick auf die aktuelle, durch die Hirnforschung neu entfachte Willensfreiheitsdebatte deshalb so interessant, weil nur die zweite Auffassung der Willensfreiheit, also die inkompatibilistische, tatsächlich von den empirischen Studien betroffen ist, und sie ist es auch, die von den Hirnforschern gemeint ist, wenn von der empirischen Widerlegung der Freiheit und der empirischen Widerlegung der kausalen Relevanz bewusster mentaler Zustände die Rede ist. Aus philosophischer Sicht ist ein solcher Ansatz der Freiheit aber höchst fragwürdig – denn es ist überhaupt nicht klar, wie freie Entscheidungen im Sinne dieses Modells von Zufallsereignissen unterscheidbar sein sollen. Freie Entscheidungen sollen in diesem Ansatz ja von nichts determiniert oder bestimmt sein, sondern die Person muss unter identischen Bedingungen auch anders entscheiden können. Damit ist aber auch ausgeschlossen, dass die eigenen Überzeugungen, Wünsche, Ziele, Motive, Werte und Abwägungsprozesse die Entscheidung bestimmen. Man kann daher auch die These vertreten, dass das von der modernen Hirnforschung angegriffene Bild der Willensfreiheit eine Art Strohmann ist, ein Konzept der Freiheit, das kaum befriedigend auszubuchstabieren ist.

Die empirische Hinterfragbarkeit des inkompatibilistischen Modells der Willensfreiheit hat zu einem großen Teil damit zu tun, dass es in aller Regel gemeinsam mit einem dualistischen Erklärungsansatz über den Zusammenhang von Gehirn und Geist vertreten wird. Ein solcher dualistischer Ansatz geht von der Hypothese aus, dass geistige Zustände und Ereignisse und physiologische Zustände und Ereignisse (oder allgemeiner: im weitesten Sinne physikalische Zustände und Ereignisse) zwei im ontologischen Sinne kategorial verschiedene Typen von Entitäten oder Dingen sind. Lässt sich nun empirisch zeigen, dass bereits bestimmte physiologische Zustände und Ereignisse wie etwa das Auftreten des Bereitschaftspotentials entsprechende Handlungen auslösen, so scheinen die bewussten mentalen Zustände kausal überflüssig geworden zu sein. Auch stellt sich die Frage, wie denn bewusste mentale Zustände mit dem kausal geschlossenen Bereich der im weitesten Sinne physikalischen Welt interagieren sollen, wenn sie selbst davon kategorial verschieden sind. Doch auch hier lässt sich eine Gegenthese vertreten: Nämlich die, dass bewusste mentale Zustände und Ereignisse eine Teilmenge der im weitesten Sinne physikalischen Zustände und Ereignisse bilden. Eine solche These erlaubt es, von einer kausalen Relevanz des Mentalen auszugehen, es findet dann Eingang in die Handlungssteuerung. Wenn man mentale Zustände als physiologische Zustände auffasst, können sie kraft ihrer Realisierung durch oder Identität mit neurophysiologischen bzw. physikalischen Zuständen im Bereich des Physikalischen, also auch im Bereich von (körperlichen) Handlungen und Verhalten kausal wirksam sein – wie alle anderen physikalischen Zustände auch.

III. Freiheit und epistemische Offenheit der Zukunft

Da die derzeitigen Resultate der Hirnforschung für sich genommen kaum hinreichend sind, um die Willensfreiheit zu widerlegen oder davon ausgehend ein völlig neues Menschenbild einzufordern, müssen solche Hypothesen keine große Besorgnis auslösen. Sehr viel kritischer kann man jedoch die Tatsache sehen, dass nichtsdestotrotz immer wieder behauptet wird, der Mensch sei gänzlich unfrei, habe keine Willensfreiheit, könne nie anders entscheiden als er es tut und sogar Sätze wie »wir sollten aufhören von Freiheit zu sprechen«[7)] waren bereits zu vernehmen. Denn solche Äußerungen (die in dieser Form offenkundig auch nicht haltbar sind) – von renommierten Wissenschaftlern vorgebracht – könnten sich auch dann in den Überzeugungen der Menschen festsetzen, wenn sie (zumindest in einer bestimmten Lesart von »Freiheit«) falsch sind. Wer immer wieder zu hören bekommt, er könne sowieso nicht anders entscheiden, wird womöglich irgendwann eine entsprechende Überzeugung implementieren und aufhören, Abwägungsprozesse vor schwierigen Entscheidungen durchzuführen und daher weniger mögliche Entscheidungs- und Handlungsoptionen finden, zwischen denen sie oder er eigentlich hätte entscheiden können. Eine Abflachung des Verhaltensspektrums von Personen wäre vermutlich die Folge. Positiv formuliert: Die Überzeugung frei entscheiden zu können (zumindest in manchen Situationen), hat eine Funktion – sie erlaubt Individuen eine Flexibilisierung ihres Verhaltensrepertoires und eine relative Unabhängigkeit gegenüber Reizen als determinierenden Faktoren. Eine Voraussetzung dafür ist jedoch die *epistemische Offenheit der Zukunft* aus der Perspektive der entscheidenden und handelnden Person beziehungsweise die Überzeugung, eben zwischen Alternativen entscheiden zu können. Die epistemische Offenheit der Zukunft besagt nichts weiter als dass zukünftige Ereignisse und auch Entscheidungen und Handlungen einer Person dem Wissen nach nicht feststehen – Personen haben keine vollständige Vorhersagbarkeit solcher zukünftigen Ereignisse, Entscheidungen und Handlungen (auch: epistemischer Indeterminismus). Gegeben dieser Voraussetzung kann sich Freiheit auch manifestieren.

Tatsächlich wägen Personen die Auswahl ihrer Entscheidungen und Handlungen zumindest in einigen Fällen ab – viele Menschen sind prinzipiell dazu in der Lage und machen von ihrer Möglichkeit Gebrauch. Es ist zu vermuten, dass Menschen ohne die Überzeugung, zumindest in einigen Fällen frei entscheiden zu können (wenn auch nicht frei im Sinne des inkompatibilistischen Modells der Willensfreiheit) nicht zu solch komplexer und flexibler Handlungsselektion und Handlungssteuerung in der Lage wären wie es tatsächlich der Fall ist. Willensfreiheit und insbesondere die Bedingung der epistemischen Offenheit der Zukunft hatte und hat einen evolutionären Nutzen – flexiblere Handlungsselektion und Handlungssteuerung gewährt Überlebensvorteile. Die Überzeugung, aus mehreren Alternativen frei auswählen zu können, basiert aber nicht nur auf dem einer Person selbst fehlenden Wissen über einzelne Faktoren, die die Entscheidungen und Handlungen determinieren beziehungsweise auf der fehlenden Vorhersagbarkeit (epistemischer Indeterminismus), sondern sie wird auch von außen, durch den sozialen Kontext, an eine Person herangetragen.[8)] Die These der Willensfreiheit und ihre Voraussetzung, die epistemische Offenheit der Zukunft, werden an Individuen im Verlaufe ihrer Sozialisation herangetragen und finden so Eingang in das Überzeugungssystem der Personen. Als Bestandteil des Überzeugungssystems und vorausgesetzt, das Mentale lässt sich im Rahmen eines naturalistischen Monismus erklären, wird das Konstrukt der Willensfreiheit dann handlungswirksam. Das ursprüngliche, soziale Konstrukt, das auch durch den epistemischen Indeterminismus nahe gelegt wird (Personen haben kein vollständiges Wissen über die Welt und sind nicht zur vollständigen Vorhersagbarkeit zukünftiger Ereignisse in der Lage), erhält auf diesem Wege ontologische Realität.

Denn Repräsentationen der Überzeugung, frei wählen zu können, werden so schließlich eine Rolle spielen, wenn es darum geht, in einem konkreten Fall eine in einem bestimmten Kontext angemessene Handlung zu ermitteln – sei das nun bewusst oder unbewusst. Eine Person, die mit der Überzeugung agiert, frei entscheiden zu können, wird in konkreten Fällen womöglich andere Entscheidungen und Handlungen vollziehen als eine, die ohne eine solche Überzeugung auskommt. Die determinierenden Faktoren, die in die Entscheidungsfindung einfließen, wären für die kognitiven Systeme beider Personen unterschiedliche und es ist zu erwarten, dass die Überzeugung zwischen Alternativen entscheiden zu können, zu flexiblerem Verhalten führt. Jemand, der nicht die Überzeugung teilt, aus verschiedenen Alternativen auswählen zu können, wird auch gar nicht die Qualität und die Folgen verschiedener Handlungsoptionen »errechnen« und bewerten und sich daher auch starrer verhalten. Die Überzeugung, einen freien Willen zu haben, führt so dazu, dass Personen tatsächlich freier sind.

Überlegungen dieser Art verweisen überaus deutlich auf die Brisanz der öffentlich so häufig mitgeteilten Botschaft, es gebe keine Willensfreiheit, alles sei determiniert, und keiner hätte jemals eine Wahl beim Treffen seiner Entscheidungen. Wie sich gezeigt hat, gibt es für alle diese Botschaften mindestens zwei Interpretationen, diejenige im Sinne des inkompatibilistischen Modells der Willensfreiheit, und diejenige im Sinne des kompatibilistischen Modells der Willensfreiheit. Doch nur wenn man das erste Modell zugrunde legt, so wie es in der öffentlichen Debatte immer wieder getan wird, lässt sich aufgrund empirischer Untersuchungen wie der Libets argumentieren, dass es keine Willensfreiheit geben könne und dass keiner jemals eine Wahl habe. Umso schlimmer wäre es daher, wenn sich diese (falsche) Überzeugung durchsetzen würde – denn sie würde natürlich, wie alle anderen Überzeugungen von Personen auch, auf bewusstem oder nur unbewusstem Wege oder auf beiden Wegen in die Handlungssteuerung von Personen eingehen. Willensfreiheit lebt von der Überzeugung der Personen, zwischen Alternativen entscheiden zu können – auch wenn diese Entscheidungen sinnvoller Weise von den Werten, Überzeugungen, Wünschen und Abwägungsprozessen der Personen bestimmt sind.

Anmerkungen:

1) Singer (2004), S. 30

2) Siehe hierzu Libet (1985 und 2004). Ähnliche Versuche unter verbesserten methodischen Bedingungen wurden von Patrick Haggard und Martin Eimer durchgeführt – siehe Haggard & Eimer (1999).

3) Entsprechende Überlegungen habe ich in Walde (2006) ausgeführt.

4) Die These der kausalen Irrelevanz bewusster, mentaler Zustände und Ereignisse wird beispielsweise in Pockett (2004) vertreten. Wegner (2002) spricht von der »Illusion des bewussten Willens« und meint damit eine ähnliche These.

5) Einen laborierten Vorschlag eines kompatibilistischen Ansatzes findet man in Frankfurt (1969 und 1971). Weitere Überlegungen zu kompatibilistischen Ansätzen finden sich in Beckermann (2004), Walde (2005a und 2005b).

6) Ein inkompatibilistischer Ansatz, der zudem auf das Konzept der Akteurskausalität setzt, wurde von Roderick Chisholm vertreten – siehe hierzu etwa Chisholm (1976, 1982 und 1995).

7) Singer (2004)

8) Ähnliche Überlegungen finden sich auch in Prinz (2004) – Menschen hätten zwar natürlicherweise keine Freiheit, aber sie würden sie sich machen. Ich meine, dass daraus dann wiederum folgt, dass Menschen eben doch Freiheit haben – sie zeigt sich in der Fähigkeit, im Sinne der eigenen Überzeugungen, Wünsche und Werte zu entscheiden und diese in konkreten Situationen zum Beispiel gegenüber Reizen, die gewöhnlich eine automatische Antwort auslösen, durchzusetzen.

Literaturhinweise:

Beckermann, A. 2004. Schließt biologische Determiniertheit Freiheit aus? In: Der freie und der unfreie Wille, hg. von F. Hermanni und P. Koslowski. München.

Chisholm, R. 1976. The agent as cause. In: Action Theory, hg. von M. Brand und D. Walton. Dordrecht.

Chisholm, R. 1982. Human Freedom and the Self. In: Free Will, hg. von G. Watson. Oxford/ New York.

Chisholm, R. 1995. Agents, Causes, and Events: The Problem of Free Will. In: Agents, Causes and Events, hg. von T. O'Connor. Oxford.

Frankfurt, H. 1969. Alternate possibilities and moral responsibility. In: The Journal of Philosophy 46, S. 828-839. Deutsch in: Freiheit und Selbstbestimmung, hg. von M. Betzler und B. Guckes. Berlin 1996, S. 53-65.

Frankfurt, H. 1971. Freedom of the will and the concept of a person. In: The Journal of Philosophy 48. Deutsch in: Freiheit und Selbstbestimmung, hg. von M. Betzler und B. Guckes. Berlin 1996, S. 65-84.

Geyer, C. 2004. (Hg.). Hirnforschung und Willensfreiheit – Zur Deutung der neuesten Experimente. Frankfurt a. M.

Haggard, P. & Eimer, M. 1999. On the Relation Between Brain Potentials and the Awareness of Voluntary Movements. In: Experimental Brain Research 126, S. 128-133.

Libet, B. 1985. Unconscious Cerebral Initiative and the Role of Conscious Will in Voluntary Action. In: The Behavioral and Brain Sciences 8, S. 529-539.

Libet, B. 2004. »Haben wir einen freien Willen?«, In: Geyer, C. (Hg.). Hirnforschung und Willensfreiheit – Zur Deutung der neuesten Experimente. Frankfurt a. M.

Prinz, W. 2004. Kritik des Freien Willens: Bemerkungen über eine soziale Institution. Psychologische Rundschau 55, S. 198-206.

Pockett, S. 2004. Does Consciousness Cause Behaviour? In: Journal of Consciousness Studies 11, S. 23-40.

Singer, W. 2004. »Verschaltungen legen uns fest: Wir sollten aufhören, von Freiheit zu sprechen«, In: Geyer, C. (Hg.). Hirnforschung und Willensfreiheit – Zur Deutung der neuesten Experimente. Frankfurt a. M.

Walde, B. 2005a. »Die empirische Widerlegung der Willensfreiheit aus kompatibilistischer Perspektive«, In: Köchy, K und Stederoth, D. (Hg.). Willensfreiheit als interdisziplinäres Problem. Freiburg, Alber Verlag.

Walde, B. 2005b. »Was ist Willensfreiheit? Freiheitskonzepte zwischen Determinismus und Indeterminismus«, In: Fink, H. & Rosenzweig, R. (Hg.). Freier Wille – Frommer Wunsch. Gehirn und Willensfreiheit. Paderborn, mentis.

Walde, B. Erscheint 2006. »Willensfreiheit und Verantwortungszuschreibung«, In: Wen schützt das Strafrecht? Schriftenreihe der Strafverteidigervereinigungen, Bd. 29, Berlin.

Wegner, D. 2002. The Illusion of ConsciouS Will. Cambridge, MA.

Hannes Swoboda

Auf dem Weg zur globalen Freiheit?

Seit ich weiß, dass mein Familienname übersetzt »Freiheit« heißt, trage ich diesen mit einem gewissen Stolz. Und er wurde mir auch zu einer Verpflichtung. Zunächst für mich selbst, aber in der Folge auch für meine politischen Funktionen.

In diesem Sinn möchte ich die politische Freiheit in den Mittelpunkt meines Beitrages stellen. Dabei ist nach Friedrich Schiller der »Bau einer wahren politischen Freiheit« das »vollkommenste aller Kunstwerke.«[1] Bereits bei Schiller bekommt das Prozesshafte bzw. die Entwicklungskomponente im Freiheitsbegriff einen großen Stellenwert.

So sehr der Begriff der Freiheit auch etwas Absolutes, klar Definiertes auszudrücken scheint, ist er doch viel schillernder und vielfältiger, als wir gemeinhin annehmen wollen. Die Freiheit ist ein Ziel, dem man sich nur durch ständiges Bemühen annähern kann. Und dies gilt für die politische Freiheit in besonderem Maße.

Der aus Indien stammende Nobelpreisträger für Wirtschaftswissenschaften, Amartya Sen, sieht daher auch die Freiheit in mehrfacher Hinsicht mit dem Begriff Entwicklung verknüpft. In der Einleitung zu seinem Werk »Ökonomie für den Menschen« meint er: »Entwicklung lässt sich, so meine These, als Prozess der Erweiterung realer Freiheiten verstehen, die den Menschen zukommen. (...) Entwicklung fordert, die Hauptursache von Unfreiheit zu beseitigen: Armut wie auch fehlende wirtschaftliche Chancen wie auch systematischen sozialen Notstand, die Vernachlässigung öffentlicher Einrichtungen wie auch die Intoleranz oder die erstickende Kontrolle seitens autoritärer Staaten.«[2]

Dabei sind es nicht nur die Länder der Dritten Welt, die sich in Entwicklung befinden – bzw. befinden sollten. Die Entwicklung im Sinne der »Erweiterung realer Freiheiten« ist ein Gebot für alle Gesellschaften.

Karl Marx meinte in einer seiner philosophischen Schriften, es wäre »an die Stelle der Herrschaft der Verhältnisse und der Zufälligkeiten über die Individuen die Herrschaft der Individuen über die Zufälligkeiten und die Verhältnisse zu setzen.«[3] Interessant ist, dass er in dieser Aussage nicht die Herrschaft der Gesellschaft anstrebt, sondern die Herrschaft der Individuen. Klar ist aber auch, dass sich im Laufe der »Ausweitung substanzieller Freiheiten« immer wieder Zwänge und Unfreiheiten einstellen. Das hat Marx selbst übersehen, das haben aber vor allem seine Apologeten und Epigonen übersehen – mit fatalen Folgen für die Entwicklung vieler Gesellschaften und Millionen ihrer Mitglieder.

Etliche Politiker im kommunistischen System wollten die Unfreiheiten nicht sehen und/oder haben sie für ihre eigenen Zwecke ausgenützt, bevor sie dann oftmals selber Opfer dieser Unfreiheiten geworden sind. Jedenfalls haben sie Antonio Gramscis Aussage von der Freiheit nicht verstanden bzw. verstehen wollen: »Sie haben nicht gelernt, dass die Freiheit die der Geschichte innewohnende Kraft ist, die jedes vorgefasste Schema sprengt. Die Philister des Sozialismus haben die sozialistische Lehre entwürdigt, sie selbst haben sie beschmutzt und ereifern sich komischerweise gegen jene, die sie – ihrer Meinung nach – nicht respektieren.«[4)]

Seit etwa zwei Jahrzehnten hat der Begriff Freiheit bzw. die Entwicklung und Anwendung der Freiheit wieder Saison. Das Ende der Geschichte, wie es Francis Fukuyama in seinem gleichnamigen Werk ankündigte – wenngleich nicht so primitiv, wie es seine Anhänger und Kritiker verkündeten – ist allerdings nicht in Sicht. Francis Fukuyama stützte sich dabei vor allem auf den deutschen Philosophen Friedrich Hegel bzw. einen hegelianischen Philosophen namens Alexandre Kojève. »Weder Hegel noch Marx glaubten, dass die Entwicklung der menschlichen Gesellschaften unendlich weitergehen würde. Sie nahmen vielmehr an, dass sie enden würde, wenn die Menschheit eine Gesellschaftsform erreicht hätte, die ihren tiefsten Sehnsüchten entspräche. Beide Denker postulierten also ein ›Ende der Geschichte‹, für Hegel war es der liberale Staat, für Marx die kommunistische Gesellschaft.«[5)]

In beiden Fällen war das Ende der Geschichte mit der Verwirklichung der Freiheit gekommen.

Unbestritten ist, dass die Freiheit und das Bestreben nach einer »liberalen Demokratie« in den letzten beiden Jahrzehnten eine ungeheure Kraft entwikkelt haben. Die Entwicklung in unseren ehemals kommunistisch dominierten Nachbarländern ist ein augenscheinlicher Beweis dafür. Das Abwerfen der Herrschaft durch die Sowjetunion bzw. Russland sowie durch den kommunistischen Machtapparat ist ein Sieg des Freiheitsdranges. Unabhängig von außen einstrahlenden und einwirkenden Faktoren – von *Radio Free Europe* bzw. *Voice of America* bis zu materiellen Subventionen von Widerstandsgruppen – wäre ohne den Freiheitsdrang der betroffenen Menschen selbst die Entwicklung der vergangenen Jahre nicht möglich gewesen.

Aber auch in vielen postkommunistischen Staaten, die in der Transformation stehengeblieben sind bzw. in denen sich neue/alte Cliquen gebildet haben und die Entwicklung der Freiheit bremsen und einschränken, ist der

Freiheitsdrang am Werk – oftmals erfolgreich. So jüngst in der Ukraine und davor in Georgien. Fast in allen Fällen sind äußere Einflüsse am Werk, die die inneren Kräfte stärken und auf den Plan rufen. Und fast immer sind es langwierige Prozesse mit Rückschlägen, die die Ausdehnung der Freiheit verursachen bzw. begleiten. Ein Beispiel aus einer zu Europa benachbarten Region, das im Laufe der letzten 100 Jahre immer wieder sowie auch in jüngster Zeit Schlagzeilen gemacht hat, ist der Libanon.

In seinem Werk »Le roman de Beyrouth« schildert Alexandre Najjar mehrere Befreiungen des Libanon von seinen Kolonialherren. So lässt er den Vater des Erzählers seines Romans angesichts der Niederlage des osmanischen Reichs ausrufen: »Der Albtraum ist beendet. (…) Wir sind frei! Frei, verstehst du, frei, frei!«[6]

Aber es kamen neue Kolonialherren, die Franzosen. Und es gab viele Kämpfe und Tote, bis die Franzosen dem Land die Unabhängigkeit gaben. Und es gab viele Kämpfe, einen Bürgerkrieg mit vielen Toten, eine israelische Einmischung und Besetzung des Südens des Libanon und eine neue fremde Herrschaft etablierte sich im Land, bis auch die Syrer einsehen mussten, dass ihre Schutzmachtfunktion schon seit längerem erledigt war und sie dem Ruf nach Freiheit nachgeben und ihre Truppen und ihre Geheimdienste abziehen mussten.

Aber der Libanon ist nicht das einzige Land im Nahen Osten, das nach Freiheit und Entwicklungschancen drängt. Viele Umfragen und Studien zeigen, dass die Unzufriedenheit mit der lähmenden Herrschaft durch etliche Regimes und der damit verbunden Unfreiheit in den vergangenen Jahren gewachsen ist.

Hat nun Francis Fukuyama mit seiner These vom »Ende der Geschichte« doch Recht? Setzt sich die Freiheit und damit verbunden die – liberale – Demokratie doch fortschreitend und erfolgreich durch?

Die unkritischen, neokonservativen Anhänger der Thesen von Francis Fukuyama, denen gegenüber der Autor seinen differenzierten Ansatz in Schutz nehmen musste, sehen im Irak-Krieg und in den relativ erfolgreichen Wahlen einen Beweis für ihre heilbringende Politik der Befreiung und Demokratisierung. Der amerikanische Politikjournalist Fareed Zakaria warnt jedoch in seinem Buch »Das Ende der Freiheit?«[7] vor voreiligen Schlüssen: Sowohl die US-amerikanischen Exporteure der Demokratie als auch die vielen Theoretiker der Demokratie sind blind für die unterschiedlichen nationalen Bedingungen, Spannungen und Widersprüche, die die Entwicklung der Demokratie beeinflussen. Weder die Freiheit der Meinungsäußerung bzw. der Medien, weder religiöse und kulturelle Freiheiten noch wirtschaftliche und soziale Freiheiten müssen mit den formalen Elementen der Demokratie einhergehen. Zwar belegt Amartya Sen recht einsichtig, dass die Demokratie notwendige Korrekturmöglichkeiten schafft, die eine Personen- und/oder Parteiendiktatur nicht ermöglichen. Aber Wahlen und ein Höchstmaß an Freiheit sind nicht gleichbedeutend. So zum Beispiel, wenn engstirnige, fundamentalistische Gruppierungen religiöser und nationalistischer Natur die Freiheiten sich zu organisieren bzw. die Freiheiten der Meinungsäußerung dazu ausnützen, um die Freiheiten anderer zu beschränken. So, wenn kapitalstarke, mafiöse Gruppierungen sich Freiheiten, etwa am Medienmarkt, erkaufen. Und über Indien, dessen Demokratie Amartaya Sen gegenüber dem chinesischen System lobend hervorhebt, schrieb vor kurzem Bernhard Imhasly unter dem Titel »Gewalt im Land der Gewalttätigkeit«: »Politische Morde, Bombenkriege zwischen Landbesitzern und Landlosen, Lynchjustiz von Dorfgemeinschaften gegen junge Leute, die sich über Kastengrenzen hinweg liieren, religionspolitische Unruhen wie die Pogrome von Gujarat im Jahr 2002 – all dies gehört zum Alltag in Indien, von der strukturellen Gewalt des Hungers nicht zu reden.«[8)]

Genau dann werden die realen Wahlmöglichkeiten bei den Wahlen massiv eingeschränkt. Religiöse, ethnisch-nationalistische oder privatökonomische Ziele stehen dann über den demokratischen Rechten. De facto oder auch de jure, wie im Fall des Iran, wo ein nicht demokratisch legitimierter »Wählerrat« die Kandidaten, die sich einer Wahl stellen dürfen, auswählt und damit die Freiheit der Wahl durch die Bevölkerung massiv einschränkt.

Unter diesen Gesichtspunkten bekommt also die Freiheit als Entwicklungschance für alle und in enger Verbindung mit den Menschenrechten einen übergeordneten Stellenwert. Nicht als uneingeschränkte Freiheit, sondern als eine, die eben allen die gleichen Rechte und letztendlich die gleichen Chancen garantiert.

In diesem Sinn ist der Fanatismus, der eine These, einen Glauben, eine ethnische Zugehörigkeit, etc. verabsolutiert und soweit möglich anderen aufzwingen möchte, der größte Feind der Freiheit. Und damit folgt aus dem Bekenntnis zur Freiheit in der heutigen Welt in besonderem Maß die Auseinandersetzung mit Nationalismus sowie ethnischem und religiösem Fundamentalismus.

Aus der Geschichte, gerade auch aus der jüngsten, lernen wir jedenfalls, dass Freiheit – auch und gerade die politische Freiheit – ein äußerst komplexer, nie zum Abschluss kommender Prozess ist. Vor allem kennen wir viele Befreiungen, die nicht *die* Freiheit, nicht einmal die politische Freiheit brachten. So geschehen in vielen Ländern, die durch die Rote Armee befreit wurden, in denen dann allerdings nicht die Freiheit, sondern erneut Unfreiheit und Zwang herrschten. Auch Österreich musste sich seine politische Freiheit erst nach der Befreiung erkämpfen. Und auch das von mir erwähnte Beispiel des Libanon zeigt mehrere Befreiungen, die nicht die politische Freiheit, sondern neue Formen der Unterdrückung bzw. Abhängigkeit brachten.

Aber selbst dort, wo die politische Unabhängigkeit und innere politische Freiheit erzielt werden konnte, gibt es oftmals viele Formen der Unfreiheit. Schon erwähnt habe ich den politischen, nationalistischen und religiösen Fundamentalismus, der Gewalt ausüben kann. Gleiches gilt für kapitalstarke Gruppen, die sich ihre Freiheit auf Kosten der Freiheit anderer erkaufen können. Derartige Phänomene der Unfreiheit findet man auch in den Staaten der Europäischen Union, aber in verstärktem Ausmaß in Staaten, in denen die Transformation nicht weit fortgeschritten war bzw. im Laufe der Veränderungen deformiert wurde.

Interessant dabei ist, wie viele und wie rasch ehemals kommunistische Funktionäre, die an der politischen Unfreiheit mitschuldig waren, sich aktiv an der wirtschaftlichen Ausbeutung beteiligt und bereichert haben und damit in der Folge auch wieder politische Unfreiheit verursacht haben bzw. noch immer verursachen. Vereinfacht könnte man sagen: Entweder steht man auf der Seite der Unfreiheit oder auf der Seite der Freiheit.

Inzwischen sind neue Formen der Freiheitseinschränkungen gekommen, die oftmals als Erweiterung der Freiheit fehlinterpretiert werden. So fragt Zygmunt Baumann »Wie frei ist die Freiheit?« und kritisiert die Vermischung von Öffentlichem und Privatem durch eine neue kommerzielle Diktatur.[9] »Neoliberale Philosophie und Laissez-faire-Praxis der Freiheit sagen nicht jeglicher ›Diktatur über Bedürfnisse‹ den Kampf an (...), sie erklären nur der politischen Diktatur über Bedürfnisse einen Zermürbungskrieg.«[10] Baumann beharrt – aus meiner Sicht zu Recht – auf dem Begriff und der Bedeutung von Gesellschaft. Diese »kann ihre Individuen nicht glücklich machen; alle historischen Versuche (oder Versprechen!) in dieser Richtung brachten mehr Elend als Glück. Doch die gute Gesellschaft kann – oder sollte – ihre Mitglieder frei machen; nicht nur negativ frei im Sinn von nicht zu etwas gezwungen zu werden, was man nicht tun will, sondern im positiven Sinn von etwas mit der Freiheit anfangen zu können und in der Lage zu sein, Dinge zu tun.«[11] Und daher verlangt Baumann nicht, es bei freien Wahlen zu belassen, sondern eine umfassende Diskussion und Entscheidungsmöglichkeit der Individuen über die Gestaltung ihrer Gesellschaft herbeizuführen. In Zeiten wachsender internationaler Zusammenhänge und Abhängigkeiten ist dies aber eine der schwierigsten Aufgaben. Vor allem stoßen wir jetzt auch auf globaler Ebene auf ein Problem, das schon auf individueller und staatlicher Ebene schwer zu lösen ist: die Durchsetzung der Freiheit einzelner bzw. gesellschaftlicher Gruppen, ohne die Freiheit und Entfaltungsmöglichkeiten anderer zu beschränken und zu gefährden. Diese internationalen, globalen Interdependenzen schaffen ein neues Gefühl der Abhängigkeit und Unfreiheit. In den heutigen Debatten über Europa, insbesondere über die Europäische Verfassung, wird dies deutlich sichtbar.

Der Soziologe Norbert Elias hat dies in seinem Beitrag »Wandlung der Wir-Ich-Balance« folgendermaßen zum Ausdruck gebracht: »Der tatsächliche Gang der Gesellschaftsentwicklung hat gerade im Laufe der letzten zwei Jahrhunderte zu einer sich ständig steigernden Abhängigkeit aller Menschengruppen voneinander geführt.«[12] Jedoch: »Alle Bezeichnungen der einzelnen europäischen Nationalstaaten haben für die beteiligten Menschen einen starken Gefühlswert, er mag positiv, negativ oder auch ambivalent sein. Aussagen wie die: ›Ich bin ein Europäer, ein Lateinamerikaner, ein Asiate‹ sind demgegenüber vergleichsweise gefühlsarm. Die Integrationseinheit der kontinentalen Stufe mag als praktische Notwendigkeit verstanden werden, aber sie verbindet sich im Gegensatz zu den älteren nationalen Einheiten nicht mit intensiven Wir-Gefühlen.«[13]

Und auch wenn Norbert Elias hofft – und ich schließe mich dieser Hoffnung an –, dass die Integrationsbereitschaft auf kontinentaler oder globaler Ebene einst der Fall sein wird, so verbinden jedenfalls heute die Menschen mit der kontinentalen oder globalen Ebene kaum einen größeren Grad von Freiheit, sondern eher von Abhängigkeit und Unfreiheit.

Aber ist denn die politische bzw. gesellschaftliche Freiheit so wichtig für das Leben der Menschheit, geht es nicht vielmehr um die persönliche Einstellung, um das individuelle Freimachen von Zwängen, Abhängigkeiten und damit von Unfreiheit? Ich glaube, das ist eine gefährliche Einstellung, öffnet sie doch staatlicher und gesellschaftlicher Willkür Tür und Tor. Theodor Adorno hat dies in der ihm eigenen Radikalität in den »Minima Moralia« mit dem Satz ausgedrückt: »Es gibt kein richtiges Leben im falschen.«[14] Und an anderer Stelle meinte er: »Keine Emanzipation ohne die der Gesellschaft.«[15] Und man könnte hinzufügen: Keine Freiheit ohne die der Gesellschaft.

Nicht, dass das persönliche Engagement und das Bekenntnis zu moralischen Positionen auch und gerade in einer unmoralischen Gesellschaft möglich und richtig wäre. Aber es sind dann schwierige Einzelpositionen mit oft leidvollen und fatalen Konsequenzen. Sie können in der Folge – mitunter sehr langfristig – zur Erweiterung und Erringung der Freiheit beitragen (siehe das Beispiel von Nelson Mandela). Aber das Ziel der individuellen Freiheitseinstellung ist die gesellschaftliche und politische Freiheit. In diesem Sinn ist auch das Bemühen der EU zu verstehen, aus Europa einen »Raum der Freiheit, der Sicherheit und des Rechts« zu gestalten. Und so beschäftigt sich auch in der Europäischen Verfassung, wie sie jetzt zur Entscheidung steht, ein Kapitel mit den Grundrechten, wozu vor allem auch die Grundfreiheiten gehören.

Das korrekte und herausragende Einzelverhalten kann eine Politik (oder Religion) der Befreiung nicht ersetzen. Genauso wenig wie das karitative Verhalten von Einzelnen oder von Organisationen den Wohlfahrtsstaat bzw. die Wohlfahrtsgesellschaft ersetzen kann. Diese brauchen die Einstellung und das Verhalten solcher Menschen und Organisationen als Basis, als Absicherung und als Ergänzung. Sie sind also nicht wertlos, sondern im Gegenteil äußerst wertvoll. Sie sind ein wesentlicher Beitrag zu einer solidarischen Gesellschaft als Basis für eine umfassende Freiheit für alle Gesellschaftsmitglieder.

Wer die kontinuierliche Ausweitung der Freiheit möchte, braucht also sowohl politische und gesellschaftliche als auch individuelle Anstrengungen. Erst das Zusammenspiel dieser Entwicklungen und Verhaltensweisen bringt uns ein Stück weiter in Richtung Freiheit. So meinte ein genauer und engagierter Beobachter der Freiheitsentwicklungen im Osten Europas, Timothy Garton Ash, in seinem Buch »Freie Welt«: »Wenn wir frei sind, können wir gemeinsam mit anderen freien Menschen auf eine freie Welt hinarbeiten. Nichts kann uns aufhalten, es sei denn die Mauern der Ignoranz, des Egoismus und der Vorurteile, die freie Menschen untereinander und Freie von Unfreien trennen.«[16]

Die politische Freiheit, die Freiheit der Gesellschaft und der freie Mensch sind also in einem komplizierten, dialektischen Verhältnis miteinander verbunden. Dabei gibt es so etwas wie absolute Freiheit nicht. Immer neue Zwänge entstehen, gerade auch in einer »globalisierten« Welt. Kaum wirft man die Zwänge und Unfreiheiten der kleinen Dorfgemeinschaft über Bord, wird man sich der neuen globalen Abhängigkeit bewusst. Auch wenn man sich dagegen wehren möchte, Freiheit – relative – erfährt man nur durch gemeinsame Versuche, sie zu gestalten.

Wir müssten diese gegenseitigen Abhängigkeiten zudem im Sinne größerer Entfaltungsmöglichkeiten für den Großteil der Menschen gestalten. Es gilt also, den Kampf um die Freiheit auch in der europäischen Nachbarschaft, ja auf globaler Ebene aufzunehmen. Hier kommt der wichtige Begriff der Solidarität ins Spiel. Sowohl in der Familie als auch in der Dorfgemeinschaft, auf nationaler und kontinentaler Ebene sowie in den globalen Verhältnissen ist Freiheit ohne Solidarität nicht denkbar. Was auf den ersten Blick als Einschränkung der Freiheit aussieht, ist eine Erweiterung der Freiheit. Denn die Solidarität hilft Armut, Hunger, Ungleichheit, Unwissenheit, etc. zu überwinden. Und damit hilft sie, Faktoren zu bekämpfen, die oftmals die Ursachen für Hass, Fanatismus, Gewalt und Unfreiheit sind.

Nur eine Politik, die auf den beiden Säulen Freiheit und Solidarität beruht, kann erfolgreich sein, schafft sie doch so die dauerhafte Grundlage für Stabilität und Frieden. West-Europa hat es nach den unermesslichen Gräueln des Zweiten Weltkrieges geschafft, in einem bisher nie da gewesenen Ausmaß diese beiden Kategorien ins Zentrum der Politik zu stellen.

Es bleibt zu hoffen, dass dieser Konsens angesichts der Freiheitsbestrebungen in unserer Nachbarschaft und der neuen globalen Zusammenhänge nicht zusammenbricht. Dieser nach 1945 gefundene »Europäische Konsens« aus Bekenntnis zu Freiheit und Solidarität muss nicht nur aufrechterhalten werden, sondern ist auch, vernünftig und differenziert angewendet, ein erfolgreiches Exportprodukt.

Im Inneren muss dieser Konsens aufrechterhalten werden, um das »europäische Sozialmodell« an die neuen Verhältnisse anzupassen, aber in seinen Kernstücken der Freiheit und Solidarität zu erhalten. Und unserer Nachbarschaft und darüber hinaus können wir diesen Konsens als erfolgreiches Konzept zur Entwicklung von Sicherheit und Wohlstand anbieten. Ich kenne jedenfalls keinen Fall, wo das Bekenntnis zu Freiheit und Solidarität versagt hat. Jeder Blick in die Tageszeitungen zeigt uns allerdings viele Fälle, in denen der Mangel an Freiheit und Solidarität zu Unrecht, Krise und Konflikt, ja auch Krieg führt. Der Europäische Konsens ist ein gutes Mittel dagegen. Dabei ist inzwischen auch nachweislich klar, dass jedenfalls auf die Dauer komplexe Gesellschaften ohne ein hohes Maß von Freiheit ihre wirtschaftlichen wie sozialen Ziele nicht erfüllen können und an den Bürgern vorbei regieren. Gleiches gilt für die Solidarität.

Anmerkungen:

1) Friedrich Schiller: Ästhetische Abhandlungen, Band V, dtv, S. 572

2) Amartaya Sen: Ökonomie für den Menschen, Carl Hauer Verlag München-Wien 2000, S. 13

3) Karl Marx: Die deutsche Ideologie, MEW, Band 3, S. 424

4) Antonio Gramsci: Utopie, in: Zu Politik, Geschichte und Kultur, Reclam 1980, S. 21

5) Francis Fukuyama: Das Ende der Geschichte, Kindler-Verlag, München 1992, S. 12f

6) Alexandre Najjar: Le roman de Beyrouth, Plon 2005, S 89
7) Fareed Zakaria: Das Ende der Freiheit? Wieviel Demokratie verträgt der Mensch?, Frankfurter Allgemeine Buch, 2005
8) Bernhard Imhasly: Gewalt im Land der Gewaltlosigkeit, NZZ, 25.4.2005
9) Zygmunt Baumann: Die Krise der Politik, Hamburger Edition 2000, S. 95 ff
10) ebenda, S. 108
11) ebenda, S. 108
12) Norbert Elias: Die Gesellschaft der Individuen, Suhrkamp 1987, S. 301
13) ebenda, S. 300f
14) Theodor W. Adorno: Minima Moralia, Suhrkamp 1964, S. 42
15) ebenda, S. 228
16) Timothy Garton Ash: Freie Welt, Carl Hanser Verlag, München 2004, S. 11

Elisabeth Deifel

Sittlichkeit und Religion – Korsett der Freiheit?

Die meisten Menschen würden diese Frage spontan bejahen – und erst nach einigem Nachdenken verneinen. Dieser Beitrag möchte sie zu einem solchen Nachdenken einladen. Denn unreflektiert scheint der Mensch umso freier zu sein, je mehr er seine Wünsche und Triebe befriedigen kann. Also erscheinen ethische Normen als Freiheitsbeschränkungen bzw., wenn man sie auf GOTT zurückführt, als Einschränkungen, die ein neidischer Beckmesser-GOTT uns auferlegt, weil er uns kein Vergnügen gönnt.

Doch bei genauerem Überlegen stellt sich heraus, dass uns größtmögliche Triebbefriedigung immer *unfreier* macht. Kein Mensch wird als Fresser, Säufer oder Sexualgigant geboren, doch jeder kann sich selbst dazu »erziehen« – eben dadurch, dass er seinen Trieben möglichst viel nachgibt. Ja, der Mensch kann die natürlichen Triebe der Selbst- und Arterhaltung auch vervielfältigen, d.h. neue Triebe schaffen – z.T. sogar solche, die gar nicht mehr der Selbst- oder Arterhaltung dienen, sondern ihr sogar schaden.

Warum das so ist, zeigt ein Vergleich mit der Tierwelt, wobei nur in freier Wildbahn lebende Tiere herangezogen werden können, denn domestizierte Tiere sind (im positiven oder negativen Sinn) vermenschlicht. Das Verhalten eines Tieres lässt sich aus dem Zusammenspiel von Triebstruktur und Umwelt lückenlos erklären: Umweltreiz und instinkt-gesteuerte Reaktion passen genauest zusammen, weshalb man auch von »Schlüsselreizen« spricht. Durch diese Trieb-Umwelt-Steuerung ist ein optimales Überleben garantiert, wobei die Arterhaltung der Selbsterhaltung übergeordnet ist.

Beim Menschen ist das offensichtlich nicht so. Sein Verhalten ist, obwohl man das immer wieder versuchte, nicht lückenlos aus dem Zusammenwirken von angeborenem Instinkt und Umwelt erklärbar, obwohl beide Momente sein Verhalten mitbestimmen. Man hat das als »entdifferenzierte Triebstruktur« bezeichnet, womit man meint, dass auch bei Menschen noch gewisse Triebe vorhanden sind, doch sind sie quantitativ zu schwach und qualitativ zu wenig an eine bestimmte Umwelt angepasst, um damit allein überleben zu können. Dazu kommen weitere Benachteiligungen gegenüber dem Tier: Der Mensch weist morphologische Mängel auf (er hat kein Haarkleid, ein wenig spezialisiertes Gebiss, keine Fang- und Fluchtorgane, etc.) und ist extrem entwicklungsverzögert – kein Tier braucht so lange, um die artgemäße Art der Fortbewegung und der Verständigung zu lernen wie der Mensch. Kein Tier wird erst nach so vielen Jahren fortpflanzungsfähig.

Wäre der Mensch aber nur ein Mängelwesen, wäre er gleich nach seinem Entstehen in der Evolutionskette wieder ausgestorben. Er muss also einen Ersatz für seine Mängel aufweisen:

Durch die Reduktion des Reiz-Reaktions-Schemas werden weder Triebe noch Reize automatisch »ausgefiltert«, der Mensch lebt also dauernd (und nicht erst in der heutigen Kultur oder Unkultur) in einer Reizüberflutung und einem Triebüberschuss, folglich muss er seine Erkenntnis- und Handlungsstruktur aktiv aufbauen. Das ist nur möglich, wenn Trieb und Außenweltreiz nicht zwingend eine Reaktion hervorrufen, sondern *bewusst* werden und dadurch eine *wahlfreie* Entscheidung ermöglichen. Der Ausgleich für die fehlende Instinktsteuerung ist also Verstand und *wahlfreier* Wille. Ferner lebt der Mensch aufgrund seiner Entwicklungsverzögerung in einer untierischen Verwiesenheit auf Artgenossen. Höhere Säugetiere beherrschen sehr rasch die artgemäße Weise der Fortbewegung und Verständigung, der Mensch muss den Reifungsprozess außerhalb des Mutterleibes nachholen, in Auseinandersetzung mit seiner personalen Mitwelt und apersonalen Umwelt – gerade dadurch lernt er *soziales Verhalten* bis hin zu einer lebenslangen Liebesfähigkeit. Der Ausgleich für die Entwicklungsverzögerung ist also Gemeinschaftsfähigkeit.

Aus den bisherigen Überlegungen folgt, dass der Mensch bereits zum bloßen Überleben Bewusstsein und Wahlfreiheit braucht, weil er seine Erkenntnis- und Handlungsstruktur und seine Sozialbezüge erst aufbauen muss. Damit stellt sich aber zwingend die Frage nach *einem Kriterium*, wozu er Erkennen, Handeln und Gemeinschaftsbezüge aufbauen soll.[1)] Es müsste sich *ein Sinn* finden lassen, den jeder Mensch vernünftiger Weise bejahen können müsste. Das bloße Überleben als Individuum und Art kann das nicht sein, weil dieses Überleben durch die tierische Instinktsteuerung weit besser garantiert wäre.

Eine erste Antwort findet sich in der notwendigen Gemeinschaftsbezogenheit des Menschen. Während Tier*staaten* automatisch, weil instinktgesteuert, funktionieren, befindet sich der Mensch in einer weit schwierigeren Situation: Einerseits ist er wesentlich ein »zôon poltikón«, ein geselliges Lebewesen (Aristoteles), andererseits ist der »Naturzustand«, d.h. der (noch) nicht normierte Zustand, zumindest der Möglichkeit nach, ein Kriegszustand (Hobbes). Der Mensch muss daher jede Form von Gemeinschaft bewusst und frei bilden. Unverzichtbare Voraussetzung dafür ist, dass zusammenlebende Menschen solche Normen anerkennen, die ein möglichst konfliktfreies Zusammenleben überhaupt erst ermöglichen – *Gesetze*. Sie müssen, eben um Gesetze zu sein, bei aller historischen und kulturellen Verschiedenheit dem einen Ziel dienen, dieses friedliche Zusammenleben von Menschen zu ermöglichen. Dieses Ziel ist daher der allgemeine Beurteilungsmaßstab (»Rechtsgrundsatz«), ob ein konkretes Gesetz rechtens ist oder nicht. Diesen Rechtsgrundsatz kann man, den berühmten Philosophen Kant vereinfachend, folgendermaßen formulieren: Alle Glieder einer Gemeinschaft müssen ihre äußere Freiheit so weit einschränken, dass sie mit der äußeren Freiheit der anderen zusammenbestehen kann.[2)] Oder einfacher: Meine Freiheitsäußerung endet dort, wo die des anderen beginnt. Aus diesem Rechtsgrundsatz folgen – unabhängig von einzelstaatlichen Gesetzen – gewisse Grundrechte, wie sie etwa die Menschenrechte zu formulieren und einzufordern suchen. Aber: Wie kann die Einhaltung solcher Grundrechte und weiterer Gesetze sichergestellt werden? Dazu bedarf es einer eigenen Institution, deren Grundaufgabe es ist, den Rechtszustand zu erhalten oder zumindest nach etwaigen Verletzungen wiederherzustellen, und die mächtig genug ist, dass sie das auch immer kann. Eine solche Institution nennen wir *Staat.* Daher kann die grundsätzliche Notwendigkeit eines Staates sinnvoller Weise nicht abgelehnt werden, wohl aber die jeweilige Konkretisierung desselben – bis hin zum Widerstandsrecht.

Doch weist die Rechtsebene über sich selbst hinaus, weil die Möglichkeit ihrer Durchsetzung, also ihre Sanktionsmöglichkeit, begrenzt ist: Wenn alle Glieder einer Rechtsgesellschaft zum Recht gezwungen werden müssten – wer zwingt dann wen? Dies zeigt sich noch deutlicher beim Völkerrecht. Denn erstens sind die UNO-Truppen keineswegs stärker als die Truppen einzelner Mitgliedsstaaten, zweitens ist die weltweite Globalisierung der Wirtschaft mächtiger als Versuche weltweiter ökosozialer Gesetze.

Dieses Problem verweist auf die Ebene des Ethos oder der Sittlichkeit, die vom Menschen ein *allgemeingültiges Handeln*, und zwar als Ganzheit von innerer Gesinnung und äußerer Tat, fordert – formulierbar etwa: *Handle so, wie jeder Mensch an Deiner Stelle handeln müsste*. Kant nennt diese Formel Kategorischer Imperativ (Singular!), weil dieser kategorisch, unbedingt, d.h. ohne Rücksicht auf Vor- und Nachteile, gilt und formuliert ihn so: »Handle nur nach derjenigen Maxime, durch die du zugleich wollen kannst, dass sie ein allgemeines Gesetz werde«[3)] – was dem biblischen »Liebe Deinen Nächsten wie Dich selbst« entspricht. Denn allgemeingültiges Handeln bedeutet ja, sich selbst keine »Privilegien« herauszunehmen, die man anderen nicht zubilligt.

Das Moralgesetz (Singular!) fordert also eine Übereinstimmung von Gesinnung und Tat – selbstverständlich nicht nur die Gesinnung statt der Tat. Denn wenn nur die äußeren Umstände mich hindern, einen inneren bösen Wunsch zu realisieren, bin es ja gar nicht ich, der/die auf die Realisierung des Wunsches verzichtet. Schon JESUS machte in den so genannten Antithesen der Bergpredigt (Mt 5,21-48) darauf aufmerksam, dass Mord schon mit der gehässigen Gesinnung, Ehebruch schon mit der lüsternen Gesinnung etc. beginnt. Der Kategorische Imperativ kann durch drei Sonderformulierungen verdeutlicht werden, die aber inhaltlich nichts Neues hinzufügen, sondern den vorhandenen Sinn nur ausfalten:

• Handle so, dass das Moralgesetz durch Dein Handeln ebenso allgemein gilt wie das *Naturgesetz*.

• Behandle jeden Menschen als Selbstzweck und nie als bloßes *Mittel* für Deine eigenen Zwecke, da jeder Mensch Person und nicht Sache ist. Diese Formulierung macht also auf den sozialen Aspekt des Moralgesetzes aufmerksam. Da der Mensch auf Mitmenschen angewiesen ist, muss er andere auch als Mittel für seine Zwecke gebrauchen – unsittlich ist es, andere nur als Mittel für eigene Zwecke zu gebrauchen, anderen also ihr Personsein und ihren Freiheitsraum für deren eigene Zwecksetzung abzusprechen.

• Die Formulierung »handle autonom«, d.h. gib Dir in Deinem Handeln selbst das Gesetz, darf nicht dahingehend missverstanden werden, dass der Mensch willkürlich sein eigenes Moralgesetz zurechtmachen könnte. Sondern: Wenn wir nach unseren Neigungen und Bedürfnissen handeln, schreibt die Natur oder Gesellschaft uns unsere Handlungsweise vor – wir handeln heteronom (nach einer fremden Gesetzgebung). Nur das Sittengesetz als Forderung nach allgemein gültigem Handeln ist ein Gesetz, das sich die *Menschheit* selbst gibt und insofern autonom ist. Oder: moralisches Handeln ist die Bestimmung des Menschen.[4)]

Ferner ist die Forderung nach allgemein gültigem Handeln formal. Diese Formalität wurde Kant oft vorgeworfen – zu Unrecht, da alle inhaltlichen moralischen Forderungen erstens aufgrund ihrer Inhaltlichkeit situations- und kulturabhängig und damit eben nicht allgemeingültig wären, zweitens aber das Gewissen überspringen und damit den Menschen entmündigen würden. Gerade das Gewissen aber ist zur Realisierung von Sittlichkeit unerlässlich – es soll ja in unendlich vielen Situationen ethisch gehandelt werden. Dabei zeigt sich folgende Schwierigkeit:

• Das Sittengesetz, wie es der Kategorische Imperativ formuliert, drückt ein Sollen aus, doch *formal*.

• Die konkreten Handlungssituationen sind zwar inhaltlich bestimmt, doch sind diese Bestimmungen *Seins*- und nicht Sollensbestimmungen.

Zwischen beiden Bereichen, die im wirklichen sittlichen Handeln zusammengebracht werden müssen – ich muss als konkretes Individuum in je konkreten Situationen sittlich handeln – , kann kein Ableitungsverhältnis bestehen, weil weder aus einem formalen Sollen inhaltliche Forderungen ableitbar sind noch aus inhaltlichen Seinsbestimmungen ein Sollen. Da also kein mittelbarer Zusammenhang zwischen beiden Bereichen herstellbar ist, muss zwischen ihnen ein unmittelbarer Zusammenhang bestehen: es muss unmittelbar einleuchten, welches Handeln in einer konkreten Situation ethisch ist. Diese Sollensgewissheit ist das *Gewissen*, ein Wort, das auch gut das Moment der inneren Gewissheit ausdrückt.

Ein so verstandenes Gewissen kann nicht »anerzogen« werden. Alle Theorien, die – im Anschluss an Freud – das Gewissen mit dem Über-Ich gleichsetzen, es also aus der Verinnerlichung äußerer Handlungsanforderungen erklären wollen, übersehen:

• dass Normeninternalisierung mittels Lohn/Strafe nur zu rechtlichem, nie aber zu sittlichem Handeln führen kann – denn: Wodurch sollte der »Übergang« erfolgen, dass man »zuerst« aus Lohn-Straf-Motivation handelt, »dann« aber um der Sache selbst willen aus innerer Überzeugung?

• dass, wenn Gewissen und Über-Ich identisch wären, jede Form des Martyriums unmöglich wäre – denn: Wie könnte sich jemand aus Gewissensgründen gegen die Gesellschaft, in der er lebt, stellen, wenn das Gewissen nur aus verinnerlichten gesellschaftlichen Anforderungen bestünde?

• dass etwas Unmittelbares nicht durch Erziehung vermittelt, sondern nur aktiviert werden kann – Gewissen ist erziehbar, aber nicht anerziehbar. Hier kann die Parallele zur theoretischen Gewissheit weiterhelfen: Auch theoretische Gewissheit, wie wir sie von vielen logischen und mathematischen Denkoperationen her kennen, kann nicht »anerzogen« werden, sondern muss in jedem Lernenden vorausgesetzt werden – sie tritt aber nur dann auf, wenn ein entsprechender Erkenntnisprozess stattfindet, zu dem erzogen werden kann.

Von unseren bisherigen Überlegungen her kann gesagt werden: Die Legalität (Rechtsebene) betrifft nur die äußere Normierung des Handelns und ermöglicht ein friedliches Zusammenleben wahlfreier Wesen, die *Moralität* (sittliche Ebene) betrifft das Ganze des Handelns (äußere Tat und innere Gesinnung) und fordert Allgemeingültigkeit dieses Handelns. Dabei besteht zwischen Recht und Sittlichkeit ein notwendiger *Wechselbezug*: Das Recht, das das friedliche Zusammenleben von Menschen ermöglichen soll, ermöglicht damit auch die gefahrlose Realisierung von Ethos (und von Religion). Die Ebene der Sittlichkeit (und der Religion) aber leistet für die Rechtsebene und damit für den Staat zweierlei: Erstens löst nur sie das Grundproblem, dass Recht zwar prinzipiell erzwingbar sein muss, aber konkret nicht lückenlos erzwungen werden kann – vor allem nicht auf völkerrechtlicher Ebene –, denn wer zwingt dann wen?; zweitens gibt erst sie dem Recht einen tieferen Sinn, da das bloße Zusammenleben von Menschen wie im Tierreich durch Instinkte hätte gewährleistet werden können. Diese bisherigen Überlegungen haben aber nur gezeigt, dass Recht und Ethos für den Menschen als soziales Lebewesen notwendig sind – sie wären ein nicht willkürliches, sondern *notwendiges Korsett* unserer *Freiheit.*

Ist das zureichend? Kehren wir zu unserer Ausgangsfrage zurück, wie ein instinktverunsichertes, aber vernunft- und willensbegabtes Lebewesen seine Handlungsstruktur aufbauen soll. Gibt es ein *Kriterium* für spezifisch menschliches Handeln? Der Unterschied zum Tier kann nicht primär im Inhalt des Handelns bestehen, da auch der Mensch mögliche Inhalte aus der Erfahrungswirklichkeit bezieht. Der Unterschied kann nur den Grund der Handlung betreffen, warum der Mensch sich für diesen oder jenen Inhalt entscheidet. Und hier sind zwei Möglichkeiten denkbar:

Entweder der Mensch handelt nach seiner Bedürfnisstruktur – vordergründig halten das heute viele für Freiheit, die eigenen Wünsche, Bedürfnisse, Triebe möglichst uneingeschränkt zu verwirklichen. Bei genauerer Überlegung aber zeigt sich, dass der Mensch dann ein Bedürfnis, also einen vorgegebenen Inhalt, zum Grund seines Handelns macht, und somit bewusst und frei so handelt, wie ein Tier aufgrund seiner Instinktsteuerung handeln würde. Er lässt sich von der Natur oder Gesellschaft – Freud würde sagen: vom Es oder Über-Ich – bestimmen. Diese scheinbare Selbstbestimmung ist in Wahrheit *Fremd*bestimmung.

Oder Inhalt und Grund sind nicht identisch – Grund wäre dann kein Inhalt aus der Erfahrungswelt (Bedürfnis, Trieb), sondern der Wille, *allgemein gültig zu handeln*, also so zu handeln, wie jeder Mensch an meiner Stelle handeln müsste – ein aus der Erfahrungswelt stammender Inhalt würde dann nur gewählt, wenn jeder Mensch in meiner Situation dieselbe Wahl treffen müsste. Nur wer so handelt, handelt nicht bloß wahlfrei – d.h. sich zwischen verschiedenen Inhalten entscheidend: das tut er ja immer –, sondern *wirklich* frei – d.h. frei von vorgegebenen Bedürfnissen, Trieben, Rollenerwartungen. Er handelt nicht nur menschlich, sondern als *Mensch.* Anders ausgedrückt: Selbstbestimmung besteht nicht im Ausleben von Trieben und Nachgeben gegenüber Rollenerwartungen – so wird Selbstbestimmung heute oft missverstanden –, denn dadurch würde, wie bereits anfangs erwähnt, der Mensch immer unfreier, tierischer. Wahre Selbstbestimmung besteht vielmehr in der Bestimmung als menschliches Ich – so wie jeder Mensch an meiner Stelle handeln müsste, also im allgemein gültigen Handeln. Nach diesen Überlegungen müssen wir die Ausgangsfrage, ob Sittlichkeit Korsett der Freiheit sei, verneinen – Ethos ist kein Korsett der Freiheit, sondern *die* einzige Form, in der der Mensch unter den gegenwärtigen Daseinsbedingungen Freiheit realisieren kann!

Wir haben bisher bewusst die Ebene der *Religion* ausgeklammert und unreflektiert vorausgesetzt, dass es uns selbst und eine personale Mitwelt und eine apersonale Umwelt gäbe – aber: woher stammen diese angenommenen Voraussetzungen?

• Dadurch, dass der Mensch erkennend und handelnd die Mit- und Umwelt verändern und sich selbst dadurch immer mehr zur individuellen Person machen kann, erweist er sich als *schöpferisches Prinzip.*

• Dadurch, dass menschliches Schaffen aber nur ein *Nach-Schaffen* ist, ist es ein bloß relatives schöpferisches Prinzip, das auf ein *absolutes* schöpferisches Prinzip verweist – auf ein Prinzip, das nichts für seine Aktivität voraussetzen muss, das »aus dem Nichts« schafft: Das ist nur möglich, wenn bei diesem Prinzip Erkennen und Handeln zusammenfallen, *wenn es im Erkennen schafft und im Schaffen erkennt* – ein solches Wesen nennen wir üblicherweise GOTT (Conf XII,7 u.ö.). Für den Menschen, der sich im Erkennen und Handeln immer auf Vorgegebenes beziehen muss, besteht die Möglichkeit, dieses Vorgegebene zu verfehlen, also falsch zu erkennen oder zu handeln. Für GOTT besteht diese Möglichkeit nicht, weil er aus dem Nichts schafft (Conf XII,7 u.ö.) – was ER erkennt, *ist wahr*, was ER tut, *ist gut.* ER ist somit nicht ein relativer Wert, der von einem Menschen höher, von einem anderen niedriger eingestuft werden könnte, sondern ER ist als die Wahrheit und *die* Gutheit *der* Wert schlechthin.

Wenn es GOTT gibt, stellen sich bezüglich der Freiheit weitere Fragen, von denen ich drei herausgreifen möchte:

1) Wie ist das Verhältnis von *Autonomie* der Sittlichkeit (Selbstbestimmung im Sinne von: in der sittlichen Handlung gibt sich die Menschheit selbst das Gesetz) und *Theonomie* (GOTT gibt das Gesetz) zusammenzudenken? Missverständlicher Weise wurde und wird diese Frage oft so dargestellt, als wäre die Behauptung der Autonomie der Sittlichkeit die Forderung, dass der Mensch beliebig ethische Normen festsetzen könnte – und diese Beliebigkeit meint man durch eine Theonomie der Sittlichkeit »retten« zu müssen, wobei Vertreter dieser Ansicht häufig selbst in eine gewisse Beliebigkeit verfallen – etwa den Dekalog für verbindlich zu erklären, die sehr

zahlreichen anderen sittlich-religiösen Forderungen des AT aber nicht einmal zu erwähnen.

Dieses Auseinanderdividieren von Autonomie und Theonomie wurzelt aber in dem falschen Verständnis von Autonomie als Beliebigkeit statt als Allgemeinverbindlichkeit des Handelns. Versteht man Autonomie richtig, kann sie keinen Gegensatz zur Theonomie bilden, sondern führt letztlich auf diese hin, ohne die vom II. Vatikanischen Konzil definierte »relative Eigenständigkeit irdischer Wirklichkeiten« unkritisch zu überspringen: »Wenn wir unter Autonomie der irdischen Wirklichkeiten verstehen, dass die geschaffenen Dinge und auch die Gesellschaften ihre eigenen Gesetze und Werte haben, die der Mensch schrittweise erkennen, gebrauchen und gestalten muss, dann ist es durchaus berechtigt, diese Autonomie zu fordern. Das ist nicht nur eine Forderung der Menschen unserer Zeit, sondern entspricht auch dem Willen des Schöpfers. Durch ihr Geschaffensein selbst nämlich haben alle Einzelwirklichkeiten ihren festen Eigenstand, ihre eigene Wahrheit, ihre eigene Gutheit sowie ihre Eigengesetzlichkeit und ihre eigenen Ordnungen (...) (Gaudium et Spes 36).« Für den gläubigen Menschen ist die Autonomie der Sittlichkeit, wie jede Autonomie im Bereich der Schöpfung, eine *relative*, d.h. eine auf GOTT bezogene und zu GOTT hinführende. Wer nämlich nach einer letzten Sinngebung der Forderung nach Allgemeingültigkeit des Handelns sucht – eine Frage, die der Mensch stellen *kann*, aber *nicht* stellen *muss*, wird erkennen[5)]

• erstens, dass die Forderung nach sittlicher Selbstbestimmung ein Ideal darstellt, das wir unter irdischen Daseinsbedingungen zwar anstreben sollen, aber nie ganz erreichen können – die Erreichung dieses Ideals und damit unserer menschlichen Bestimmung müsste uns von jemandem (GOTT) in einer endgültigen Lebensform (Ewiges Leben) geschenkt werden;

• zweitens, dass die Forderung, in allen Situationen sittlich zu handeln, eine *Über*forderung des Menschen wäre, wenn er nicht hoffen dürfte, dass es eine endgültige Daseinsform gibt, in der seine Handlungen endgültig werden.

So verstanden wäre Religion die Letztsinngebung von Sittlichkeit, Autonomie letztlich in Theonomie begründet.

2) Da sich GOTT in seinem Schaffen nicht auf Vorgegebenes bezieht, sondern aus dem Nichts schafft, kann ER nicht irren – was ER erkennt, ist wahr, was ER tut, ist gut. Dadurch ist ER die Wahrheit und die Gutheit, ER ist der Wert schlechthin. Wie verträgt sich GOTT als Höchstwert mit der formalen Forderung nach Allgemeingültigkeit des Handelns? Jeder Mensch kann sich unendlich viele Zwecke setzen, die er für wertvoll hält. Werte

sind aber verschieden, d.h. auch verschiedenwertig. Höchstwert kann nur ein Wesen sein, das so ist, wie es sein soll – GOTT. Die Bestimmung formalfreier Geschöpfe ist auf sittlicher Ebene die Allgemeingültigkeit des Handelns, die sich nun auf religiöser Ebene als Bestimmung zur GOTTESliebe im Sinne einer Grundausrichtung auf GOTT erweist. Daher erlebt der Mensch die Erfüllung dieser Bestimmung als sinnvoll und beglückend, als Hineinwachsen in seine eigene Identität, das Zuwiderhandeln als schlechtes Gewissen, als innere Zerrissenheit. Insofern kann auf religiöser Ebene das Gewissen als »Stimme« GOTTES bezeichnet werden. Die apersonale Umwelt und die personale Mitwelt werden dadurch für den Menschen, der sich auf GOTT ausrichtet, zu GOTTgewollten Aufgaben, ein Leben lang.

3) Wie ist trotz GOTTES *Allmacht* Freiheit möglich? Das Problem würde sich nur stellen, wenn man sich GOTT als eine nicht denkende und nicht liebende abstrakte Macht vorstellen würde. Ein denkender und liebender GOTT aber wird SEINE Allmacht so »dosieren«, dass sie nicht nur kein Hindernis, sondern sogar Möglichkeitsbedingung menschlicher Freiheit ist. Ein Vergleich mag das verdeutlichen: Eltern sind gegenüber ihrem Baby zunächst auch allmächtig, aber aus Vernunft und Liebe nehmen sie ihre Allmacht schrittweise zurück, damit ihr Kind zu einem mündigen und verantwortungsbewussten Menschen heranwachsen kann.

Fassen wir zusammen:

• Aufgrund seiner Instinktreduktion wird das Verhalten des Menschen durch das Zusammenwirken von Trieb-Umwelt nicht zureichend gesteuert: Er muss also seine Handlungsstruktur bewusst und frei aufbauen. Dadurch entsteht die Frage nach *einem* Kriterium, wodurch diese Handlungsstruktur normiert werden soll.

• Die erste Antwort liefert der *Rechtsgrundsatz*, der das friedliche Zusammenleben von Menschen ermöglichen soll: *Meine Freiheitsäußerungen enden dort, wo die des anderen beginnen.* Auf der Rechtsebene erscheint Normierung noch als Korsett der Freiheit, wenn auch als notwendiges.

• Die Rechtsebene weist über in doppelter Weise über sich hinaus: Einerseits, weil ihre Sanktionsmöglichkeit begrenzt ist (Wenn alle Mitglieder einer Gesellschaft zum Recht gezwungen werden müssten – wer zwingt wen?), andererseits, weil ein bloßes Zusammenleben auch durch Instinktsteuerung erreicht werden könnte, die »Sonderkonstruktion« Mensch also einen tieferen Sinn erfordert. Diesen Sinn gibt die *Sittlichkeit*, die vom Menschen allgemein gültiges Handeln und zwar als Ganzheit von äußerer Tat und innerer Gesinnung erfordert. Da nur ein solches Handeln spezifisch menschlich ist, ist Sittlichkeit kein Korsett der Freiheit, sondern die Bestimmung des Menschen, d.h. die Art, wie der Mensch Freiheit realisieren kann – eine richtig verstandene *Selbstbestimmung*.

• Sofern der Mensch – nicht als launenhaftes Einzelindividuum, sondern als Gattungswesen – sich im sittlichen Handeln selbst bestimmt, spricht man von *Autonomie* der Sittlichkeit. Eine so verstandene Autonomie kann keinen Gegensatz zur Theonomie bilden, sondern verweist auf diese: GOTT schenkt durch die Schöpfung die *Voraussetzungen* der Sittlichkeit, und ER schenkt auch ihre *Vollendung* – als Erreichung des Ideals vollendeter Sittlichkeit und als Verbindung von Sittlichkeit mit der ihr zukommenden Glückseligkeit.

Anmerkungen:

1) Grundlegung zur Metaphysik der Sitten (GMS: A 1785, B 1786) und Kritik der praktischen Vernunft (KdpV: A 1788)
2) Kritik der reinen Vernunft (KdrV, A 316, B 373 u.ö.); Kant vertritt damit – gegen den Rechtspositivismus – einen Naturrechtsansatz, der aber nicht (direkt) in GOTT begründet ist.
3) Kant, (GMS, AB 52)
4) Nach: Kant, GMS, AB 65-96.
5) Vgl.: Kant, KdpV, A 204-255.

Reinhard Astleithner und Christian Penkler

... sprach die Wachtel

Ein Essay zur Phänomenologie von Freiheit, Gesellschaft und Physik

Niemand schreibt uns vor, wie wir unser Leben in Zukunft bestreiten sollen. Wir können frei wählen. Es steht uns frei, welche Nahrung wir zu uns nehmen, welchen Beruf wir ergreifen, welche Musik wir hören, wen wir als Partner nehmen.

Noch nie hatten wir eine solche Vielfalt an Möglichkeiten, unser Leben in die eigenen Hände zu nehmen. Nie hatten wir größere Chancen – losgesagt von äußeren Einflüssen, auf die die Generationen vor uns reagieren mussten – uns mit uns selbst zu beschäftigen und ins Reine zu kommen.

Jetzt zur schlechten Nachricht. Es wird nicht geschehen. Wir neigen nicht dazu, unser Schicksal selbst zu bestimmen. Herdentiere wollen nicht wissen wo es hingeht, sondern sie wollen gut essen und regengeschützt schlafen.

Beobachtet man Menschenmassen nach einem Theater- oder Kinobesuch, wird einem schnell klar, woraus wir gestrickt sind. Meistens laufen wir geradewegs aus dem Saal, obwohl der Ausgang gut beschildert ist und die Billeteure den Weg weisen.

Wir kümmern uns nicht um gut beleuchtete Ausgänge, wir ignorieren die Handzeichen der Angestellten und kehren zurück ins Foyer, woher wir ursprünglich gekommen sind und das jetzt dunkel und unbenutzt ist. Nicht ahnend, dass der Ausgang nicht gleich dem Eingang sein muss. Wir kehren lieber ins vermeintlich bekannte Umfeld zurück, als dass wir neues Terrain betreten. Zudem stellten Verhaltensforscher fest, dass sich Menschenmassen wie zähe Flüssigkeiten verhalten. Sie wählen den Weg des geringsten Widerstandes und bewegen sich langsam aber sicher – vorzugsweise geradlinig – fort. Das Verhalten des Individuums wird durch das Verhalten der Masse überlagert. Die scheinbar persönliche Entscheidung geht im Strom unter.

Das passt dem Einzelnen natürlich nicht.

Er ist voller selbstverwirklichender Energie und ist sich seiner individuellen Möglichkeiten bewusst. Er kann, will, wird aber nichts dergleichen machen. Wir haben die Zukunft der Welt in unseren Händen und applaudieren im Rhythmus der Phlegmatik. Je mehr wir machen könnten, desto weniger wird gemacht. Option gleich Stagnation.

Der Mensch reagiert leichter als er agiert. Wenn von außen Zwänge auf ihn einwirken, »muss« er handeln. Es ist leichter mit einer Lage umzugehen, als sich eine neue Lage zu schaffen.

Das 3. Newtonsche Axiom besagt »actio gleich reactio«. Kräfte treten nur paarweise auf und sind gegeneinander gerichtet.

Davon ausgehend wird einem schnell bewusst, warum Menschen im Allgemeinen eher auf äußere Umstände reagieren, als von sich aus zu agieren, um etwas zu verändern. Warum auch Energie aufbringen, wenn doch keine Kraft von außen wirkt?

Es fällt dem Individuum schwerer die Initiative zu ergreifen und sich zu engagieren. Viele unserer Vorfahren waren in der Situation, auf Repressalien von wenigen, die ihre Freiheit eingeschränkt beziehungsweise bedroht haben, reagieren zu müssen, um diese zu erhalten oder wieder zu erlangen. Unzählige Opfer ihrerseits haben uns ein Leben in Unabhängigkeit ermöglicht. Inwieweit haben wir nun eine Verpflichtung ihnen gegenüber?

Versetzt man sich in die Situation eines Menschen, der unsere Freiheiten nicht genießen durfte, vielleicht in jemanden, der seine Existenz, ja sogar sein Leben aufs Spiel setzen musste, erscheint das Bild der heutigen Gesellschaft unverständlich. Nachdem man uns das Lenkrad überlassen hat, kommen wir aus dem Autoradio hören nicht mehr heraus und werden erst darauf kommen, dass wir die Zündschlüssel im Internetcafé vergessen haben, wenn uns die Batterie ausgegangen ist und wir verlernt haben, wie wir die Autotür wieder aufbekommen. Und dann schlagen wir wild gegen die Scheiben.

Wie heißt es so schön? Nach der Revolution kommt die Depression. Und was kommt nach der Depression? Freiheit?

Nein, die nächste Revolution. Nur, um darauf die nächste Depression genießen zu dürfen.

Nach dieser Folgerung erscheint die menschliche Gesellschaft im Kollektiv als revolutionär-depressiv. Pathologische Strickmuster anstatt individueller Gesundheit.

Der Metamensch hört die Sirene des Meta-Grünen-Heinrichs immer näher kommen. Das kollektive Gewissen bäumt sich auf und sagt uns in seiner Sprache, dass wir in die falsche Richtung laufen. Sie erreicht uns als eine der vielen Varianten von Zivilisationskrankheiten.

Warum nicht mutig sein und einmal kräftig einatmen, über den eigenen Schatten springen und eins sein mit der Veränderung zum Guten? Warum legen wir die negativen Wesenszüge nicht ab?

Nicht weil wir uns wohl fühlen in unseren vergebenen Chancen. Einzig und allein, weil wir uns fühlen. Zerfressen von Schuldgefühlen unserem eigenen Leben gegenüber, liegen wir – versteckt hinter unseren Geldbörsen und Fernsehern und verschiedensten Drogen – und können uns die Freudentränen nicht verkneifen, wenn wir uns bewusst werden, dass wir jegliche

Verantwortung abgelegt haben und auf diverse körperliche/geistige Schäden verweisen können, die im Zuge des Verkriechens über uns gekommen sind. Und dann können wir unsere Köpfe und Ausschläge und Neurosen und Schlaflosigkeiten kratzen und kratzen und kratzen.

Aber weh dem, der aufhört zu kratzen und den anderen die juckenden Stellen vor Augen führt. Schulmeisternd zieht er dann durch die Lande, wird von den Verwandten und Bekannten zuerst schief, dann genervt angesehen, um schlussendlich wieder im Bett zu landen. Mit sich allein.

Was bleibt ist das masturbatorische Kratzen. Aber wurde es uns nicht anders vorgelebt?

Wurden uns nicht unzählige, von Moral triefende Geschichten erzählt, um uns auf das Leben und den Umgang mit anderen vorzubereiten? Diese funktionieren nur, wenn man sich während des Lesens mit den Protagonisten identifiziert. Andernfalls bleiben die Konflikte unbedeutend, das Thema wäre uninteressant und die Moral der Geschichte nicht nachvollziehbar.

Wie kommen wir dazu, uns mit Helden zu identifizieren, wenn wir unser Leben nicht in gleicher Weise leben können? Geschichtsbücher zeigen uns mit weltfremder Objektivität die Grauen in unserer Seele. Filme durchleuchten die dunklen Seiten des Herzens seit mehr als hundert Jahren.
Und all das, damit wir die gleichen Fehler wieder begehen. Respektlosigkeit, Feindseligkeit und Xenophobie kommen in uns auf, ohne dass wir die Alarmglocken läuten hören. Urängste stehen im krassen Gegensatz zur Selbstverwirklichung. Das heißt, der größte Feind der Freiheit ist die Angst. Angst schränkt ein. Sie begrenzt einen selbst, die eigene Freiheit und sie führt dazu, die Freiheit anderer zu beschneiden.

Dies macht in weiterer Folge den Schluss möglich, dass die Angst die eigene Freiheit zu verlieren dazu verleitet, die Freiheit anderer einzuschränken. Die Folgen dieser Urangst führen oft zu einem Grundübel unserer heutigen Zeit. Intoleranz.

Das unerwartete Auftreten dieser Urängste paralysiert den Menschen und lässt ihn sich anderen gegenüber verschließen.

Mächtige machen sich diesen Sachverhalt zunutze. Sie kanalisieren die Ängste der Gesellschaft, zeigen sie einseitig und manipulieren sie zu ihrem persönlichen Vorteil.

Daraus folgt ein Grundsatz des Lebens: Freiheit ist gleich Macht. Und Macht ist die Möglichkeit, die Freiheit anderer zu verwalten.

Nicht umsonst ist die Strafandrohung auf Freiheitsentzug eines der mächtigsten Mittel eines Staates. Wohingegen Freiheitsberaubung als schwere Straftat geahndet wird. Wie entkommt der Mensch aber der Gefahr, ein einfacher Spielball regulativer Einflüsse zu werden?

Sein subjektiver Bezug zur Freiheit. Wir schaffen uns in unserem Lebensraum unsere persönlichen Freiheiten. Werden Aspekte der Freiheit eingeschränkt, neigen wir dazu, andere stärker auszuprägen. Die geistigen Ressourcen als Fluchtmöglichkeit vor der äußeren Einschränkung. Nicht umsonst bezeichnete Schiller die »Kunst als Tochter der Freiheit«.

Viele gute Bücher wurden im Gefängnis geschrieben.

Objektiv gesehen kennt auch die Physik Freiheiten in Form von messbaren Freiheitsgraden. Diese geben die Möglichkeit eines Systems zur Veränderung an. Dies regt zu Vergleichen zwischen dem persönlichen Freiheitsbegriff und dem physikalischen Freiheitsbegriff an.

Wenn Freiheitsgrade ausgenutzt werden, wenn sie also nicht nur potentiell vorhanden sind, sondern tatsächlich zu einer Veränderung führen, dann spricht man von dynamischen oder kinetischen Prozessen (Anm. für Physiker: es gibt für verschiedene Freiheitsgrade unterschiedliche Prozesse, aber wir verwenden die Analogie des dynamischen und kinetschen Modells). Ein kinetisches System ist kräftefrei.

Das bedeutet, dass das System in seinen Routinen unverändert verbleibt und keinen Einflüssen von außen ausgesetzt ist.

Auf unser Leben bezogen, könnte dieses System ein Mensch sein, der sich auf alle Konflikte lange im Vorhinein vorbereitet hat. Einer, der sich einen neuen Pass, lange vor dem Ablaufdatum des alten besorgt. Er hat in seinem Kalender jegliche Entscheidung eingetragen und braucht im Moment der Aktion nur noch die Eintragung abzuhaken.

Da er sich in allen anderen Momenten mit nichts anderem zu beschäftigen hat, besitzt er zu all diesen Momenten einen höheren Freiheitsgrad. Es manifestiert sich die Möglichkeit zu einer Veränderung, aus der Schaffung von Freiraum. Hat man alles Vorhersehbare erledigt, entsteht wahre Chance zur Veränderung.

Nun ist es am Menschen, diese neu erlangten Freiheitsgrade zu nutzen. Tut er es nicht, bleibt das System unverändert erhalten. Führt er jedoch eine Veränderung durch, wird das System dynamisch. Dynamische Systeme treten auf, wenn von außen Kräfte einwirken oder wie oben beschrieben, potentielle Energien freigesetzt werden.

Das bedeutet für unseren Menschen im dynamischen System, dass er erst handelt, wenn er den Pass dringend braucht. Er reagiert. Er muss reagieren, um sich Freiheitsgrade zu erhalten. Er hat sich zwar von einem regulierenden System befreit, muss aber immer unvorbereitet den durchaus vorhersehbaren Einflüssen von außen begegnen.

Werden die äußeren Veränderungen zu groß für den Einzelnen, muss dieser Freiheiten abgeben. Und damit Macht. Würde sich die Welt der Physik visualisieren lassen, würde der Mensch seine Schwester anrufen und sie bitten, das Passproblem mit seiner Hilfe zu lösen. Es bildet sich eine Interessensvertretung. Auch diesen Aspekt wissen sich Mächtige zunutze zu machen. Sie überfordern den Einzelnen, sodass er Macht abgeben und damit Freiheiten aufgeben muss.

Dies lässt auch den Umkehrschluss zu, dass Freiheiten abgegeben werden und dem Mächtigen noch mehr Macht zuteil wird. Das Ergebnis der Interessenvertreterwahl wird also von der Summe von ausgeübtem Druck und Ängsten, vor Verlust an Freiheit und Macht, bestimmt.

In der dunkelsten Stunde der jüngeren Geschichte bedienten sich machthungrige Personen der berechtigten Existenzängste und schürten die Angst vor Freiheitsentzug. Sie redeten ihnen ein, für die Freiheit des Einzelnen zu kämpfen, nur um ihnen Freiheiten zu nehmen. So gab die Bevölkerung ihre Freiheit in die Hände der dadurch Mächtigen.

Es ging so viel Freiheit verloren, dass es den Betroffenen fast unmöglich war, sie wiederzuerlangen. Nicht umsonst spricht man von einer Befreiung von außen. Im physikalischen Modell würde das bedeuten, dass man dem System Freiheitsgrade von außen hinzufügt. Versinnbildlicht durch das Abnehmen des Deckels einer Schachtel, in dem ein Gummiball umherspringt.

Die anfangs angesprochenen, selbstgerechten Individuen sitzen vor ihren Spielkonsolen und verspielen die Möglichkeit, sich für ihre Freiheit zu engagieren und diese damit zu erhalten. Denn es ist einfacher, fiktive oder virtuelle Konflikte zu lösen, deren Ausgang ohne Konsequenzen bleibt, als in die Welt hinauszugehen und sich seiner Verantwortung zu stellen und reale, freiheitsbedrohende Probleme zu bewältigen.

Weil ja der Ausgang ungewiss ist und das die Urangst vor dem Unbekannten wachruft. Wir entscheiden uns, Konfliktbewältigung als Entspannung zu missbrauchen. Ursprünglich gaben wir Freiheiten an andere ab, um das Gefühl zu erlangen, Ressourcen freizuhalten und uns dadurch freier zu fühlen. Dies bedeutet aber auch, dass wir Verantwortung und Macht abgeben, um scheinbar freier zu werden.

Heute sehen wir unbekannten Menschen dabei zu, virtuelle Konflikte, die unseren täuschend ähnlich sind, zu lösen und meinen damit Verantwortung abzugeben. Diese ist aber nur virtuell.

Wir beschneiden uns selbst und leben in einer Scheinfreiheit, die nichts produziert aber auch keine Konsequenzen hat. Wer nichts macht, macht nichts falsch. Auch nichts richtig.

Wir sagen uns der Verantwortung los und funktionieren als kleines Rädchen. Aber der Deckel über der Schachtel bleibt geschlossen, bis die angestauten Konflikte überhand nehmen. Selbst kann man dann der Lösung nichts beisteuern, da man mit realen Herausforderungen nicht mehr umgehen kann.

So existieren wir in einem passiven Machtverhältnis mit unserer Umwelt und haben, wie schon andere Generationen vor uns, die Möglichkeit vertan, unser Freiheitspotential zur Gänze auszuschöpfen. Man nimmt sich die Freiheit, unfrei zu sein. Man nimmt sich die Macht, machtlos zu bleiben. Wir lassen uns unsere Freiheiten nicht durch Verantwortung einschränken, sehen aber nicht, dass durch die daraus gewonnenen Freiheiten Verantwortungen entstehen. Das einzig Schöne daran ist, dass uns niemand gezwungen hat, dieser Verantwortung nicht zu entsprechen. Wir haben uns freiwillig dazu entschieden.

Wir haben uns von Ideologien, Traditionen und anderen Routinen freigemacht, haben aber keine Antworten auf die Fragen, die dadurch auf uns zukommen. Und so stehen wir vor dem ersten Schritt. Wir haben zwar den Blick bereits nach innen gekehrt, wissen aber nicht, worauf wir schauen sollen. Wir müssen erkennen, dass die einzige Verantwortung die bleibt, die gegenüber uns selbst ist. Wir müssen mit uns selbst klarkommen, bevor wir den nächsten Schritt machen.

Es hat sich gezeigt, dass es nicht reicht, sich selbst im Gesamtbild zu erkennen. Es hat auch nichts gebracht, als wir aus dem Bild herausgetreten sind und das Bild als Ganzes betrachtet haben. Einige haben versucht, das Bild zu verändern oder gar zu zerstören. Das Bild können wir zwar verändern, aber wir verlieren dadurch einen Ort, der ursprünglich ein Teil von uns war und immer noch ist.

Vielmehr sollten wir in das Bild zurückkehren um es durch das Gelernte und Erfahrene zu bereichern.

Ein altes deutsches Sprichwort sagt:

»Freiheit geht vor Gold,
sprach die Wachtel
und flog ins Holz.«

Christian Kraxner

Von der Freiheit und den Zwängen der *neuen* Selbstständigen

Über die zwei Seiten einer Medaille

I. Prämissen: von der *alten* Unselbstständigkeit zur *neuen* Selbstständigkeit

Zunächst still und leise, ja geradezu schleichend und im Dunkeln, dann zunehmend lauter und an der hellen Oberfläche des Wirtschaftssystems: So geht seit den späten Achtzigern und frühen Neunzigern des 20. Jahrhunderts ein Prozess vor sich, der das klassische Normalarbeitsverhältnis von der verbreiteten Norm in ein mehr und mehr antiquiertes, scheinbar anachronistisches Element zu verwandeln scheint.

Auf der Bühne der Unselbstständigkeit:

Ganze Kohorten von Angestellten und Arbeitern, hatten sich – oft zwangsläufig, manchmal freiwillig – von der sozialökonomischen Bühne der »Unselbstständigkeit« zu verabschieden. Die Rolle, die die Betroffenen dort spielten, war ihnen wie folgt abgesteckt:

Staatliche Institutionen versichern sie gegen die Risken Krankheit, Arbeitslosigkeit und Alter.

Gesetze regeln ihre Einstellung, ihre Kündigung, ihre Arbeitszeiten und ihren Urlaub.

Die Unselbstständigen teilen die übergeordneten wirtschaftlichen und organisatorischen Verantwortungen mit anderen oder geben sie sogar gänzlich an Chefs, Vorgesetzte oder Eigentümer ab.

Ein öffentliches Auffangnetz erfüllt die grundlegendsten Ansprüche, wenn ihr arbeitgebendes Unternehmen wirtschaftlichen Totalschaden erleidet.

Mit den Gewerkschaften stehen den Unselbstständigen spezialisierte, alteingesessene Interessenvertretungen zur Verfügung.

Gleichzeitig ist aber die individuelle Autonomie der Arbeitnehmer eingeschränkt, sie leben in einer Hierarchie. Irgendjemand steht immer noch eine Stufe über ihnen. Dieser Höhergestellte gibt ihnen Anweisungen, setzt ihnen Ziele, lobt oder tadelt sie, kontrolliert, bewertet, sanktioniert. Irrt der »Chef«, macht der Vorgesetzte Fehler, handelt er unverantwortlich oder unethisch, so können die Arbeitnehmer nicht immer dagegenwirken, auch wenn sie es besser wüssten.

Will der einzelne Unselbstständige sich spontan und nach Belieben länger Auszeit nehmen oder aus der Lust des Augenblicks die Arbeit total ruhen lassen, so ist ihm das verwehrt, wenn er den Job behalten möchte. Und an den Produktionsmitteln hat er kein Eigentum.

Was macht die *neue* Selbstständigkeit aus?

An die Stelle dieses so genannten Normalarbeitsverhältnisses tritt – neben anderen – eine Form, die hierzulande als die *neue* Selbstständigkeit bezeichnet wird.

Neu ist diese Selbstständigkeit vor allem als sozialer und wirtschaftlicher Trend. Es ist ein Trend, der sich aus unterschiedlichen Quellen speist: Eine Quelle sind jene realen oder konstruierten ideologischen Megatrends der jüngeren Vergangenheit, die eine Verherrlichung von wirtschaftlichem Individualismus, Konsum, Besitzfixierung, Leistung, Konkurrenz und Durchsetzung predigen. Eine andere Quelle liegt in einer schieren existenziellen Notwendigkeit: Viele von denen, die in die *neue* Selbstständigkeit gehen, haben keine andere Wahl. Sie haben ihren festen Job verloren, finden am ausgedünnten Arbeitsmarkt keinen anderen und werden deshalb zwangsläufig zum Unternehmer.

Als *neu* firmiert hier die in den Mittelpunkt gestellte Art der Selbstständigkeit auch, weil sie häufig auf den Einzelkämpfer-Status verweist – verdichtet im Unwort von der »Ich-AG«.

Und *neu* ist an ihr schließlich, dass sie sich bei bestimmten Gruppen von den traditionellen Formen selbstständiger, unternehmerischer Existenz in Hinblick auf deren rechtliche Verfasstheit teils oder zur Gänze unterscheidet: Viele der *neuen* Selbstständigen entfalten ihre Geschäftstätigkeit nicht in einem der üblichen rechtlichen Gerüste, derer sich klassische Unternehmen bedienen. Sie haben z.B. keinen Gewerbeschein und lassen sich in keine der traditionellen berufsständischen Kategorien einteilen. Etliche der *Neuen* sind nicht den eingesessenen Interessensvertretungen der Unternehmerschaft zugehörig. Deutliche, kontinuierliche rechtliche Indizien für die Selbstständigkeit sind in solchen Fällen bloß die (erzwungene) Integration in die gewerbliche Sozialversicherung und der Indikator »Einkommenssteuerleister«.

II. Spannungsfeld Freiheit?

Wenn wir uns nunmehr der Freiheit und den Zwängen des *neuen* Selbstständigen widmen, so stellen wir dem den Blick auf den Freiheitsbegriff in Sachen Individuum voraus. Freiheit kreist in der klassischen Definition zunächst um »frei sein von« und »frei sein zu«. Freiheit heißt demnach zum einen, nach eigenem Willen und Wunsch denken, tun und handeln zu können. Zum anderen lebt die Freiheit dort, wo der Zwang, das Müssen und die Unterdrückung abwesend sind.

Freiheitsfeststellungen spielen sich in vielen Dimensionen ab: politisch, wirtschaftlich, sozial, kulturell, bildungsbezogen, religiös, sexuell. Und überall sonst, wo der Mensch von seiner Umwelt gefördert oder gefesselt, vorangetrieben oder gebremst, zum Wachstum oder zur Verkümmerung gebracht wird.

Wer Freiheit zu orten trachtet, wird den Menschen immer in Hinblick auf seine Umwelt und seine Innenwelt betrachten müssen. Denn mag einer nach außen mächtig und stolz alle Insignien des Freien tragen, so kann er doch im Inneren zugleich ein erbärmlicher Sklave finsterer Ängste, quälender Neurosen und grausamer Zwangsvorstellungen sein. Umfassend frei zu sein, das braucht auch ein (menschen-)möglichst großes Maß an intrapersonalem Spielraum. Illustrieren wir es anhand der klassischen Freudschen Trias: Freiheit heißt, ein starkes »Ich« zu haben: stark in dem Sinne, dass es nicht der bloße Erfüllungsgehilfe des Kanons an Konventionen und Verhaltensregeln ist, die Eltern, Gesellschaft und Umwelt uns von der Geburt an injizieren. Stark und – daraus resultierend – frei ist dieses »Ich«, wenn es sich entscheiden kann, nach kritischer Prüfung dem Impuls aus dem »Über-Ich« zu folgen oder auch nicht. Analog dazu heißt Stärke in Bezug auf das »Es«: das »Ich« ist imstande, sich Wahlmöglichkeiten zu erhalten, wenn aus den dunklen Kammern des Unbewussten mit aller Macht ein Trieb drängt und nach seiner Befriedigung schreit. Wer zu entscheiden fähig bleibt, ob er diesem Triebimpuls nachgibt oder auch nicht, hat der nicht ein beträchtliches Stück an innerer Freiheit?

Eine solche Innenschau, der Blick auf das mentalpsychische Sein, wirft eine weitere Schlüsselfrage in Sachen Freiheit auf, die das innere Erleben, das persönliche Empfinden wieder mit der Außenwelt verknüpft. Sie wurzelt im Verhältnis zwischen »objektiv« und »subjektiv«. Sollen wir nur nach den Kategorien subjektiven Empfindens urteilen, wenn wir feststellen wollen, wie frei einer ist? Ist demnach schon der frei, der sich frei fühlt? Stellen wir uns etwa einen Häftling vor, der lebenslang ausgefasst hat. Angenommen, er würde sich in seiner Zelle glücklich wähnen, keine inneren und äußeren Zwänge fühlen und sich so frei wie ein Adler in den Bergen glauben. Ist das Freiheit?

Oder muss es für die Freiheitsfeststellung so etwas geben wie objektivere Kriterien? Gemeinhin lassen wir uns von einigen Konventionen leiten, wenn wir Freiheit beschreiben. So ist oft zu vernehmen, dass Freiheit ein wirtschaftliches Fundament braucht, um umfassend zu sein: Wer ständig um seine nackte Existenz zu kämpfen hat, sei demnach gefesselt und unfrei. Im Politischen sehen wir den Katalog moderner Grund-, Partizipations- und Freiheitsrechte herangezogen, um auszuloten, wie viel Freiheit ein Staatsgefüge seinen Individuen bietet. Und schließlich hören wir manchmal, dass wahre Freiheit Wissen braucht: Nur wer die Welt in ihrer Vielfalt und ihren Wahlmöglichkeiten kenne, könne frei und eigenmächtig seinen Weg finden, wählen und gehen. (Relativer) Wohlstand, Demokratie und Mitbestimmung, Bildung – sie wären demnach tragende Säulen des Tempels der Freiheit. Setzen wir solche Normen, wenn es darum geht, die Anwesenheit von Freiheit nachzuweisen, schaffen wir allerdings für manche schon ein Stück neue Unfreiheit. Denn sie werden den Versuch, dem Freiheitsbegriff relativ allgemein gültige Grundlagen zu geben, selbst und subjektiv wiederum als Zwang und Einschränkung empfinden.

Ziehen wir deshalb vorläufig nur ein Resümee: Das Phänomen Freiheit verweigert sich der steinernen, ewig gültigen begrifflichen Verabsolutierung. Freiheit entsteht oder vergeht vielmehr auf einem weit reichenden Spannungsfeld. Dort wogt es ständig und schier unüberschaubar hin und her, zwischen »objektiv« und »subjektiv«, zwischen Außen- und Innenwelt des Menschen, Verstand und Trieb, Norm und Wille, Wissen und Unwissen, Individuum und Kollektiv, Sein und Haben, Glück und Unglück.

III. Freiheit und Zwänge des *neuen* Selbstständigen

Ein Idealfall und seine freiheitsstiftende Wirkung

Den Ausgangspunkt unserer Überlegungen markiert die Frage nach der Freiheit und den Zwängen des *neuen* Selbstständigen. Wir wollen sie, trotz aller Unschärfen in der Festlegung des Freiheitsbegriffes, zu beantworten versuchen, indem wir als Bezugspunkte das heranziehen, was wir im hiesigen Alltagsdiskurs immer wieder als ein konstituierendes Element von Freiheit dargestellt vernehmen.

»Sein eigener Chef sein«, »autonom entscheiden zu können«, »sich die Zeit selbst einteilen zu können« – so tönen oft die sehnsüchtig-romantisierenden Diskurse rund um die berufliche Freiheit. Stellen wir uns vor, ein typischer *neuer* Selbstständiger hat sich erfolgreich eine Existenz aufgebaut. Er hat sich mit einer Leistung oder einem Produkt am Markt etabliert. Sein Kundenstock ist ausreichend groß und vielfältig geworden, um laufend Aufträge und stetige Einnahmen zu sichern. Er ist mit seinem wirtschaftlichen Tun be- und anerkannt. Er hat sich seine eigene Infrastruktur geschaffen und für den Notfall ausreichend Rücklagen gebildet. In einem solchen Idealfall ist der *neue* Selbstständige – wie auch der *alte* – tatsächlich überwiegend sein eigener, freier Herr:

Er kann vordergründig völlig eigenständig entscheiden, welche Aufträge er annimmt. Steht ihm ein Kunde nicht zu Gesicht oder behagen ihm die Rahmenbedingungen nicht, steht es ihm frei, sich zu verweigern.

Er legt fest, wem er mit seiner Kraft, seinem Wissen und seinem Wollen unter die Arme greift.

Wenn es um die Weiterentwicklung seines beruflichen Tuns geht, gibt nur er die Richtung vor, frei vom Willen irgendwelcher Vorgesetzten. Er plant selbst, setzt Prioritäten und bestimmt, was geschehen soll.

Abgesehen von den geltenden Gesetzen kommt ihm niemand in die Quere, wenn der Selbstständige entscheidet, wie er sein Angebot gestaltet.

Vor allem in Sachen Zeit verfügt er über ein hohes Ausmaß an Autonomie, die entsprechende Abstimmung mit den aus Aufträgen resultierenden Pflichten vorausgesetzt. Niemand zwängt ihn in ein Terminkorsett außer die selbst getroffenen Abmachungen mit Kunden. Der Selbstständige kann so etwa abwarten, wenn die (noch immer) großen Ströme der Normalarbeitszeitler sich über die Straßen und die Schiene in ihre Bürotürme wälzen. Gefällt es ihm, am helllichten Normalarbeitstag alles liegen und stehen zu lassen, so kann er das ohne unmittelbare Sanktionierung tun. Wo für die Massen noch immer »nine to five« herrscht, lässt er die Stechuhr nach seiner Pfeife tanzen. Er besitzt die Macht des Kontrazyklischen, wenn es um die Zeitverwendung geht.

Die unternehmerische Einzelkämpferrolle, wie sie vielen der *neuen* Selbstständigen auf den Leib geschrieben ist, macht diese Menschen zu Allroundern. Sie sind zugleich ihr Chef, Gründer, Grundlagenforscher, Kreativer, Planer, Stratege, Werber und PR-Verantwortlicher, Buchhalter, Controller, Reklamationsmanager, Motivationskünstler und Supervisor. Diese Aufgabenvielfalt trägt dazu bei, die eigene Persönlichkeit zu entwickeln und zu stärken. Hartnäckigkeit, Durchhaltevermögen, Zielstrebigkeit, Flexibilität, Kreativität, Einfallsreichtum, Stressbewältigungs-Know-how und zeitplanerisches Vermögen sind ebenso geweckt wie die kommunikativen Fähigkeiten und die Kraft der Selbstmotivation. Wer sich durchgesetzt hat, der ist fast immer in vielen dieser Dimensionen gewachsen.

Gleichzeit erhöht sich – z.B. in der ständigen und direkten Auseinandersetzung mit bestimmten staatlichen Behörden (Finanz, Sozialversicherung) – oft die Sensibilität für die eigenen wirtschaftlichen und sozialen Interessen. Auf eine gewisse Art fördert die *neue* Selbstständigkeit den Geist des kritischen, eigenständigen und interessensbewussten Citoyens – wenngleich die dahinter liegende politisch-gesellschaftliche Grundhaltung keinesfalls immer eine soziale und solidaritätsgeleitete ist.

Fazit: Vor dem Hintergrund gängiger Freiheitsdiskurse und weit verbreiteter, oft mythisch überhöhter Sehnsüchte, bietet die *neue* Selbstständigkeit tatsächlich weit reichende Spielräume in Sachen Freiheit, Autonomie und Entwicklung – aber nur, wenn bestimmte wirtschaftliche und individuelle Erfolgsbedingungen erfüllt sind.

Vom Zwang: Die Kehrseite der Medaille

Die wirtschaftliche und soziale Wirklichkeit der *neuen* Selbstständigen weicht nur allzu oft vom zuvor konstruierten Idealfall ab. Ein harter Kampf um die Etablierung am Markt, stark wechselnde Auftragslagen und damit schwankendes Einkommen, bloß grobmaschige soziale Auffangnetze und die Tendenz zur Selbstausbeutung prägen den Alltag vieler der *Neuen.*

Wie eingangs erwähnt, kommt hinzu, dass so mancher aus Mangel an verfügbaren Alternativen den Weg ins Pseudo-, Halb- oder Neounternehmertum antritt und sich weder voll mit der neuen Erwerbsform identifiziert noch mit Leidenschaft hinter seinem »Produkt« (im weitesten Sinne) steht.

Rund um die durchschnittliche *neue* Art selbstständiger Existenzen kreisen im Detail zahlreiche Einschränkungen, die freiheitseinschränkende Wirkung entfalten:

Der Begriff »selbstständig« ermöglicht nicht ohne Grund das Wortspiel »ständig selbst«. Gerade der neue Typus des unternehmerähnlichen Einzelkämpfers ist in letzter Konsequenz immer auf sich selbst zurückgeworfen, wenn es um die Kernfragen seines wirtschaftlichen Tuns geht. Andauernd alleine die volle Verantwortung zu tragen, wird oftmals zur Last. Sie verringert die innere Unbekümmertheit und die mentale Freiheit, weil sie die Gedanken quasi zwanghaft ständig um die Aufgabe kreisen lässt.

»Ständig selbst« ist der neuunternehmerische Mensch insbesondere auch, wenn es um seine Zeitdisziplin und seinen Antrieb geht. Er muss die Kraft aufbringen, eigenständig den Tag, die Woche, den Monat und das Jahr zu strukturieren und sich einen Plan zu geben. Wenn es um die Erfüllung seiner Aufgaben geht, hat er sich selbst zu motivieren. Unmittelbar ist kein anderer da, der ermuntert oder auch sanktioniert, wenn es an Engagement und Selbstdisziplin mangelt. So kann das Freiheitsmoment in der Zeitautonomie auch zur tonnenschweren Bürde werden – gerade in Momenten, da Auftragsausfälle und Verluste die Stimmung drücken. Wo Aufgaben und fixe Zeitrhythmen fehlen, folgt häufig das quasi-depressive Abgleiten ins Dunkel der Antriebslosigkeit.

Unter traditionellen wie *neuen* Selbstständigen ist ein Phänomen weit verbreitet: Selbst wenn »das Geschäft rennt«, schaffen sie es nicht, sich eine echte Auszeit zu gönnen und nachhaltig abzuschalten. Die Frage nach dem »Was morgen?« und die Jagd nach dem nächsten Auftrag spuken auch bei den Erfolgreichen oft genau dann im Kopf herum, wenn totale Ruhe angesagt wäre. Latente Existenzangst schafft im Übrigen nicht nur ständige Unruhe, sondern treibt so manchen ins Gefängnis der Selbstausbeutung. Im Gefühl, dass morgen nichts mehr kommen könnte, nimmt der Neo-Einzelkämpfer-Unternehmer so viele Aufträge wie möglich an – ohne Rücksicht auf Leidenschaft, eigene Ressourcen und den natürlichen Bedarf, auszuspannen.

Wie beschrieben, wirkt der unternehmertypische Gedankenstrom »Gewinne machen/nach dem nächsten Auftrag jagen/Zeit strukturieren/ Finanz im Nacken/den ›worst case‹ vermeiden« wie ein schwarzes Loch. Es zieht alles in seiner Nähe gnadenlos in sich hinein. Insgesamt neigen im Laufe der Zeit nicht wenige dazu, jeden Lebensbereich gedanklich zu ökonomisieren: »Was bringt´s, was kost´s« wird zum permanenten Kriterium des umsatzfixierten Geistes – eine besondere Art von innerem Zwang.

Selbstständigkeit – ob *neu* oder *alt* – produziert in bestimmten Dimensionen erhebliche finanzielle Unberechenbarkeiten. Zum einen ist dem so, weil im Gegensatz zur monatlichen Lohnzahlung die Auftrags- und Umsatzentwicklung wesentlich weniger präzise vorausgesagt werden kann. Zum anderen lässt sich das Prüfungsverhalten der Finanzbehörden und Sozialversicherungen nicht planen. So mancher erlebt im Falle einer Steuerprüfung sein böses Erwachen, weil der Fiskus beträchtliche Ausgaben nicht als betrieblich anerkennt. Plötzlich stehen dann saftige Nachzahlungen ins Haus. Das kann auch noch Jahre nach dem Wirtschaftsjahr geschehen, in dem die Ausgaben angefallen sind. Dieser Mangel an Berechenbarkeit macht Vorkehrungen nötig. Zusätzlich zu den privaten sind für den Fall des Unbestimmten betriebliche Rücklagen zu bilden. Das schränkt die Freiheit ein, über seinen wohlverdienten Ertrag vollständig zu verfügen. Und es drückt auf das Gemüt, weil bis zum Tag des Behördenentscheids Unklarheit und Unsicherheit herrschen.

Den *Neuen* fehlt bis heute eine finanzielle Absicherung seitens der öffentlichen Hand, wenn es um Zeiten des totalen Auftragsausfalls geht. Wer nicht genug Rücklagen bilden oder sich eine der raren privaten Ausfallversicherungen leisten konnte, steht ohne jeden Schutz da, wenn er in die Flaute schlittert oder z.B. wegen einer schweren Krankheit keine Aufträge annehmen kann. So gleicht das Leben einem wirtschaftlichen Drahtseilakt ohne Auffangnetz. Die Angst vor dem ungesicherten Absturz verschwindet erfahrungsgemäß auch bei jenen nicht, die besser etabliert sind – sie sitzt zwanghaft und wie ein ständiger Juckreiz im Nacken.

Es wäre eine fundierte empirische Erhebung wert: Die *neue* Selbstständigkeit ist bei einer vermutlich nicht allzu geringen Zahl an Betroffenen eine Existenzform, die keinesfalls voll des Wollens und freiwillig gewählt wurde. Der fixe Job ging verloren, der klassische Arbeitsmarkt ist zu, man will aber kein klassischer Arbeitsloser sein, will was tun und hantelt sich deshalb von Projekt zu Projekt, von Werkvertrag zu Werkvertrag. Für die offizielle Arbeitslosenstatistik sind solche Fälle günstig, weil sie die Wahrheit verschleiern und den Willen des Einzelnen negieren. Was aber bescheren sie den Betroffenen? Ihre Position gegenüber den Auftraggebern ist rechtlich schlechter als die des klassischen Arbeitnehmers, die materielle Abhängigkeit ist jedoch genauso gegeben.

Die Gewerkschaften als etablierte Interessengemeinschaften und Mobilisierungsplattformen haben die wachsende Gruppe der *neuen* Selbstständigen erst relativ spät als eine teilweise bündnisfähige Formation entdeckt. Auf das Normalarbeitsverhältnis fixiert, haben die Arbeitnehmerverbände lange jenen kein Angebot gemacht, die zwangsläufig unter den Neoselbstständigen gelandet sind oder dort arbeitnehmerähnliche Problemlagen aufweisen. Erst in der jüngeren Vergangenheit haben hierzulande einzelne Fachgewerkschaften wie die *GPA* spezifische Strukturen geschaffen. In der traditionellen Interessenvertretung der Wirtschaft wächst auch erst langsam ein Vertretungsbewusstsein, wenn es um die *neuen* Selbstständigen und ihre Bedürfnisse geht. Andere Formen, sich zu organisieren und seine Interessen gebündelt und abgestimmt zu artikulieren, fehlen den *Neuen* im Wesentlichen noch immer. Deshalb mangelt es an einem wirkungsmächtigen Sprachrohr, durch das die Betroffenen ihre Bedürfnisse so lautstark verkünden können, dass es der Gesetzgeber vernehmen muss.

IV. Schlussbemerkungen: Von der Freiheit des Starken

Auf die Freiheiten und Zwänge der *neuen* Selbstständigkeit zu blicken, führt vor allem zu einer Erkenntnis: Begünstigt sind in Sachen Freiheit vor allem die, bei denen sich äußerer Erfolg und innere Stärke paaren – auf dem Fundament, sich bewusst für diese *neue* Existenzform in der Grauzone zwischen klassischem Unternehmertum und unselbstständigen Erwerbsformen entschieden zu haben.

Wer zwangsbeglückt wurde, wer weniger zäh, weniger erfolgreich war und wem es an Kraft und Orientierung mangelt, der findet in der *neuen* Selbstständigkeit keine neue Freiheit. Es scheint vielmehr so, dass diese Existenzform dann die Nachteile beider Welten – der traditionellen Selbstständigkeit und des Erwerbslebens als Arbeitnehmer – bündelt.

Die, die weniger erfolgreich sind, haben in Zukunft, ebenso wie die unfreiwillig ins Neuselbstständige Gerutschten, vor allem eines zu tun: sich zusammenzuschließen, ihre Interessen zu bündeln und ein starkes Sprachrohr zu bilden. Denn ihre Freiheit wächst am besten auf dem Boden der Solidarität – ein Terrain, auf das im Übrigen auch die subjektiv und objektiv Starken nicht vergessen sollten!

Roland Graf

Freiheit als individuelle Content-Produktion
Oder: Warum die RAF einen Designer konsultierte

»Freedom's just another word
for nothin' left to loose (...)«
Kris Kristoffersen, *Me and Bobby Mc Gee*

Konfusion – wer relauncht Baaders Logo?

Als der Berliner Grafiker Holm von Czettritz nächtlichen Besuch von seinem Bekannten Andreas Baader erhielt, war es weniger dessen Auftauchen aus der Illegalität, das ihn überraschte (Breyer 2003: I), als die Frage die er stellte. Immerhin fragte der RAF-Terrorist nach einem »Relaunch« des Logos seiner Gesinnungs- und Aktionsgemeinschaft. Abgesehen vom Anekdotischen zeigt dieses (nicht verwirklichte) Projekt eines auf: Man kann den medialen Code wählen, nicht aber den Kanal. Mit anderen Worten, wer etwas sagen will, muss es in mediengerechter Form tun, oder wird nicht gehört/gesehen. Die Frage nach der Freiheit des Konsumenten ist daher die Grundfrage jeder theoretischen Betrachtung von Manipulation und Individualität im Medienzeitalter. Der Fokus der Betrachtung mag wechseln – von der Entfremdung des Individuums (Benjamin 1996: 332), in seiner Unnatürlichkeit vor dem Apparat (Barthes 1981: 24f.) oder dem Verlust seiner regionalen Ausdrücke (Pasolini 1983: 38) und der Dialogmöglichkeit schlechthin (Baudrillard 1978: 91) – der Befund bleibt ähnlich: Der Optimismus der medialen Frühzeit ist einem tiefen und allgemeinen Pessimismus gewichen, der im Wesentlichen von den Schlagworten Manipulation, Kontrolle, Zensur und Gehirnwäsche getragen wird. Die Utopie der völkerverbindenen Bilder , wie sie etwa der Sozialist Otto Neurath vertreten hat (Neurath 1991a), gilt allenfalls noch für den Bereich der Konsumförderung, wo die »global brands« über sämtliche mediale Kanäle zum verbindenden kapitalistischen Element werden.

Der moderne Begriff von Medium, der ja ebenfalls vielfältig von Mc Luhans »extensions of man« (Mc Luhan 1964) bis hin zu Jean Baudrillards »Simulationen« (Baudrillard 1983) reicht, verlangt jedenfalls nach einer begleitenden Analyse, die sich nicht dem vermittelnden Element, sondern der Zeichenproduktion und Dekodierung, also dem nur indirekt vorhandenen Verhältnis zwischen Sender und Empfänger widmet. Schließlich ist die normale Erfahrung des Mediennutzers eine der »sozialen Dissoziation« (Derrida 2001: 78) vor dem Bildschirm: Kollektiv produzierte und zu konsumierende Botschaften werden von ihm allein vor dem eigenen Bild(ungs)horizont wahrgenommen und dekodiert. Der Aufstand des Subjekts, eigentlich ein Wiedereinsetzen in die kommunikativen Rechte, die er im face-to-face-Diskurs gewohnt ist, hat aber erst begonnen, wie die weiteren Ausführungen zeigen werden.

Dementsprechend wichtig für das Verständnis wird daher der Hintergrund, vor dem sich jeweils das Lesen der medialen Zeichen vollzieht (von der technischen Verständlichkeit – »media literacy« – angefangen bis zum sozialen Background des Sehers/Hörers/Lesers).

Manipulation – wer gibt die Codes vor?

Faktum ist, dass uns ein Großteil der Welt in medialen Darstellungen, die mittlerweile auch die Distanz und die Gebundenheit an stationäre Endgeräte überwunden haben, gegeben ist. Gernot Böhme hat dies in seiner Theorie des Bildes die »ikonologische Konvention« (Böhme 1999: 29) genannt, in der wir uns als Medienkonsumenten bewegen. Symptomatisch dafür ist etwa der Wandel im öffentlichen Raum, der sich von der Telefonzelle zum »cell phone« vollzogen hat.

Während die private Kommunikation vor der Öffentlichkeit verborgen wurde, ist nunmehr der gesamte öffentliche Raum zum Kommunikationsraum geworden, der in nahezu beliebiger Weise besetzt wird – von Graffitis, sorglosen Handybenutzern in öffentlichen Verkehrsmitteln, werblichen Botschaften bis hin zum sprechenden Plakat (in der ausgereiftesten, weil personalisierten Form sowohl als Vision im Film »Minority Report« präsent als auch als Arbeitsauftrag im »Future Store« Rheinsberg der deutschen *METRO*-Gruppe). Auch die Manipulation folgt den täglichen Routinen und dem individuellen Sprachgebrauch. Dies ist zwar nicht unbedingt neu, allerdings in seiner Systematisierung von ungekannter Intensität, wenn etwa das deutsche Institut Emnid die Semiometrie einsetzt. Diese Messung geht von der Häufigkeit und Beliebtheit von rund 210 Begriffen bei den 4.300 Probanden aus. Diese Verwendertypologien, zu unterschiedlichen Wertfeldern (familiär, sozial, religiös, materiell, verträumt, lustorientiert, rational, kritisch, dominant, kämpferisch, traditionell) gruppiert, sorgen buchstäblich dafür, dass Werbung in Jugendradios die Sprache ihrer Hörer spricht. Ohne dramatisieren zu wollen, lässt sich ein Schluss ziehen, den Pierre Guiraud 1971 formuliert hat: »Das semiologische Bewußtsein könnte bereits morgen der Hauptgarant unserer Freiheit werden.«

Denn nur selten verfügt der Mediennutzer heute über echte Freiheit, die sich im Kommunikationsmodell Ferruccio Rossi-Landis in drei Teil-Freiheiten äußert: Der Kontrolle über den Code, den Kanal der Übermittlung und über die Modalitäten der Entcodifizierung (Rossi-Landi 1974: 252). Die beiden Letzteren liegen im Einschalten bzw. Zappen mit der Fernbedienung – bzw. analog im Kauf und der Lektüre von Zeitungen – den Code selbst behält sich aber zumeist (Ausnahmen siehe weiter unten) die Medienindustrie vor. Und in dieser Möglichkeit der Darstellung, unbewusst gefiltert durch redaktionelle Bearbeitung in jedem, wissentlich manipuliert durch ideologische Eingriffe im schlimmsten Fall, liegt der Anschlag auf die Freiheit der Interpretation. Stuart Hall hat bereits auf die unterschiedlichen Modelle bei der individualisierten Dekodierung von medialen Inhalten hingewiesen. Neben der dominanten Lesart, die zum »preferred reading« führt, gibt es dessen bewusstes Gegenteil (oppositional reading) aufgrund sozialer Filter/Prägungen (etwa der globalisierungskritischen oder feministischen) sowie die Variante des »negotiated reading«, die Einschränkungen und Widersprüche aufgrund persönlicher Erfahrungen zulässt (Hall 1980: 136ff.). Diese vom Mainstream der veröffentlichten Meinung abweichenden Lesarten verlangen aber neben einer Vorbildung des Konsumenten auch einen entsprechenden Einblick in die Produktionsverhältnisse der Medienhäuser.

Produktion – wo bleibt die Moral?

Auf der Seite der medialen Content-Produzenten ist es die Medienethik, die mahnend, aber nicht immer regulierend eingreift, ehe es zu Verstößen gegen die grundsätzliche Freiheit der Berichterstattung kommt. Neben dem Journalist und den Medienunternehmern (cf. Karmasin 1999), die teilweise auch dem einzelnen Journalisten widerstrebende Dinge und Berichterstattungen einfordern können, wird nun aber auch das Publikum und dessen (zumeist historisch erworbene) Unterhaltungserwartung als Stakeholder in diesem Prozess angesehen: Darf man alles zeigen/schreiben, nur weil es danach eine offenbar große Nachfrage gibt? Die medienethische Grundfrage lässt sich kurz so zusammenfassen, dass zunächst geklärt werden muss, ob eine Berichterstattung zulässig ist, danach aber, wie diese erfolgen soll.

Regulierend wirken dabei neben den gesetzlichen Vorschriften am ehesten Selbstkontrollsysteme (etwa Presserat o.ä.), Medienombudsleute wie sie etwa in Skandinavien tätig sind, Medienwissenschaftler, Ausbildungsstätten für Journalisten und Medienmanager sowie interessierte Privatpersonen und die medienrelevante Reflexion in Medien selbst (z.B. TV-Kritik in

Printmedien). Die Frage nach der Sozialverträglichkeit stellt sich im Wesentlichen bei der Betrachtung der

• Produkte und Formate (Shows, die ausschließlich den Voyeurismus bedienen, Jugendgefährdung etc.)

• Produktionsformen (Sensationsjournalismus, z.B. Einschleichen in Spitäler, um Verletzte abzulichten)

• Vermarktungsmethoden (aggressive, sexistische, beleidigende und verletzende Werbung)

Bildethik ist einer der heikelsten Bereiche, da er meistens mit dem Vorwurf der Sensationsgier oder Effekthascherei verbunden ist, also direkt im Spannungsfeld ökonomischer (Verkauf/Quote) und moralischer Interessen steht. Bekannt wurde etwa das mehreren Zeitungen angebotene Bild der verunglückten englischen Prinzessin Diana, das nicht gedruckt wurde. Es gibt allerdings auch genug weniger bekannte Beispiele aus der heimischen Praxis im Umgang der Medienhäuser mit Bildmaterial, die neben den unterschiedlichen Haus-Zensuren auch das Spannungsfeld zwischen Moral und Ökonomie am umkämpften Informations- und Unterhaltungsmarkt zeigen. Der ORF entschied sich beispielsweise gegen die Ausstrahlung der Tötungsvideos von islamischen Terroristen, die die Enthauptung europäischer Geiseln zeigten. »Das hat keinen Newswert über die Geschichte hinaus«, verteidigte Chefredakteur Werner Mück die Entscheidung. Quote werde damit nicht gemacht, eher führten solche abstoßenden Bilder von den privaten Sendern, die teilweise die volle Sequenz ausstrahlten, zum ORF zurück. Die *Niederösterreichischen Nachrichten* (= *NÖN*) als Zeitungen eines katholischen Verlages wiederum sind generell gegen die Veröffentlichung von unbekleideten Personen. Auch einschlägige Inserate – etwa für Sex-Hotlines oder Bordelle – werden von den Titeln des Pressehauses (*NÖN, NÖ Rundschau, BVZ*) nicht veröffentlicht. Den ökonomischen Nutzen daraus ziehen in NÖ und dem Burgenland infolge die Gratisblätter. Aus anderer Motivation kam es 1990 zur Kündigung eines Redakteurs der NÖ Rundschau (damals im Besitz der KPÖ-eigenen WB-Holding). Seine Entscheidung, das Titelfoto der *Wiener Neustädter Nachrichten* für eine Darstellung von Frauen-Schlamm-Catchen zur Verfügung zu stellen, verletzte nach Ansicht des *Bundes Demokratischer Frauen* (einer KP-Organisation) »die Würde der Frau«; dieser Darstellung schlossen sich die Eigentümer an (Graf 2002: 10).

In der Debatte um die Veröffentlichung von Bildmaterial zeigen sich besonders deutlich die beiden Ansätze ethischer Überlegungen, wie sie etwa Beauchamp herausgearbeitet hat: utilitaristische und deontische Ethik. Letztere nimmt in Rückgriff auf Kant nicht nur das Ergebnis einer Handlung zum

Maßstab (»Schade ich niemandem?« – Zweckethik oder eben utilitaristische Ethik), sondern nimmt die Handlung selbst zum Gegenstand einer moralischen Betrachtung (cf. Beauchamp 1980). Es wird also nicht der Zweck/das Ziel einer Maßnahme überprüft, sondern die Umstände ihres Zustandekommens. Das Einschleichen eines Reporters in Arztkleidung in eine Klinik, wie es *täglich alles*-Mitarbeitern vor Jahren vorgeworfen wurde, um ein Foto von Schwerverletzten zu liefern, wäre ein Verstoß gegen die deontische Ethik (auch: Pflichtethik), die auf dem »kategorischen Imperativ« Kants aufbaut. Der Gegensatz also zwischen der Sensationsgier eines gewissen Publikums und der nicht lauteren Beschaffung von Bildmaterial ist einer der stärksten Konfliktpunkte der Medienethik (cf. das so genannte »Caroline«-Urteil des Europäischen Gerichtshofes gegen die BRD, die Fotos von Prominenten, die nicht mit dem »beruflichen« Umfeld zu tun haben, nicht entschieden genug verboten hatte).

Subversion – wenn der User erwacht

Dieser vorauseilende Gehorsam, die Idee, den Medienkonsumenten schützen zu müssen, bzw. offen eingestandene Zensur legen aber den dialektischen Blick auf den oftmals »blinden Fleck« der Medientheorie nahe: den Empfänger der Nachricht(en). Denn dieser wird dank der einfach verfügbaren Online-Technologien nun endlich selbst aktiv. Als Produzent von Content erweitert er die Einbahnstraße Kommunikation plötzlich um eine mitunter rau gepflasterte Gegenfahrbahn. *BILD*Blog.de etwa, das sich ausschließlich dem Flaggschiff des deutschen *Springer*-Konzerns widmet, ist nur einer der Vertreter, der mediale Vorverurteilungen (»Da sitzt die fette Bestie«, *BILD*, 9. Mai 2005) genauso anprangert wie *BILD*-Reporter, die aus dem Fenster gestürzte Kleinkinder ablichten wollen (*Tagesspiegel*, 5. Juli 2005). Interessant daran: Die mehr und mehr eingesparte Medienberichterstattung in den Zeitungen verlegt sich hier unter Pseudonymen auf das Bloggen; so steht etwa Christoph Schultheis, der ansonsten für die *Berliner Zeitung* oder die *taz* über Medien schreibt, hinter dem *BILD*-Blog (cf. Seifert 2005). Am anderen Ende der Skala wird bereits Geld dafür verlangt, dass man seine eigene Sicht als »Medienopfer« darstellen kann: www.fairpress.de richtet sich vor allem an Firmen und Prominente, die auch das nötige Kleingeld haben, bereits vor der juristischen Durchsetzung ihrer Ansprüche mit ihrer Sicht der Dinge publik zu werden.

Das Recht auf Rückmeldung des Publikums besteht zwar auf dem Papier in fast allen Mediensparten (etwa die Hörer-Seher-Vertretung des *ORF*), oft genug ist dieses »Recht« aber ein theoretisches. Dies liegt an relativ zahnlosen Gremien (mangelnde Durchsetzung) bzw. am geringen Interesse der Medienschaffenden (Kommunikationsverweigerung, z.B. Verzicht auf Leserbriefe). Dabei findet die Rückmeldung der Leser-/Hörer- und Seherschaft durchaus ihre Anhänger, wie etwa die Lesestatistiken im Printbereich zeigen, bei denen Leserbriefseiten stets Spitzenwerte erzielen. Man ist mit seiner Meinung ungern allein, egal ob es »die Zeitung auch schreibt«, was der Stammtisch denkt, oder ob es sich um konkretes Unbehagen an der Art der Berichterstattung handelt. Während die »unvoiced complaints« etwa im Abo-Marketing als wichtige Kenngröße gelten, die zu vermeiden sind, wird im redaktionellen Marketing vergleichsweise wenig darauf geachtet. Zumal auch dieses Feld Manipulationen unterliegt, wie die medienethische Debatte rund um partei-gesteuerte Postings und VP-freundliche Leserbriefe im steirischen Landtagswahlkampf 2005 deutlich zeigte.

Neben diesen klassischen Protestformen (Leserbrief, bezahlte Anzeige) werden in subversiver Aneignung aber aktuell auch die Medien selbst zum Protestmittel, etwa in Form von Online-Demonstrationen (z.B. gegen die Lufthansa, die an Abschiebungstransporten von Flüchtlingen verdient) oder überarbeiteten Werbe-Anzeigen, wie sie etwa das »AdBusting«-Magazin Kalle Lasns lanciert. Lasn, der neben der »TV-turn off-week« auch den so genannten »buy nothing day« promotet, hat lange dafür gekämpft, dass seine TV-Spots für diesen »konsumfeindlichen« Tag auch im TV gezeigt werden. Antworten wie »Wir verkaufen keine Sendezeit für politische Themen, weil sonst diejenigen mit dem entsprechenden finanziellen Hintergrund die öffentliche Meinung kontrollieren können,« (Donald Lowery, PR-Manager des Senders *CBS* in Boston – nach Lasn 2005: 46) führten sich zwar selbst ad absurdum, allerdings bedurfte es des medialen Drucks – z.B. des *Wall Street Journals* –, um die bezahlten Spots platzieren zu können.

Womit wir wieder bei der nämlichen Methodik wären, der sich schon Andreas Baader beugte, dem Expertentum des Mediengestalters »als Markenartikler« (Breyer 2003: I), den die Linke eigentlich bekämpft. Oder, um es allgemeiner zu formulieren: Eine Aneignung der Medien, nicht deren Verweigerung ist heute notwendig, um dem technisch-ökonomischen Konglomerat des weltweit agierenden medialen Apparats auch weiterhin das Maß des Menschlichen entgegenzuhalten und im Idealfall auch zugrunde zu legen.

Literaturhinweise:

Barthes, Roland (1980). La chambre claire. Note sur la photographie. Paris: Gallimard
Baudrillard, Jean (1983). Simulations. Cambridge: Semiotext(e)
Baudrillard, Jean (1978). ›Requiem für die Medien‹ in: Kool Killer oder der Aufstand der Zeichen. Berlin: Merve
Beauchamp, Tom L. (1980). ›Ethical theory and its application to business‹ in: Beauchamp, T./Bowie, N.E. (Hg.): Ethical Theory and Business. 3. Aufl. Englewood Cliffs: Prentice-Hall
Benjamin, Walter (1996). Ein Lesebuch (hg. von Michael Opitz). Frankfurt/M.: Edition Suhrkamp
Böhme, Gernot (1999). Theorie des Bildes. München: Wilhelm Fink Verlag
Breyer, Nike (2004). Verbindlich war verdächtig, in: taz Magazin 7029/ 12.4.2003; I-III
Derrida, Jacques (2001). Jacques Derrida et les fantomes du cinema, in: Cahiers du Cinema (No. 556): 74-85 – http://www.hydra.umn.edu/derrida/cinema.html Stand: 20. Oktober 2004
Graf, Roland (2002). ›Austria's Regional Communist Newspapers‹ in: Jungwirth, Christian (Hg.), Schriftenreihe 2002 der Fach-Hochschule St. Pölten; 276-291
Guiraud, Pierre (1971). La Sémiologie. Paris: Presses universitaires de France
Hall, Stuart (1980). Encoding/decoding, in: Centre for Contemporary Cultural Studies (Hg.). Culture, Media, Language: Working Papers in Cultural Studies. London: Hutchinson; 128-138
Karmasin, Matthias (1999). Medienethik als Wirtschaftsethik medialer Kommunikation, in: Communicatio socialis 1999/4; 343-366
Lasn, Kalle (2005). Culture Jamming. Die Rückeroberung der Zeichen. Freiburg: orange press
McLuhan, Herbert Marshall (1964). Understanding Media. The Extensions of Man. Toronto: McGraw-Hill
Neurath, Otto (1991a). Bildpädagogik: Humanisierung gegen Popularisierung, in: Haller, Rudolf & Robin Kinross (Hg.). Gesammelte bildpädagogische Schriften. Wien: Hölder-Pichler-Tempsky
Neurath, Otto (1991b). Bildstatistik nach Wiener Methoden, in: Haller, Rudolf & Robin Kinross (Hg.). Gesammelte bildpädagogische Schriften. Wien: Hölder-Pichler-Tempsky; 180-191
Pasolini, Pier Paolo (1983). Freibeuterschriften. Aufsätze und Polemiken. München: dtv
Rossi-Landi, Ferruccio (1974). Sprache als Arbeit und als Markt. 2. Auflage. München: Carl Hanser Verlag

Peter Mlczoch

Freiheit und Partizipation in der Stadt

»Freiheit ist immer Freiheit des Andersdenkenden.«[1]
Rosa Luxemburg

In den Städten konnten sich individuelle und institutionelle Freiheiten seit jeher besser entfalten. Diese Freiheiten standen jedoch meist nur bestimmten Gruppen zu: In der griechischen »Polis« bestand die Bürgerschaft aus der Gesamtheit aller freien Bürger männlichen Geschlechts. Frauen sowie die Klasse der »Besitzlosen« konnten allerdings nicht im »Rat der Fünfhundert« vertreten sein.

In der mittelalterlichen Handelsstadt entwickelten sich Freiheitsrechte vor allem für die in den Zünften organisierten Handelsleute und Handwerker. Städte erwarben ihre Autonomie gegenüber Feudalherrschern meist gegen Geldzahlungen; sie konnten ihren (vermögenden) Bürgern dafür Rechte gewähren, die in Satzungen festgeschrieben wurden und somit auch einklagbar waren. Ging es zunächst oft um Erwerbsrechte (freien Handel), so erlangten zunehmend auch Privatrechte Bedeutung. Verwaltungsämter wurden oftmals durch Wahl bestimmt – in der Regel waren aber nur die in Zünften organisierten (männlichen) Bürger wahlberechtigt.

Dennoch bedeutete der Wechsel von der dörflichen, oft feudalen Lehensordnung des *flachen Landes* in die Stadt einen bedeutenden Zugewinn an Freiheit, der im Slogan »Stadtluft macht frei« zum Ausdruck kommt.

Ging die Autonomie vieler Städte auch im absolutistischen Feudalstaat weitgehend unter (Max Weber)[2], so wurde doch in der freien Handelsstadt ein Modell für rationale Verwaltungsstrukturen und Rechtssysteme geschaffen und das Grundgerüst für ein selbstbewusstes und unabhängiges Bürgertum gelegt.

Für Wien als Haupt- und Residenzstadt des Habsburgerreiches galten solcherlei Freiheiten nur beschränkt. Viele Freiheiten wurden erst in der bürgerlichen Revolution von 1848 gefordert und kurzfristig errungen, um in der nachfolgenden Restaurationsperiode gänzlich unterdrückt zu werden. Die bürgerlichen Freiheiten wurden in Österreich somit erst 1867 mit dem Staatsgrundgesetz Realität.

Das Wahlrecht als wesentliches Bürgerrecht blieb aber noch über Jahrzehnte weiterhin an den Besitz gebunden bzw. Männern vorbehalten. Mit dem Kurienwahlrecht wurden die Sitze im Reichsrat nach Wählerklassen bzw. der Steuerleistung vergeben. Erst 1907 wurde den Männern mit dem allgemeinen Wahlrecht gleiche Stimmengewichte gegeben – die Frauen erhielten erst 1918 das Wahlrecht in der Republik.

Diese erst recht spät erkämpften allgemeinen Rechte können auch als Erklärungshintergrund für mancherorts immer noch mangelhaft entwickeltes demokratisches Bewusstsein dienen; zumal in der Ersten Republik nach knapp 15 Jahren Demokratie eine fast ebenso lange Herrschaft von autoritärem Ständestaat und Nazidiktatur folgten.

Die Zweite Republik ist somit historisch die erste länger währende demokratische Epoche, in der Rechtsstaatlichkeit auf formaler Gleichheit aller Staatsbürger basiert und weitgehend auch durchgesetzt wird. Dies ist jedoch erst die Basis zur Entwicklung zivilgesellschaftlichen Engagements. Weitere Voraussetzungen dafür sind Friede und wohl auch soziale Mindeststandards (wie das Fehlen von Hunger), die eine freie gesellschaftliche Entwicklung erst ermöglichen.

Die Gedanken der Aufklärung waren ja hierzulande primär von einem »aufgeklärten Herrscher«, nämlich Kaiser Josef II. nach Österreich gebracht worden; viele seiner im zivilgesellschaftlichen Sinn durchaus beschränkten Reformen wurden nach seinem Tod wieder abgeschafft. Die Grundgedanken der amerikanischen Verfassung oder der französischen Revolution – »Freiheit, Gleichheit, Brüderlichkeit« – wurden in Österreich *nicht einmal ignoriert*. Der Absolutismus war somit über Jahrhunderte tragende Staatsideologie und dies hat – bis heute – Spuren hinterlassen.

»Zivilgesellschaft« ist bei uns also ein relativ junges Phänomen; sie steht »für Prozesse gesellschaftlicher, politischer und kultureller Restrukturierung mit dem Ziel, demokratische Partizipation, Freiheit des Individuums, Chancengleichheit und Formen gesellschaftlicher Selbstorganisation zu fördern bzw. einzurichten. Man kann den Begriff auch als Gesamtheit der AkteurInnen des Dritten Sektors verstehen, einschließlich ihrer Interaktionen in Netzwerken. Diese sind durch Gewaltlosigkeit, Willen zur Selbstorganisation und Selbstreflexion sowie Engagement, Dynamik und Innovation gekennzeichnet.«[3)]

Der Dritte Sektor versteht sich als notwendige Ergänzung und fallweise als Bindeglied zwischen den beiden anderen Sektoren – nämlich Staat und gewinnorientierter Wirtschaft. Die dazu zählenden Vereine, Verbände und BürgerInneninitiativen sind zwar (wie Unternehmen) privat tätig, übernehmen jedoch Aufgaben im öffentlichen Interesse.[4)] In diesem Sinn ist der Dritte Sektor auch als *intermediär* zu bezeichnen.

Die auch in Österreich stark verwurzelte Genossenschaftsbewegung zählte u.a. im Bereich der Güterversorgung (Konsum), der Landwirtschaft

(Raiffeisen) und – später – des Wohnens zu den Vorreitern des gemeinnützigen Wirtschaftens und somit des Dritten Sektors. Professionalisierung und der Zwang zur Wirtschaftlichkeit haben diese Zugehörigkeit seit längerem verwischt.

Heute bilden neben den formal strukturierten NGOs (= Nicht-Regierungs-Organisationen) auch alle möglichen Zusammenschlüsse von Menschen mit dem Ziel der Beteiligung an politischen Entscheidungsprozessen den Kern zivilgesellschaftlicher Organisationen. Ausgangspunkt und Triebkraft solcher zivilgesellschaftlicher Bewegungen sind häufig der Widerstand gegen ein geplantes Projekt, das die Interessen einer Gruppe von Menschen bedroht. Dabei ist es zunächst unerheblich, ob eine Behörde (z.B. Gemeinde) oder ein Privater (z.B. ein Unternehmen) Projektbetreiber ist.

Der Umgang mit nachbarlichem Widerstand ist im Verwaltungsrecht (z.B. den Bauordnungen) umfänglich geregelt, wobei hier, parallel zu wachsenden Rechtsansprüchen, Anrainerrechte zunehmend auf bestimmte Tatbestände eingeschränkt wurden (»subjektiv-öffentliche Nachbarrechte«). Das Nachbarrecht geht allerdings nach wie vor primär vom Recht des Besitzenden (Eigentümers) aus – lediglich im Gewerberecht umfasst der Anrainerbegriff auch sonstige Betroffene.

Relativ jung ist die Entwicklung des Umweltrechtes, wo etwa bei Umweltverträglichkeitsverfahren sowohl NGOs als auch Bürgerinitiativen (unter bestimmten Umständen) Parteienstellung erlangen können, um solcherart Informations- oder Einspruchsrechte wahrnehmen zu können. Solche legistischen Änderungen sind auf zivilgesellschaftliches Engagement und entsprechende Forderungen an die Gesetzgeber zurückzuführen.

Das grundsätzliche Recht auf Teilhabe (Partizipation) von Betroffenen an Entscheidungsprozessen ist heute unbestritten, wenngleich darunter sehr Gegensätzliches verstanden werden kann: Riesemann[5)] nennt sehr divergierende Definitionen von Partizipation, die aus unterschiedlichem politischen Background abgeleitet werden und die schlüssig in Relation zur Freiheit gesetzt werden: »Die Linke setzt auf Partizipation, um politischen Widerstand gleichermaßen mündiger wie solidarischer BürgerInnen zu mobilisieren; Konservative erhoffen sich die Stärkung von Nachbarschaft, Familie und anderer Gemeinschaften, um so die Kluft zwischen Individuum und staatlichen ›Megastrukturen‹ zu überbrücken; Liberale schließlich sehen Partizipation als eine Strategie, um von staatlicher Unterstützung unabhängige, ökonomisch rationale Akteure hervorzubringen, die ihr Leben als Unternehmer in eigener Sache führen (...).

Freiheit kann erstens Befreiung von Unterdrückung und Ausbeutung, Kampf gegen Fremdbestimmung bedeuten. Partizipieren in diesem Sinne heißt, dass diejenigen, deren Stimme bis dahin nicht zählte, sich Gehör verschaffen, dass sie nicht länger nur Befehle entgegennehmen, sondern selbst über ihr Leben entscheiden, mit anderen Worten: dass sie sich selbst regieren. Hier geht es um Auflehnung und Emanzipation. – Partizipation als Selbstermächtigung.

Freiheit kann zweitens so etwas wie freiwillige Zugehörigkeit bedeuten, die Bereitschaft, sich in ein größeres Ganzes einzufügen und einzubringen. Partizipieren heißt in diesem Zusammenhang teilhaben, sich für die Gemeinschaft zu engagieren, als deren Teil man sich begreift. ›Frag nicht was Dein Land für Dich tun kann, frag, was du für Dein Land tun kannst‹, lautet die zeitgemäße Parole. – Partizipation als Selbstbindung.

Drittens meint Freiheit Wahlfreiheit, also die Möglichkeit und die Notwendigkeit, sich zwischen unterschiedlichen Optionen zu entscheiden. Wer wählen kann und muss, kann seine Erfolge und Misserfolge auf niemanden abwälzen. Partizipieren in diesem Sinn ist deshalb gleichbedeutend mit eigenverantwortlichem und am individuellen Interesse ausgerichtetem Handeln (...).«

Im dicht bebauten Stadtgebiet wird die Freiheit des Einen sehr rasch von der Freiheit des Nächsten berührt und somit beschränkt. Der Umgang mit diesen individuellen Freiheiten hat zur Ausbildung einer Fülle von Regeln geführt, durch die beinahe alle menschlichen Lebensbereiche abgedeckt werden. Diese Regeln reichen von kulturell unterschiedlich geprägten Verhaltenskodizes und gesellschaftlichen Normen bis zur ständig im Steigen begriffenen Zahl von Gesetzen und Verordnungen und daran anknüpfender Judikatur.

Die konkreten Grenzen persönlicher Verhaltensfreiheit werden in einer Fülle von Konfliktprozessen ausgetestet und abgeklärt. Dies kann sich auf individueller, zwischenmenschlicher Ebene als Nachbarschaftskonflikt äußern oder zu einem Gruppenkonflikt etwa zwischen Lärm erregenden Jugendlichen und Ruhe bedürftigen Anrainern führen. Sind größere Gruppen von einer geplanten oder bereits realisierten Maßnahme betroffen, können Bürgerinitiativen und Interessensgemeinschaften gebildet werden, die Projekte bekämpfen oder zumindest Mitsprache bei ihrer konkreten Ausformung verlangen. Sind ganze Bevölkerungsgruppen potenziell Betroffene, nehmen sich häufig regierungsunabhängige Organisationen (NGOs) oder auch politische Parteien der Anliegen an.

Bei menschlichen Konflikten geht es im Kern immer um ein Mehr oder Weniger an bestimmten Freiheiten. Rein individuelle, zwischenmenschliche Konflikte können allenfalls im Sinne der Mediation partizipativ gelöst werden: Mediation soll nämlich zur Lösungsfindung durch die Betroffenen selbst führen und kann daher auch nur bei aktiver Teilhabe der Betroffenen erfolgreich sein. Partizipation als Teilhabe an Entscheidungsprozessen, die Auswirkungen auf die Lebensqualität des Einzelnen haben wird aber erst auf Ebene von Gruppenkonflikten zum Thema. Dies gilt umso mehr für alle Ebenen darüber, bei denen eine immer größere Zahl von Menschen betroffen ist. Partizipation kann auf vielfältige Art und Weise umgesetzt werden und es gibt eine Reihe von Lehrbüchern zur Methodenvielfalt, wie sie organisierbar ist. Aus der Sicht des Einzelnen, an einem Entscheidungsprozess Beteiligten, wird der »Erfolg« der Partizipation wohl primär an der Frage gemessen, ob das gewünschte Ziel ganz oder weitgehend erreicht wurde. Dieses Kriterium kann aber offensichtlich nicht als objektivierbare Messlatte herangezogen werden. Partizipation als Teilnahme an Entscheidungen hat wesentlich mit Fragen der Macht zu tun. Macht entscheidet und die Frage ist daher, wer wie viel davon hat und somit ins Spiel bringen kann. Partizipation ist also auch die Frage nach dem Anteil an der Macht. Sie ist in gewissem Sinn ein Spagat zwischen Freiheit und Macht. Michel Foucault erklärt das Verhältnis von Freiheit und Macht so: »Die Freiheit ist niemals etwas anderes – aber das ist schon viel – als ein aktuelles Verhältnis zwischen Regierenden und Regierten, ein Verhältnis, bei dem das Maß des ›zu wenig‹ an bestehender Freiheit durch das ›noch mehr‹ an geforderter Freiheit bestimmt wird.«[6)]

In den repräsentativen Demokratien wird (politische) Macht aufgrund von Wahlergebnissen zugeteilt. Nicht erst die Globalisierung (sondern schon Karl Marx) hat allerdings gezeigt, dass politische Macht sich vielfach nach der wirtschaftlichen Macht zu richten hat. Der Begriff Macht ist eng mit dem Terminus »Entscheidungslogik« verknüpft, der die Funktionsweise und Hierarchie von Machtgefügen erklären kann. Entscheidungslogik hat kaum mit Entscheidungsfreiheit, sondern vielmehr mit der Rationalisierung von Entscheidungszwängen zu tun. Partizipation stellt diese Entscheidungslogik in Frage und verlangt nach einem Stück mehr Freiheit für »Ohnmächtige«.

Dennoch hat das Durchschauen und Aufbrechen von Entscheidungslogiken zentralen Charakter für den Erfolg von Partizipationsprozessen. Nur wenn ich weiß, von wem (d.h. auf welcher Ebene) was und warum entschieden wird, kann ich mich (als Individuum oder Gruppe) in den Entscheidungsprozess einklinken und ihn somit beeinflussen. Voraussetzung dafür ist Transparenz von Systemen und Prozessen; deren Herstellung ist – wie wir wissen – nicht gerade das Herzensanliegen von Entscheidungsträgern, die vielmehr oft eher auf das Gegenteil, nämlich Vernebelung, setzen. Eine mündige Zivilgesellschaft setzt Transparenz voraus und muss zugleich ständig um ihre Erweiterung kämpfen.

Wenn wir den Blick von dieser allgemeinen Ebene zu konkreten Fragestellungen der Partizipation im Stadtteil richten, zeigt sich, dass die Komplexität von Entscheidungsprozessen durchaus nicht geringer wird: Zur Klärung von Stadtplanungsfragen auf Grätzelebene gibt es auch unter ein paar hundert oder tausend Betroffenen eine Vielzahl völlig kontroverser Positionen zu konkreten Fragestellungen.

Ein konfliktreiches aktuelles Thema aus der Praxis der Gebietsbetreuung ist etwa die Schaffung eines neuen Parks innerhalb von zwei Baublöcken samt Auflassung der dazwischenliegenden Straße in einem Innenstadtbezirk. Ich möchte versuchen, anhand dieser recht überschaubar scheinenden Fragestellung Möglichkeiten aber auch Grenzen der Partizipation im Grätzel auszuloten. Der neue Park wurde vor kurzem eröffnet und noch vor der offiziellen Eröffnung gab es einen Proteststurm der Anrainer gegen diese neue Lärmquelle. Der Tenor der Beschwerden ging dahin, dass in der mehr als fünfzehnjährigen Vorlaufzeit – von den ersten Vorschlägen zu dieser Blocksanierung bis zur nunmehrigen Umsetzung – immer von einem Park (d.h. einer Grünfläche) die Rede gewesen sei und jetzt aber ein Spielplatz errichtet worden wäre. Allein von der Größe her ist der neue Park eher ein »Beserlpark« denn ein »Park«, die Rezeption bei den Anrainern offenbarte (mir) aber auch eine semantische Ausdifferenzierung des Begriffs »Park«, der im innerstädtischen Kontext sehr häufig primär als Spielplatz und Naherholungsfläche dient, der aber auch andere Bilder (z.B. »Stadtpark«) zulässt. Der konkreten Planung und Umgestaltung war aber ein partizipativer Prozess vorausgegangen, den die Gebietsbetreuung moderiert hatte. Was war also geschehen? War die Beteiligung nur zum Schein erfolgt, um die Anrainer zu beruhigen (oder gar ruhig zu stellen)?

Vier Jahre vor der Errichtung des Parks hatte die Gebietsbetreuung Anrainer eingeladen, sich an einem Arbeitskreis zur Erarbeitung von Planungsgrundlagen zu beteiligen. Angesprochen wurden allerdings nicht nur die Bewohner der beiden direkt angrenzenden Blöcke, sondern auch die in der näheren Umgebung. Deren Interesse hielt sich naturgemäß in Grenzen, wenngleich sich sehr wohl die Sprecher einer Hausgemeinschaft neben einem bestehenden, stark übernutzten kleinen Park in unmittelbarer Nähe beteiligten.

Dies führt zur ersten Fragestellung: Wer kann sich beteiligen und wer tut es dann auch bzw. beteiligen sich alle relevanten Gruppen? Beteiligen könnten sich alle Personen und Altersgruppen in der (nicht genau abgegrenzten) Umgebung des geplanten Parks; tatsächlich beteiligt hat sich eine kleine (und wechselnde) Gruppe von etwa 12 bis 15 Anrainern mittleren oder höheren Alters aus der unmittelbaren Umgebung. Nun ist es zwar eine Aufgabe der Moderatoren, alle relevanten Gruppen in den Prozess einzubinden, in der Praxis gelingt dies häufig jedoch in sehr unzureichendem Maß. In diesem Fall wurden Jugendliche und zwar insbesondere Mädchen in der Form in die Planung einbezogen, dass Schülerinnen der umliegenden Schulen von einem eigens beauftragten Planerinnenteam zur Mitarbeit eingeladen wurden. In mehreren Workshops wurde mit Modellen gearbeitet und schließlich ein idealtypischer Parkplan der beteiligten (10- bis 14-jährigen) Mädchen erarbeitet. Dieser Plan wurde auch im Anrainerarbeitskreis besprochen und im Wesentlichen gut geheißen. Uneinigkeit gab es vor allem in der Frage der Ballspielmöglichkeiten: Während die meisten Anrainer Ballspiel möglichst unterbinden wollten, befürworteten die beiden Hausgemeinschaftssprecher vom Nachbarpark Ballspielangebote, auch für die Fußball spielenden Burschen.

Der Anrainerarbeitskreis zur Parkgestaltung wurde mit einem mehrheitlich befürworteten Bericht abgeschlossen, in dem wünschenswerte Parknutzungen bzw. Funktionsbereiche genannt wurden. Bezüglich Ballspielbereichen war man sich lediglich darin einig, dass kein »Käfig« errichtet werden sollte.

Ein den Anrainern wichtiger Punkt war eine Parksperre während der Nachtstunden, da die Lärmproblematik in diesem zuvor fast verkehrsfreiem Blockbereich absehbar war.

Der Ergebnisbericht mit den Wünschen der Anrainer wurde dem – erst viel später beauftragten – Planerinnenteam übergeben. Die Wünsche wurden teilweise in der Planung berücksichtigt; die den Anrainern wichtige Sperre (Einzäunung) wurde zwar mitgedacht (Vorsehen der entsprechenden Leitungen), aber nicht konkret ausgeführt, da damit auch neue Probleme verbunden gewesen wären: Der Ausgang einer Tiefgarage erfolge in den Park und die Bewohner zweier Wohnhäuser im Parkbereich brauchten Schlüssel bzw. eine Sprechanlage am Parkeingang.

Wer hat nun an der Planungsvorbereitung partizipiert und – vor allem – wer nicht? Die Gruppe der tatsächlichen Parknutzer konnte – vereinfacht gesagt – nicht oder kaum eingebunden werden: Eltern mit Kleinkindern waren unter den ursprünglichen Anrainern kaum vertreten; das hat sich erst mit der Fertigstellung eines unmittelbar am Park gelegenen Neubaues geändert, da hier sehr wohl Familien mit Kindern eingezogen sind. Zum Zeitpunkt des Anrainer-Partizipationsverfahrens waren sie noch nicht einmal bekannt. Viele der Eltern mit Kleinkindern, die den Park jetzt sehr gerne nutzen, haben einen Migrationshintergrund; sie waren deshalb schwer erreichbar und im Anrainerarbeitskreis de facto nicht vertreten. Die Gruppe der weiblichen Jugendlichen war – durch die hier vorgelagerten Mädchenworkshops –

gut vertreten, nicht aber die männlichen Jugendlichen; deren Wünsche nach Ballspielplätzen mit einem Käfig sind allerdings eher geläufig. Ein konkretes Ergebnis von Anrainerarbeitskreis und Mädchengruppe war allerdings, dass kein Käfig geplant wurde, sondern stattdessen offene Ballspielbereiche: Ein Basketballplatz, ein Volleyball- und sogar ein Beachvolleyballplatz mit Sand. Gerade dieses vielfältige Angebot an Ballspielmöglichkeiten erzürnt nun die Anrainer. Ein Pensionist, dessen hofseitige Fenster sehr nahe am Park und am Beachvolleyballplatz liegen, behauptete gar, er sei in seinen verfassungsmäßig garantierten Menschenrechten beeinträchtigt.

Womit wir wieder zum Begriff der Freiheit zurückkehren: Die Freiheit (einer Gruppe) von Kindern und Jugendlichen zu spielen und dabei laut zu sein, beeinträchtigt die Freiheit der Anrainer, ihre Fenster aufzumachen oder es ruhig zu haben. Ein typisches Beispiel dafür, dass die Freiheit der einen sehr rasch die Freiheit der anderen beeinträchtigen kann. Daraus folgt sehr rasch die Forderung nach Regeln – möglichst nach Verboten – und Sanktionen, vor allem wenn die Regeln dann nicht eingehalten werden. Also nach (amtlichen) Beschränkungen der Freiheit. Den Umgang mit der eigenen Freiheit in der Auseinandersetzung mit der des Nächsten kann man Rücksichtnahme nennen; das sind der eigenen Freiheit selbst auferlegte Grenzen aus der Einsicht heraus, dass deren Überschreiten von anderen als Invasion in »ihren Garten«, also in ihren Freiheitsraum angesehen wird. Ein derart respektvoller Umgang miteinander setzt ein mehr oder minder funktionierendes Sozialgefüge voraus, in dem die Interessen der anderen aufgrund direkter Kommunikation nicht nur bekannt, sondern auch verständlich sind. Ein empörter Anrainer, der in den Park hinunterplärrt, dass die Kinder ruhig sein sollen, wird sein Ziel nicht erreichen, sondern eine freche Antwort der *Kids* provozieren.

Die Fähigkeit zur direkten Auseinandersetzung mit den offen geäußerten Bedürfnissen anderer ist in der Großstadt im Allgemeinen – und in Wien im Besonderen – nicht sehr ausgeprägt. Hier wird zuerst eine Ordnungsmacht (Polizei, Politiker) angerufen, bevor der direkte Diskurs gesucht wird. Diese Strategie geht aber nicht (mehr) auf: Die Polizei hat meist anderes zu tun, als laute Jugendliche zu verscheuchen und die Politik will zwischen den Interessen von Jugendlichen und Anrainern vermitteln. Hier kann die Gebietsbetreuung ihre intermediäre Rolle wahrnehmen – allerdings auch nicht wirklich neutral, da uns die Notwendigkeit von Ballspielplätzen aus tiefster Planerseele bewusst ist und in diesem Sinn als nicht disponibel angesehen wird. Man kann dem konkreten Bürgerbeteiligungsverfahren gewiss vorhalten, die eine oder andere Gruppe gar nicht oder zu wenig erreicht und damit eingebunden zu haben. Wer aber soll über die Gestaltung des öffentlichen Raumes letztlich entscheiden? Die Anrainer? Die Nutzer? Die Alten? Die Jungen? Die interessierten Partizipationswilligen (die im gegenständlichen Fall weitgehend mit den Parkskeptikern ident waren)? Die Planer (d.h. Fachleute)? Die Bezirkspolitiker? Oder alle und somit keiner ganz? Wer wägt die oft gegensätzlichen Freiheitsansprüche gegeneinander ab?

Es wird selten der Fall sein, dass die verschiedenen Kontrahenten eine gemeinsame Lösung finden, mit der alle glücklich sind. Das liegt neben den erwähnten methodischen Schwierigkeiten, alle relevanten Gruppen einzubinden auch in den – legitimen – Interessensgegensätzen, die sich nicht wegdiskutieren lassen. Der Idealfall eines Mediationsverfahrens, an dem alle zu Beteiligenden teilnehmen und gemeinsam eine Lösung suchen, ist im urbanen Kontext deshalb schwer realisierbar, weil zwar die Gruppe der »Gegner« oder »Skeptiker« vorweg mobilisierbar ist, nicht aber – oder nur sehr partiell – die Gruppe der künftigen Nutzer. Diese Gruppe wird daher stellvertretend von Jugendorganisationen, Planern und auch von der Gebietsbetreuung bzw. der Politik »eingebracht«. Stellvertreterprobleme und Loyalitätskonflikte (Stichwort: intermediäre Gebietsbetreuung) sind da vorprogrammiert.

Die Letztentscheidung muss aus meiner Sicht die Politik – in diesem Fall der Bezirksvorsteher – treffen; im Falle einer einheitlichen Meinungsbildung aus einem vorangegangenen Partizipationsverfahren wird er dessen Ergebnis gerne aufgreifen, da es ihm politische Akzeptanz verspricht (vorausgesetzt natürlich, dass die entwickelten Wünsche budgetär realisierbar sind). In diesem Fall haben eigentlich die Teilnehmer die Entscheidung sozusagen vorweggenommen und die Politik exekutiert sie bloß (nach dem Motto »alle sind happy«).

Häufiger ist es jedoch der Fall, dass ein Bürgerbeteiligungsverfahren im Ergebnis zwar einiges an Konsens, aber auch einigen Dissens, d.h. offene Fragen mit sich bringt. Hier muss die Politik entscheiden, allerdings auf Basis möglichst breit erarbeiteter Grundlagen, die auch in kontroversen Fragen das Pro und Contra auf den Tisch gelegt haben. Französische Planerkollegen haben für diesen Vorgang das schöne Wort »Concertation« geprägt. Das heißt, die Positionen sind offenbar gemacht, alle Instrumente des Orchesters sind zum Klingen gebracht worden und können gehört und mitbedacht werden. Den Ball von der direkten Demokratie zur repräsentativen zurückzuspielen, macht für mich auch deshalb Sinn, weil die Politik auch einen größeren Kreis von vielleicht nur mehr mittelbar Beteiligten vertreten muss (etwa weiter entfernt Wohnende, die einen attraktiven Park sehr wohl aufsuchen würden) und andererseits die Verantwortung für die erforderlichen

Budgetmittel hat. Entscheidungen über Konfliktthemen an Befragungen mit Ja- oder Nein-Antworten zu »delegieren«, erscheint mir nicht sinnvoll und auch vom Partizipationsanspruch her nur vordergründig legitim: Die Erfahrung bei einer derartigen Abstimmung zu einer Platzgestaltung mit Verkehrsberuhigung brachte eine Ablehnung durch die Befragten (die allerdings zuvor nicht in den Planungsprozess eingebunden gewesen waren). Die Ablehnung erfolgte vor allem wegen des mit der Gestaltung verbundenen Parkplatzverlustes; auch in diesem Fall waren offensichtlich die sich von einem Parkplatzverlust bedroht Fühlenden mehr mobilisiert worden, als die potentiellen künftigen Nutzer eines urbanen Platzes, der ein attraktiver Grätzeltreffpunkt hätte werden können.

Abschließend sei eine zukunftsweisende urbane Partizipationsmethodik angerissen, die im Grätzelmanagement oder Agendaprojekten praktiziert wird: Hier werden Bürger mit professioneller Unterstützung dazu motiviert, sich selbst in themenspezifischen Arbeitskreisen zu organisieren und Ideen zur nachhaltigen Verbesserung ihres Grätzels zu entwickeln. »Empowerment« ist hier Arbeitsprinzip und Ziel; in der Praxis zeigen sich ebenfalls Schwierigkeiten in der Mobilisierbarkeit schwer erreichbarer Gruppen (etwa von Migranten). Wichtig für die Motivation der zu Aktivierenden wäre ein eigenes Verfügungsbudget, mit dem nicht aufwendige Ideen unmittelbar umgesetzt werden können.

Noch wichtiger wäre es jedoch, bei stadtplanerischen Entscheidungen (Stichwort: Änderungen des Flächenwidmungs- und Bebauungsplanes) bzw. bei Konfliktfällen in einen ernsthaften Dialog mit engagierten Gruppen einzutreten, bevor (alle) Entscheidungen getroffen sind. Hier bedarf es – gerade auch in Wien – noch vieler Schritte zur Entfaltung einer Partizipationskultur, die Projektentwicklungen nicht primär den Interessen von Investoren unterordnet, sondern sie in den Kontext eines zivilgesellschaftlichen Diskurses auch mit kritischen Gruppen stellt.

Anmerkungen:

1) Rosa Luxemburg, in »Die russische Revolution«, 1917. Um den Zusammenhang des Zitats wiederzugeben hier ein etwas längerer Auszug: »Freiheit nur für die Anhänger der Regierung, nur für Mitglieder einer Partei – mögen sie noch so zahlreich sein – ist keine Freiheit. Freiheit ist immer Freiheit des Andersdenkenden. Nicht wegen des Fanatismus der Gerechtigkeit, sondern weil all das Belebende, Heilsame und Reinigende der politischen Freiheit an diesem Wesen

hängt und seine Wirkung versagt, wenn die Freiheit zum Privilegium wird.« Charlotte Beradt (Hrsg.): Rosa Luxemburg im Gefängnis. Briefe und Dokumente aus den Jahren 1915-1918. Fischer TB Verlag 5659, Frankfurt am Main 1973

2) Matthias Kuchenbrod, Max Weber: Die okzidentale Stadt des Mittelalters als schöpferisches Aktivitätszentrum, basierend u.a. auf: Bruhns, H. / Nippel, W. (Hrsg.): Max Weber und die Stadt im Kulturvergleich. Göttingen 2000

3) »Civil Society«, Zivilgesellschaft was ist das? Kleines Lexikon der Zivilgesellschaft, zitiert nach http://www.ngo.at/civilsociety/glossar.htm

4) Amitai Etzioni: Die Entdeckung des Gemeinwesens – Ansprüche, Verantwortlichkeiten und das Programm des Kommunitarismus, Schäffer-Poeschel, Stuttgart 1995

5) Riesemann, zitiert nach: http://tagebuch.aol.de/riesemann/Erwachsenenbildung/entries/959. Riesemann nimmt Bezug auf einen Vortrag von Ulrich Bröckling: »Partizipation und Selbstorganisation zwischen Gegenmacht und Sozialtechnologie«, bei der 2. regionalen Salzburger Armutskonferenz »Nichts über uns ohne uns«. Partizipation, Selbstorganisation und regionale Armutspolitik, 29./30. November 2004

6) Michel Foucault: Geschichte der Gouvernementalität II: Die Geburt der Biopolitik, Vorlesung am Collège de France 1978/1979, Aus dem Französischen von Jürgen Schröder, Frankfurt/M. 2004

Patrice Fuchs

Vom Minirock zu Viagra

Haben uns die 60er-Jahre tatsächlich sexuell befreit? Wie funktioniert die Freiheit in der Normlosigkeit?

Das Phänomen der Übersexualisierung der Gesellschaft wird heute gerne proklamiert. Ein Blick auf MTV oder auf Plakatflächen in den Straßen etc. bestätigt diese Einschätzung. Freizügig wird in der Show Herzblatt sexuell gewitzelt, haben Menschen im Big Brother-Container vor laufender Kamera Sex, wird der Life Ball als pikantester gesellschaftlicher Termin des Jahres gefeiert. Was ist aber mit dem Über in Über-Sexualisierung gemeint?

Minderwertigkeit und Kompensation

Übersexualisierung erinnert an das Unwort Überkompensieren. Unwort deswegen, weil die Kompensation in sich schon das »Übermäßige« beinhaltet. Kompensiert wird stets, was noch zu wenig ist. Also: Zu wenig Selbstvertrauen, zu wenig Kompetenz, zu wenig Förderung etc. Die Übersexualisierung der Gesellschaft weist also viel mehr auf ein Manko hin, als darauf, dass wir zu viel Sexualität leben.

»Dass Sexualität zu den am häufigsten und intensivst verdrängten Trieben des Menschen gehört, war eine der wichtigsten Entdeckungen Sigmund Freuds. Aber heute sagen die Leute: das hatte Gültigkeit für seinerzeit, zu seiner Zeit, wir haben jetzt andere Sorgen, wir verdrängen geistige Probleme (…) was aber die Sexualität betrifft, so hat sich doch die Situation total geändert, fast umgedreht, jedes Tabu ist gefallen, wir leben, ganz im Gegensatz zu früher, in einer nunmehr ›übersexualisierten‹ Welt. Meine Überzeugung ist die, dass solche Ansichten eine neue raffiniert getarnte Verdrängung der Freudschen Erkenntnisse darstellen.«

Erwin Ringel

Das Verdrängen von sexuellen Wünschen – und das fängt bereits im Kindheitsalter an – führt zu einem übersteigerten Interesse an sexuellen Details und somit zu einem übersexualisierten Verhalten oder Empfinden. Bekanntlich verdrängt auch die katholische Kirche Sexualität im Allgemeinen und auch dort führt das oft zu einer Übersexualisierung. So gibt es Priester, die sich bei der Beichte vor allem mit Verstößen gegen das Sechste Gebot auseinandersetzen und deren Gedanken sich pausenlos um die sexuellen Sünden der Menschen drehen.

Auch der Pornojäger Humer verschafft sich durch seine »Jagd« Befriedigung verdrängter Lüste. Für jemanden, der die Sexualität per se verteufelt, ist die Pornojagd seine einzige Möglichkeit, pausenlos zu sexuellem Material zu gelangen, ohne sich schuldig fühlen zu müssen.

In den USA betreibt derzeit die True-Love-Waits-Bewegung eine eigene Form der Übersexualisierung. Das Motto lautet: Gewartet wird mit dem Sex bis nach der Hochzeit und zwar in einer öffentlichen Manier mit Outings im Internet und Themenabenden an der Schule, die an Märtyrertum grenzt. Sexualität erhält dadurch einen unvergleichbar hohen Stellenwert, wird zum zentralen Thema und gleichzeitig negativ problematisiert.

In arabischen Ländern ist der Druck auf junge Männer ungleich höher als bei uns, erst Sex haben zu dürfen, wenn sie verheiratet sind, bzw. erst heiraten zu dürfen, wenn ihre wirtschaftliche Lage vorteilhaft ist. Vorher ist das Ausleben sexueller Wünsche tabu. Das führt dazu, dass viele junge Männer erst Sex haben, wenn sie um die 30 Jahre alt geworden sind. Die erlebte sexuelle Not wird oft mit aggressiven Gefühlen gegenüber der Freizügigkeit der westlichen Welt kompensiert. Es werden Phantasmen entwickelt, die den angeblichen sündigen Werteverfall zum Inhalt haben. So kursieren in Ägypten Gerüchte über jüdische Frauen, die ins Land geschleust werden, um dort sexuelle Unruhe zu stiften.

Eine andere Form der kompensatorischen Übersexualisierung lesen wir an Hauswänden in der Stadt. Pubertierende projizieren ihre sexuelle Unreife und Unwissenheit durch übersexualisierte Schlagworte an die Mauern, erleben dadurch eine emotionale Entlastung und geben sich das Gefühl, diesem großen Thema Herr zu werden.

Genauso sagt man, dass jene, die besonders protzig und oft über ihr Sexleben sprechen, in Wahrheit wenig oder unzufriedenstellenden Sex haben. Auch das ist eine Übersexualisierung, die auf Kompensation von Minderwertigkeiten baut.

Die Sexy Sixties

Im zivilisierten Westen haben wir uns in den 60er-Jahren von sexuellen Tabus und Zwängen verabschiedet. Zumindest haben wir es versucht. Es wurde grundsätzliche Menschenfreundlichkeit propagiert: gleiche Rechte für alle Menschen – abseits des Geschlechts und der Hautfarbe, Friede und Selbstbestimmtheit und die Freude an der Sexualität. Der Wiener Aktionismus wurde gegründet. Körperlichkeit und Sexualität waren besonders wichtige Themen der Auseinandersetzung. Wie in der Beatgeneration in den USA waren auch im Wiener Aktionismus fast nur Männer am Werken.

Immer mehr Kommunen wurden gegründet, in der alle immer und grundlos Sex haben konnten und haben sollten. Der Österreicher Otto Mühl leitete die weit über die Grenzen Österreichs bekannte Kommune Friedrichshof und wird bis heute als wichtiger österreichischer Künstler gehandelt:

»Das Ziel Mühls war der Ausstieg aus dem System und die Schaffung einer alternativen Lebensform. So kam es 1970 zur Gründung der Kommune Praterstraße und 1972 zu einem Ausbau des sozialsexuellen utopischen Projektes ›Kommune Friedrichshof‹ im Burgenland, die 1990 aufgelöst wurde. Die Grundstrukturen dieser Kommune waren die freie Sexualität, kollektives Eigentum, die gemeinsame Erziehung der Kinder und die Förderung gestalterischer Kreativität.«

Quelle: http: projects.brg-schoren.ac.at

Das hört sich richtig bemüht radikal und sozial an. Etwas später auf der oben genannten Homepage wird nur kurz darauf eingegangen, dass sich Otto Mühl eine Zeit lang wegen Verbrechen gegen die Sittlichkeit und gegen das Suchtgiftgesetz in Haft befand. Wenn man obigen Absatz liest, könnte man denken, dass seine Verurteilung auf Prüderie und Intoleranz basiert. Vom autoritär angeordneten Beischlaf mit Minderjährigen ist hier allerdings nichts zu lesen. Im Jahr 2004 wurde Otto Mühl im MAK eine große Ausstellung gewidmet. Daraufhin entbrannte ein öffentlicher Diskurs, bei dem die Frage aufgeworfen wurde, ob der Wert der Kunst über dem Künstler und seinen Fehlern stehe. Die Fehler Otto Mühls wurden dabei von seinen AnhängerInnen nie im Detail angesprochen. Jedoch erhalten nicht immer die besten KünstlerInnen von der Gesellschaft die Möglichkeit ihre Kunst zu darzustellen, denn die Klassifikation »beste« ist nicht wirklich begründbar. Viele wunderbare KünstlerInnen schaffen es nicht breite Aufmerksamkeit zu erhalten. Dem entsprechend erlangen viele angepasste KünstlerInnen übertriebenen Ruhm. Erfolg oder Misserfolg fußen auf den unterschiedlichsten Ursachen. Die Palette reicht von Strebsamkeit, Begabung, Authentizität über Verdaulichkeit, Freunderlwirtschaft und sehr oft einfach Glück. Die Gesellschaft sucht sich ihre Themen und damit ihre KünstlerInnen aus. Es ist daher immer auch eine gesellschaftspolitische Entscheidung, welcher oder welche KünstlerIn gerade gut ankommt. Aus künstlerischer Sicht ist es daher kein Muss, gerade Otto Mühl zu fördern. Wer hat also entschieden, warum gerade Otto Mühls Kunst so wertvoll sein soll, dass sie wichtiger wird als seine bemerkenswerte und traurige Biographie. Otto Mühl wurde nicht zu letzt aufgrund von »Freunderlwirtschaft« nach seiner Haft weiter hofiert. Denn Freunde hatte der Sektenführer genügend. Nicht nur die rund 700 hörigen autoritätsgläubigen und -abhängigen Sektenmitglieder, sondern auch viele wichtige Männer der damaligen Zeit, die bis heute wichtig geblieben sind. Beinahe alle heute bedeutenden österreichischen männlichen Künstler durften damals in dieser Kommune Erfahrungen in Sachen »Freie Liebe« sammeln. Eine Vielzahl von ihnen unterrichten noch heute an den Kunsthochschulen. Von manchen kann berichtet werden, dass sie einen »übersexualisierten« und geschmacklosen Umgang mit ihren Studentinnen pflegen. Waren das die Revolutionäre der 60er-Jahre!?

Freie Liebe: Frei für wen?

Von allen Forderungen der 60er-Jahre konnte die nach »Freier Liebe« am erfolgreichsten umgesetzt werden. Mit den Menschenrechten und der sozialen Gerechtigkeit tat sich die Gesellschaft schon etwas schwerer. Das liegt nicht nur an grundsätzlichen Entwicklungen wie der verstärkten Berufstätigkeit der Frauen, warum Frauen unabhängiger wurden, eher den Schritt zur Scheidung wagten und daher mehr Sexpartner möglich wurden. Auch nicht nur an der Antibabypille und an der besseren Aufklärung.

Vor allem liegt die Akzeptanz der freien Liebe an den Vorteilen, die sich dadurch für die Männer eröffneten. Plötzlich musste man Frauen nicht mehr heiraten, wenn man Sex mit ihnen wollte. Plötzlich konnte man sich endlos sexuell erproben und den Sex sogar einfordern!

Kein Wunder, dass die Gründung des Playboy-Magazins in die »Sexy Sixties« fällt. Die Playmates waren gut gelauntes Spielzeug der Männer und nicht viel selbstbestimmter als Häschen im Käfig. Der Gründer des Playboys, Hugh Hefner, sieht in seinem Werk trotzdem einen Schritt hin zur Gleichberechtigung der Frau, weil sie endlich viel Sex haben durfte.

Schlampen und Zicken

Im »normalen« gesellschaftlichen Gefüge brachte die neue sexuelle Freiheit den Frauen auch neue Probleme. Denn egal wie sich Frauen verhalten, sie können es scheinbar den Männern nicht recht machen. So sehr die Männer den Frauen beiliegen wollen, so sehr wollen sie nicht, dass die Frauen sich mit anderen erproben, sondern auf sie – die Einzigen – warten. Frauen, die viel Sex haben, gelten bis heute als Schlampen. Frauen die selbstbestimmt Sex haben und keine Kompromisse eingehen, gelten schnell als Männerfeindin. Frauen, die sich nicht hingeben, sind zickig.

Für die Liebe suchen Männer bis heute nach Frauen, die möglichst mädchenhaft, unbedarft und somit nicht erprobt aussehen. Sie dürfen nicht nach Schweiß riechen und schon gar nicht furzen. Sie sollten keine großen Füße und keine Haare unter den Achseln haben.

Das ist tatsächlich ein Problem, dem alle Mädchen und Frauen ausgesetzt sind. Von der Kleidung bis zum Verhalten spüren Frauen, wie Männer permanent Erwartungen an sie weitergeben. Dass Frauen ihre Stimme verstellen, wenn sie mit Männern sprechen, ist keine Seltenheit. Beim Sport muss damenhaft gelaufen werden, und das ist mit ein Grund, warum Frauen selten Fußball spielen und sich lieber mit Jazzdance vergnügen. Verona Feldbusch präsentiert sich mädchenhaft bis dämlich und gilt dadurch als attraktiv, obwohl sie in Wahrheit strebsam und aggressiv wie ein Eishokkeyspieler sein kann (siehe die TV-Konfrontation zwischen Alice Schwarzer und Verona Feldbusch).

Wir wollen Beziehungen auf gleicher Augenhöhe! – Alice Schwarzer

Sexualität ist immer auch ein Behältnis für Machtanspruch. Die sexuelle Revolution der 60er-Jahre war hauptsächlich von Männern für Männer betrieben, und das ist bis heute unverkennbar.

Die emanzipatorische Power in Sachen Sexualität kam erst durch die Frauenbewegung in den 70er-Jahren auf; mit Alice Schwarzer als vorrangiger Symbolfigur des deutschsprachigen Raumes. Plötzlich waren die Theorien zur sexuellen Befreiung nicht mehr so sexy, weil es ans Eingemachte ging. Machtstrukturen wurden öffentlich gemacht, Pornografie als frauenfeindlich abgestempelt, gesetzlich legitimierte und erzwungene sexuelle Gefügigkeit in der Ehe angekreidet. »Schnippschnapp-Schwanz ab!«, hieß die Parole, denn Schwänze waren und sind leider bis heute nicht nur etwas Lustvolles, sondern auch ein Symbol für körperliche, psychische und strukturelle Gewalt. Männer waren von dieser weiblichen sexuellen und gesellschaftlichen Befreiung nicht sehr angetörnt. Ohne diese Bewegung wäre die sexuelle Revolution der 60er-Jahre wahrscheinlich zu einem einzigen großen Fiasko für die Frauen geworden. Eine sehr wichtige Idee der Frauenpowerbewegung der 70er-Jahre war die Erziehung der Mädchen in einem feministischen Kontext. Sie sollten ihren Bewegungsdrang und ihre Neugierde genauso ungehemmt ausleben, wie die Buben. Sie sollten keine Mascherln und Kleidchen anziehen, sondern Jeans und Turnschuhe. Sie sollten ruhig laut und auch vorlaut sein. In Schweden führte man Mädchenfußball als Pflichtfach ein. Daher sieht man bis heute öfter fußballspielende Mädchen am Schulgelände als Buben. Für Buben ist Fußball kein Pflichtfach. Leider ist diese Idee in Österreich weder im staatlichen noch im privaten Bereich gelebt worden. Man hat die Chancen der 70er verstreichen lassen.

Seit dem Sturz der Autoritäten in den 60er-Jahren (was bei uns vielleicht etwas kläglicher ausgefallen ist, als in Skandinavien, Frankreich, England etc.), der mit der Niederlage der USA in Vietnam beschleunigt wurde, ist der Drang nach Individualisierung voll ausgebrochen. Political Correctness wurde eine Voraussetzung für jeden öffentlichen Diskurs. Jeder und jede sollte sich ab sofort – ob Mann oder Frau, ob dunkel oder hellhäutig – selbst verwirklichen können. Diese Selbstverwirklichung ist jedoch im Zuge der 80er immer profilierter geworden und hat zu einer Abkehr von kollektiven Werten und von der Politik im Allgemeinen geführt. Diese viel zitierte ethische Beliebigkeit und die oft beschworene Politikverdrossenheit haben ihre Wurzeln nicht nur in der Fixierung der Menschen auf sich selbst und in der autistischen Abgehobenheit der politischen Kaste, sondern vielmehr in einem generellen Desinteresse gegenüber den Anliegen der Gesamtgesellschaft, die über die direkten Privatinteressen hinausgehen. Es brauche demnach heute keine starken Gewerkschaften und keinen solidarischen Sozialstaat mehr – investiert wird in die Ich-Aktie.

Das führte – und führt noch immer – zu einer allgemeinen Normlosigkeit; jeder machte und macht sich seine Normen selber. Der Aufwand sich mit gesellschaftlichen Problemstellungen gemeinsam in öffentlichem Diskurs auseinanderzusetzen, um gemeinsam akzeptable Normen zu erarbeiten, an die man sich dann auch noch halten müsste, scheint vielen wenig attraktiv. Diese Normlosigkeit taucht überall auf. In der Sexualität hat sie nicht zuletzt zu einer Explosion von Pornos geführt. Die Inhalte dieser Produktionen kennen auch keine geschmacklichen Grenzen mehr. Das Motto lautet: Jede/er wie er will.

Aber warum spielt Sex denn überhaupt so eine große Rolle in dieser Gesellschaft der »Eigeninteressen«? Wenn das Lebensmotto der heutigen 15- bis 29-jährigen ein Leben »voller Genuss«, »ein Leben voller Spannung« lautet, und der Wunsch nach »Weltfriede« oder »Umweltschutz« seit den 80ern stark zurückgegangen ist, muss dieser Genuss ja auch irgendwie umgesetzt werden können. Sich politisch zu engagieren, kommt einem Streben nach Sinn oder der Suche nach Identität nahe, und hat mit Genuss nicht viel zu tun. Sich auf eine Weltreise zu begeben wäre zwar sehr spannend, bringt zwar Genuss, kostet aber auch viel Mut, Geld und Zeit und kann daher kein Vorschlag für die Massen sein.

Der Stringtanga – das herausragendste Kleidungsstück des neuen Jahrtausends

Sexualität verkörpert sehr stark Genuss und darüber hinaus kann sie den Selbstwert stärken. Das passt sehr gut zu einem Lifestyle, der ohne politische Logik auskommt und sich pausenlos um das eigene Ego dreht. Wer sich attraktiv und begehrt fühlt, fühlt sich wertvoll. Eine kleine Brustvergrößerung oder ein Nabelpiercing, die x-te Diät und die Kraftkammer bringen einen ein Stück näher zum Ziel. Dazu kommen die Möglichkeiten der Mode. Mode war noch nie so leistbar, noch nie haben Menschen soviel Geld für Mode ausgegeben. Es ist heute ganz normal für junge Leute, jede Woche ein neues Shirt kaufen gehen zu können.

Die modische Neuheit der 90er-Jahre schlechthin war auf jeden Fall der Stringtanga. Gegeben hat es ihn schon immer und zwar in der gewagten Reizwäscheabteilung und auf der geilen Pornokassette, aber plötzlich wurde er zum öffentlichen Gut. Man konnte ihn aus allen möglichen Hosen rauslugen sehen. Obwohl der String dezidiert als Reizwäsche fungierte, schien es das Normalste auf der Welt zu sein, ihn plötzlich im Alltag zu sehen.

Warum erfreut der Stringtanga sich so einer großen Beliebtheit? Die meisten Frauen sind der Meinung, dass er unangenehm zu tragen ist – und trotzdem sind so viele Frauen bereit dazu. Offensichtlich weil frau damit sexy aussieht. Einen Stringtanga anzuziehen war gleichzeitig verrucht und verboten, aber auch akzeptiert und galt als sexy.

Viele Männer geraten ganz durcheinander, wenn sie einen sehen, denn politische Reflektiertheit kann über eine unbewusste Sexualisierung, die schon im Elternhaus startet, nicht hinweghelfen. Die politisch angeblich correctesten Typen können für eine pornographische Atmosphäre empfänglich sein. Nicht weil die pornographische Atmosphäre die einzig wahre sexuelle erregende Darstellung wäre, sondern weil damit auch unbewusst gewohnte und daher anregende Machtverhältnisse dargestellt werden.

Nicht alle Männer jedoch finden den Stringtanga sexy! Viele empfinden ihn auch als aufdringlich oder halten ihn für unhygienisch und daher gar nicht ansprechend.

Interessant in diesem Zusammenhang ist der Streit der Aktion Kritische SchülerInnen (= AKS) mit der Leitung einer oberösterreichischen Schule im letzten Jahr. Der Direktor hatte ein Stringtangaverbot gefordert, weil manche Lehrer mit dem Anblick dieser Unterwäsche nicht fertig würden. Nun müsste man sich wohl eher fragen, ob ein erwachsener Mann, der mit Mädchen, die sich im Frausein probieren, eine sexuelle Herausforderung sieht, überhaupt im Schuldienst arbeiten sollte. Es bedeutet darüber hinaus schon einen Eingriff in die Intimsphäre der Mädchen, ihnen vorschreiben zu wollen, welche Art von Unterwäsche sie zu tragen haben.

Gleichzeitig kann man durchaus über die Bedeutung des Stringtangas in einem feministischen Diskurs nachdenken. Die AKS hat für Selbstbestimmung gekämpft, aber auch für das Recht, ein Kleidungsstück tragen zu können, dass ein sexualisierter Hinweis auf den weiblichen Hintern darstellt. Aber wer weiß, vielleicht wird der Tanga, wenn sich alle an ihn gewöhnt haben, auch seine Anziehungskraft verlieren.

Das Schlimme am Stringtanga ist ja nicht der Tanga selbst, sondern der Kontext aus dem man ihn kennt. Wenn der pornographische Kontext durch den Kontext des Alltags in der Öffentlichkeit eingetauscht wird, verliert er seine Verruchtheit und auch seine angebliche erregende Ästhetik und mutiert zu einem Kleidungsstück mit der Bedeutung eines Minirocks.

Über Backlash und pubertierende Wichtigmacher

Die positiv besetzte Nacktheit – eine Errungenschaft der 60er, die zu einer befreiten Sexualität oder einem überhaupt befreiten Leben führen sollte, ist zu einer Zurschaustellung und Vermarktung der (vor allem) weiblichen Nacktheit verkommen. In den Musikvideos geht es längst nicht mehr um einen befreiten Umgang mit Nacktheit, sondern nur mehr um einen sexuellen Aufputz in Pornomanier, der entweder die singenden Männer in eine Machtposition heben soll und Frauen wirklich in klassischer Art und Weise als Objekt darstellt, oder die singenden Frauen vermarktbar machen soll.

Sehr aufschlussreich ist die peinliche Performance von *Fler*, dem Sänger der Hiphop-Nummer Neue deutsche Welle. Im Video fährt der Postpubertierende in viel zu großen Autos herum, in denen man sonst nur verzopfte 50-jährige Geschäftsmänner erwartet. Seine Posen sind übermännlich und wenig überzeugend. Zwischendurch hängt sich der Bub in möglichst männlicher Manier über Frauenpopos und lässt sich sexuelle Avancen von erwachsenen aber kaum bekleideten Frauen machen. Das Theater wirkt lächerlich und er wird der übermännlichen Rolle nicht gerecht. Umso unangenehmer ist die offenbare Selbstüberzeugung, die er ausstrahlt.

Diese Medienbestrahlung hat Auswirkung auf die BetrachterInnen. Die Normlosigkeit geht über in ein »Normativ des Faktischen«. Das Faktische sagt, dass Frauen befreit Sex haben können, aber dabei auf Machtsymbole der Männer zu achten haben und ihre Attraktivität steigt (und damit ihr Selbstwertgefühl), wenn sie oft ungebundenen Sex mit Männern haben. Und zwar in einer Art, die das männliche Selbstvertrauen künstlich steigert.

Durch die sexuelle Normlosigkeit ist mittlerweile auch die Forderung nach einem zeitigen sexuellen Debüt gewachsen und damit die Vorstellung vom ungebundenen Beischlaf. Beides kann auf Kosten der Frau ausgetragen werden, da die Machtverhältnisse sehr wohl einer Norm entsprechen, nämlich der Norm des Stärkeren.

Wir leben im Zeitalter der offensiven männlichen Übersexualität. Das Gemeinschaftliche, Respektvolle, Empathische und Emanzipatorische scheint derzeit nicht en vogue zu sein und wirkt fast schon belastend. Die männliche sexuelle Befreiung der 60er-Jahre trifft auf die Ich-Orientierung der 80er-Jahre. Und herkömmliche Machtverhältnisse treffen auf die Sucht nach billig erworbenen übersteigerten Selbstbewusstsein des beginnenden 21. Jahrhunderts. Alles zusammen lässt sich vortrefflich durch (über)sexuelles Agieren ausleben.

Das Ganze rächt sich jedoch. Als Antwort auf die nicht ausreichend revolutionäre sexuelle Revolution und die narzisstisch fordernde heutige Zeit hat sich ein psychologischer Backlash gebildet. Der betrifft sowohl Frauen als auch Männer. Eine der häufigsten psychischen Krankheiten junger Mädchen ist heute die Essstörung. Die Frauenrolle ist unannehmbar und gleichzeitig wird der Druck zu gefallen letztendlich sogar lebensbedrohlich. Die hervorstechenden Backenknochen und die übergroßen Augen, der flache Bauch werden zu einem Muss, das alle anderen Lebensfragen in seiner Wichtigkeit überlagert. Aber auch immer mehr junge Männer sind von den verschiedenen Formen der Essstörung betroffen.

Männer werden immer mehr von Impotenz heimgesucht. Ein Indiz dafür ist die schnelle öffentliche Akzeptanz von Viagra. Die Einführung dieses Medikaments erhielt sensationelle mediale Aufmerksamkeit und wurde kaum verspottet. Viele ältere Herren gaben und geben stolz zu, Viagra zu nehmen. Als wäre Impotenz nur dann peinlich, wenn man nichts dagegen tun kann. Hauptsache Mann funktioniert.

Laut einer Umfrage der Frauenzeitung *Maxima* ist ein Drittel der Frauen mit ihrem Sexleben nicht zufrieden. Ein weiteres Drittel der befragten Frauen kann sich nur mit Einschränkungen als zufrieden bezeichnen.

In Beziehungen zwischen Mann und Frau ist die gemeinsam erlebte Sexualität noch immer oft genug ein Tabuthema, über das nicht geredet wird. So erfährt der Mann nie, wie seine Partnerin befriedigt werden könnte, und das Traurige ist, dass es Frauen auch heute noch erschreckend oft selber nicht wissen. Da hilft nur probieren und darüber reden. Wenn sich die PartnerInnen hin und wieder zusammensetzen und offen über ihr Sexualleben reden würden, würde das zu unerwarteten und wichtigen Erkenntnissen führen. Zwischen dem öffentlichem Umgang mit Sexualität – progressiv und lustbetont – und dem tatsächlich Erlebten besteht eine Kluft, die alles andere als sexy ist und verschwiegen wird.

Zu revoltieren gäbe es also noch genug. Eine neue sexuelle Revolution, die ein Gleichgewicht der Geschlechter garantiert und aufklärend wirkt, wäre wohl für alle erlösend.

Sexualität sollte nicht peinlich, nicht überbewertet, nicht unbedingt öffentlich zu Schau gestellt werden, nicht zur Kompensation für geringes Selbstvertrauen benutzt werden, sondern einfach angenehm erlebt werden. Dazu muss gesellschaftlich ein Weg gefunden werden, um nicht übersexualisiert über sexuelle Schwierigkeiten zu sprechen, sondern offen, »herrschaftsfrei« und ohne medialen Voyeurismus; um uns selbst und letzten Endes der nächsten Generation Schwierigkeiten zu ersparen.

Literaturhinweise:

Erwin Ringel, Die österreichische Seele. Zehn Reden über Medizin, Politik, Kunst und Religion (Wien 2005)
Maxima, Die besten Seiten der Frau. Mode, Wellness, Lifestile, September 2005
Matthias Küntzel, Djihad und Judenhass. Über den neuen antijüdischen Krieg (Freiburg 2002)
Context XXI, Christentum und Islam, Nr. 8, 2004
Alice Schwarzer, Der große Unterschied. Gegen die Spaltung der Menschen in Männer und Frauen (Frankfurt/Main 2002)
Dagens Nyheter, Frigörelsen av sexualiteten ledde till nytt kvinnoförtryck, 18. März 2005
www.ottomühl.at
www.pfizer.ch

Bernhard Müller

»Die ›soziale Gerechtigkeit‹ hat überhaupt keinen Sinn«[1]

Der Freiheitsbegriff im neoliberalen Denken

»Wenn eine freie Gesellschaft den
vielen, die arm sind, nicht helfen
kann, kann sie auch die wenigen
nicht retten, die reich sind.«
John F. Kennedy

Seit kurzem feiert eine Debatte rund um den Themenkomplex weltweiter Kapitalismus, Bedeutung von Ideologien und Klassenkampf eine Renaissance, wie man sie seit Beginn der neunziger Jahre des letzten Jahrhunderts nicht mehr für möglich gehalten hätte. Vielfach wird dabei über Probleme wie Massenarbeitslosigkeit, Entkoppelung des Wirtschaftswachstums vom allgemeinen Wohlstand sowie Zurückdrängung des Wohlfahrtsstaates diskutiert, die mit dem Prozess der Globalisierung in Zusammenhang gebracht werden (Stichwort: »Heuschreckenkapitalismus«). Um einen Begriff kommen politische Kommentatoren und Wissenschafter dabei nicht herum, den Neoliberalismus.

1. Der Neoliberalismus – eine Begriffsbestimmung

Der Neoliberalismus soll ein gesellschaftliches (!) Konzept sein, das die erfolgreiche Gestaltung des menschlichen Lebens durch die wirtschaftliche Regentschaft des Marktes zu verwirklichen trachtet. Demnach soll das Wettbewerbsprinzip nicht nur das ökonomische, sondern auch das gesellschaftliche und politische Zusammenleben regulieren. Der Neoliberalismus verspricht einen Zuwachs an Freiheit für den Einzelnen, eine Befreiung von unzeitgemäßen Formalismen und Bürokratie sowie ein Leben in Fortschritt. Um all dies realisieren zu können, fordern neoliberale Theorien, dass die Gestaltungsformen unseres Lebens von den Parteien, Gewerkschaften und Parlamenten an die freien Kräfte des Marktes abgetreten werden.

Darüber hinaus versuchen neoliberale Wirtschaftstheoretiker den Menschen zu vermitteln, dass es nur eine Form der gesellschaftlichen Organisation geben kann: den freien Markt. Dieser Argumentation folgend müssen ungehinderter Wettbewerb und schrankenloses Privateigentum gewährleistet sein; Arbeitslosigkeit wird hingegen als das Resultat von politischen Eingriffen in den Wirtschaftsablauf dargestellt. Im Sinne des erwähnten ungehinderten Wettbewerbes sind jede planende sozial-ökonomische Korrektur des Gesamtprozesses und jede politische Steuerung der Wirtschaft und Ausrichtung der Wirtschaft an Zielen, welche die Freiheit der Entwicklung einschränken (könnten), verboten.

In dieser Begriffserläuterung lässt sich zusammenfassend feststellen, dass der Neoliberalismus beweisen möchte, dass

- von außen vorgegebene Ziele die Freiheit beschränken
- eine mächtige Staatsbürokratie im eigenen und nicht im allgemeinen Interesse handelt
- die Wähler (Bevölkerung) uninformiert und uninteressiert sind und deshalb widersprüchliche Wahlergebnisse zustande kommen
- vorhandene Strukturen und Institutionen völlig unbrauchbar sind, um die Verwirklichung gesellschaftlicher Ziele zu erreichen
- sich der Staat in Geiselhaft von Interessengruppen befindet
- Demokratieversagen zu erkennen ist.

Bei genauerer Betrachtung dieser Ziele ist eines offensichtlich: neoliberale Theorien beinhalten zum Teil demokratiefeindliche Positionen und können in nicht unwesentlichen Bereichen als unsozial bezeichnet werden. In ihnen werden Menschen als unmündige Wesen dargestellt, die nicht in der Lage seien, durch Wahlen ihren politischen Willen auszudrücken und durch Stimmabgabe Repräsentanten zur Staatswillensbildung zu legitimieren. Es wäre ein großer Fehler, diesen Theorien keine Beachtung zu schenken, zumal sich unter ihren Vertretern zahlreiche Nobelpreisträger der Wirtschaftswissenschaften befinden. Nach dem Zweiten Weltkrieg schuf der amerikanische Ökonom Milton Friedman mit dem Monetarismus eine Strömung der Neoklassik, die in besonderem Widerspruch zur Keynesschen Revolution von 1936 stand. Der Monetarismus von Friedman übte scharfe Kritik an der rein monetären Inflationstheorie, wonach Inflation aus Geldmengenveränderungen zu erklären sei. Er verstand sich daher als neue Quantitätstheorie im Sinne einer Theorie der Umlaufgeschwindigkeit des Geldes. Die fundamentalen Unterschiede zwischen Keynesianismus und Monetarismus sollen mit nachstehender Gegenüberstellung veranschaulicht werden:

Keynesianismus		Monetarismus
Marktwirtschaft ist instabil	<·····················>	Marktwirtschaft ist stabil
Staat muss lenkend eingreifen	<···············>	Ungleichgewichte sind exogene Schocks
Aktive Wirtschaftspolitik löst Probleme	<·······>	Aktive Wirtschaftspolitik schafft Probleme

Während die Thesen von John Maynard Keynes ein Ansteigen des Anteils staatlicher Investitionen und eine Politik der langfristigen Senkung der langfristigen Zinssätze vorsahen, stand im Zentrum monetaristischer Überlegungen der freie Markt. Nicht durch zusätzliche Investitionen wie bei Keynes, sondern nur durch Geldschöpfung könne die allgemeine Nachfrage beeinflusst werden.

2. Neoliberalismus und Freiheit

2.1 Ludwig von Mises und die Feinde der Freiheit

Der Nationalökonom Ludwig von Mises (1881-1973), geboren im österreichisch-ungarischen Lemberg, gilt zahlreichen Vertretern der neoliberalen Lehre auch heute noch als größter Theoretiker ihrer Zunft und war für viele von ihnen maßgeblich prägend. Mises hat in seinen Hauptwerken »Die Gemeinwirtschaft« (1922) und »Die Wurzeln des Antikapitalismus« (1958) sowie in zahlreichen anderen Schriften nachdrücklich die These vertreten, dass sich die »Freiheitsfeinde« geschickter Maskierung bedienen und sich selbst als Vertreter des »Überliberalismus« darstellen würden. Hinter dieser Tarnung befände sich jedoch eine Bewegung des Antiliberalismus, eine Allianz aus »Sozialismus, Kommunismus und Planung«, der Mises zuweilen auch noch den Militarismus und den Nationa(lsozia)lismus zuordnet.[2] Dabei verwendet er die Begriffe »Sozialismus« und »Kommunismus« synonym (»gibt keinen wirtschaftlichen Unterschied zwischen Sozialismus und Kommunismus«)[3], behauptet, der Nationalsozialismus wolle Sozialismus sein und versteigt sich zu der Aussage, der »moderne Sozialismus« sei »totalitär im strengen Sinne des Begriffs«.[4]

Die marxistische Wirtschaftsanalyse, wonach es in der kapitalistischen Gesellschaftsordnung ausschließlich für die Besitzenden Freiheit gebe, während die Proletarier unfrei seien, da sie arbeiten müssten, um ihr Leben bestreiten zu können, weist Mises mit der Bemerkung zurück, man könne sich »keine ärgere Verkennung des Begriffes der Freiheit denken« als diese:

»Daß der Mensch arbeiten muß, wenn er mehr verzehren will als das frei in Wald und Feld herumschweifende Tier, ist eine der Bedingungen, die die Natur seinem Leben gesetzt hat. Daß die Besitzenden auch ohne zu arbeiten leben können, ist ein Gewinn, den sie aus der gesellschaftlichen Arbeitsvereinigung ziehen, ohne jemand, etwa die Nichtbesitzenden zu schädigen. Auch für diese bringt die Arbeitsvereinigung Gewinn durch Erhöhung der Produktivität.«[5]

Während Sozialismus und Marxismus in Mises Augen unerbittliche

Gegner der menschlichen Freiheit und wahlweise »Elend für Alle«, »Leben mit verbundenen Augen«, »Tarnkappe für den Hass« auf den Kapitalismus, »Verbindung von Unwissenheit und Neid« oder »Wahnsinn an Agitation« darstellen, zeigt der Nationalökonom gegenüber dem faschistischen Ideengebäude und seinen Ausläufern wenig Berührungsängste:[6)]

»Es kann nicht geleugnet werden, daß der Faschismus und alle ähnlichen Diktaturbestrebungen voll von den besten Absichten sind und daß ihr Eingreifen für den Augenblick die europäische Gesittung gerettet hat. Das Verdienst, das sich der Faschismus erworben hat, wird in der Geschichte ewig fortleben [...] Der Faschismus war ein Notbehelf des Augenblicks, ihn als mehr anzusehen, wäre ein verhängnisvoller Irrtum.«[7)]

Wie fundamental und fatal der Irrtum Ludwig von Mises in der Bewertung des faschistischen Handelns und Denkens 1927 war, bedarf keiner weiteren Erläuterung. Bezeichnenderweise fehlt diese wenig ruhmreiche Episode im Schaffen des Wirtschaftswissenschafters in dem von Roland Baader herausgegeben Mises-Brevier »Logik der Freiheit«[8)], das streckenweise vom Leser als ein *Best of* an *Sagern* empfunden werden kann. Der »Fels wider die Brandung des Zeitgeistes« – wie ihn seine Anhänger gerne sehen – kann nicht davon freigesprochen werden, im vorgeblichen Dienste eines Kampfes für die menschliche Freiheit, totalitäre und extrem freiheitsfeindliche Ideologien für die persönliche Vision einer stringent antimarxistischen Welt, billigend in Kauf genommen zu haben.

2.2 Friedrich August Hayeks »Weg zur Knechtschaft«

1974 erhielt der österreichische Ökonom Friedrich A. Hayek (1899-1992) für seine umfassenden, jahrzehntelangen wirtschafts- und sozialtheoretischen Forschungen den Nobelpreis für Wirtschaftswissenschaften verliehen.[9)] Dreißig Jahre zuvor hatte der Österreicher im britischen Exil eine Streitschrift für die Freiheit entworfen, die er »den Sozialisten in allen Parteien« widmete und die zum Standardwerk aller Vertreter eines stringenten Wirtschaftsliberalismus werden sollte. Es war der öffentlichkeitswirksame Beginn einer lebenslangen Auseinandersetzung mit jenen weltanschaulichen Denkansätzen, die nach Ansicht des Mises-Schüler ideologische Irrwege und Hemmnis des Neoliberalismus zugleich darstellten.

Im Zentrum der wirtschaftswissenschaftlichen Abhandlungen von Hayek stehen der unumstößliche Vorrang des Grundwertes »Freiheit« vor anderen Tugenden wie beispielsweise »Solidarität« (»Eine wirksame Verteidigung der Freiheit muß [...] notwendig unbeugsam, dogmatisch und doktrinär sein und darf keine Zugeständnisse an Zweckmäßigkeitserwägungen machen.«) oder »Gleichheit«, das alle Lebensbereiche durchdringende Prinzip »Wettbewerb« und insbesondere die rigide Kritik am Modell des Wohlfahrtsstaates.[10)]

Demgemäß hält Hayek den »vorherrschende[n] Glaube[n] an ›soziale Gerechtigkeit‹« für die »schwerste Bedrohung der meisten anderen Werte einer freien Zivilisation« und beurteilt die soziale Gerechtigkeit als »quasireligiösen Aberglauben von der Art, daß wir ihn respektvoll in Frieden lassen sollten, solange er lediglich seine Anhänger glücklich macht, den wir aber bekämpfen müssen, wenn er zum Vorwand wird, gegen andere Menschen Zwang anzuwenden«.[11)] Zudem sei die »Situation der Armen [...] nie besser« gewesen »als in den Zeiten des freien Marktes.«[12)] Konsequenterweise gibt es daher in Hayeks Freiheitsdenken keinen Platz für materielle Gerechtigkeit, Korporatismus und Staatsinterventionismus (Stichwort: steuerpolitische Umverteilung). Das Modell des sozialen Wohlfahrtsstaates mit all seinen charakteristischen Eigenschaften (staatliche Eingriffe in ökonomische Prozesse, hohe Sozialquoten u.a.) ist für ihn als »wohlwollende Despotie« ein »reale[s] Problem«, das es zu lösen gelte.[13)] Die Schaffung von Chancengleichheit, eines der Hauptziele des Sozialstaates, hält der österreichische Nationalökonom für mit der Freiheit völlig unvereinbar.

»Freiheit« definiert Hayek als den »Zustand, in dem ein Mensch nicht dem willkürlichen Zwang durch den Willen eines anderen oder anderer unterworfen ist [...].«[14)] Freiheit von Not habe daher wenig mit individueller Freiheit zu tun (»sozialistischer Freiheitsbegriff«) und sei »nur ein anderer Ausdruck für Macht oder Reichtum«.[15)] Generell sei die Ausdehnung der Bedeutung des Wortes maßgeblich für die Unschärfe des Freiheitsbegriffes verantwortlich.

Zusammenfassend kann man feststellen, dass F. A. Hayek von einem völlig reduktionistischen Freiheitsbegriff ausgeht, der ein Primat der Wirtschaft über die Politik anstrebt. Der Staat solle sich lediglich auf wenige Kernaufgaben (äußere, innere und Rechtssicherheit, Gewährleistungsaufgaben sowie Rahmenbedingungen für eine Restgröße selbst definierter »wirklich Bedürftiger«)[16)] beschränken und jegliche Form von Interventionismus (sei es ein umfassendes strategisch-wirtschaftliches Prinzip wie *deficit spending*, oder eine schlichte Sozialmaßnahme wie Gewährung eines »Heizkostenzuschusses« für einkommensschwache Schichten) unterlassen. Denn: »Die Menschen in Umstände zu versetzen, wo jeder die gleichen Chancen hat, ist extremer Totalitarismus.«[17)]

2.3 Milton Friedman – »Free to Choose«

Zwei Jahre nach F. A. Hayek erhielt ein weiterer maßgeblicher Vertreter des Neoliberalismus, der US-amerikanische Wirtschaftstheoretiker Milton Friedman (*1912), für seine Forschungen auf dem Gebiet der Geld- und Konsumtheorie den Wirtschafts-Nobelpreis verliehen. Bereits 1962 hatte er sein Hauptwerk »Kapitalismus und Freiheit« verfasst, in dem er ausführlich seine Ansichten zur Rolle des Staates, zur (Wechsel-)Beziehung von wirtschaftlicher und politischer Freiheit, zur Bekämpfung von Armut und zur Kontrolle über das Geld darlegte.

Der Begründer des Monetarimus vertritt nachhaltig den weltanschaulichen Ansatz, dass die Beschränkung von Freiheit in einem gesellschaftlichen Bereich, unwillkürlich auch zur Beschneidung von Freiheit in allen anderen Bereichen des menschlichen Lebens führt. So erachtet Friedman beispielsweise die Weigerung Sozialversicherungsbeiträge zu bezahlen bzw. zu empfangen als Entscheidung des freien Menschen. Ebenso nennt er es als entmutigend, dass Wirtschafts- und Naturwissenschafter, die an staatlichen Universitäten lehren und »große Zuschüsse« aus staatlichen Stiftungen bekommen, daher »ihr Gehalt teilweise« vom Staat bekommen.[18)] »Steuersubventionen für die akademische Ausbildung« sind vom neoliberalen Standpunkt aus gesehen »nicht wünschenswert« und sollten »abgeschafft werden«.[19)]

Wenn Friedman betont, dass »einige Beschränkungen unserer Freiheit notwendig [sind], um andere noch viel schlimmere Beschränkungen zu vermeiden«, so meint der damit keineswegs interventionistische Regulierungsmaßnahmen am ökonomischen Sektor zugunsten einkommensschwacher Schichten, sondern nur den staatlichen Zwang zur Aufrechterhaltung der öffentlichen Sicherheit und nationalen Souveränität in Form von Polizei und Militär.[20)] Friedman erachtet es als »Tyrannei der staatlichen Lenkung«, dass nicht jeder – ungeachtet seiner Ausbildung und Qualifikation – seine persönlichen »Dienste als Rechtsanwalt, als Arzt oder als Zahnarzt, als Installateur, als Friseur oder als Leichenbestatter« anbieten könne, dass es nicht möglich ist, das Entgelt für Überstunden jenseits von gesetzlichen Bestimmungen lediglich zwischen Arbeitgeber und Arbeitnehmer zu vereinbaren und dass wir nicht so frei sind »ein Auto ohne Sicherheitsgürtel zu kaufen«.[21)]

Diese Beispiele werden ins Treffen geführt, um zu *beweisen*, dass alle »Eingriffe in die wirtschaftliche Freiheit [...] unweigerlich die Freiheit im allgemeinen« beeinflussen würden.[22)] Aufgrund der Unteilbarkeit von Freiheit sieht Friedman in Markt regulierenden Maßnahmen nicht nur eine Beschränkung der wirtschaftlichen, sondern zugleich auch eine Bedrohung für Rede- und Pressefreiheit. Obwohl stets von Unteilbarkeit die Rede ist, wird der Freiheit der Wirtschaft absoluter Vorrang eingeräumt. Und was dieses Wirtschaftssystem nach neoliberaler Denkart zum Inhalt hat und was es auf keinen Fall sein soll (nämlich sozialpartnerschaftlich ausgerichtet und mit Elementen der politischen Steuerung versehen), lässt sich am besten mit Milton Friedmans eigenen Worten darstellen:

»In letzter Zeit gewann die Meinung immer mehr Raum, dass Unternehmer und Gewerkschaftsführer eine ›soziale Verantwortung‹ hätten, die über die Vertretung der Interessen ihrer Aktionäre oder Mitglieder hinausginge. Diese Ansicht erweist sich als grundlegende Fehleinschätzung des Charakters und der Natur eines freien Wirtschaftswesens. In einem freien Wirtschaftssystem gibt es nur eine einzige Verantwortung für die Beteiligten: Sie besagt, dass die verfügbaren Mittel möglichst Gewinn bringend eingesetzt und Unternehmungen unter dem Gesichtspunkt der größtmöglichen Profitabilität geführt werden müssen [...]«[23)]

2.4 James McGill Buchanan und die »ideale Gesellschaft«

1986 erhielt James M. Buchanan (*1919), amerikanischer Ökonom und Begründer der »Theory of public choice«, ebenso wie seine neoliberalen Kollegen Hayek und Friedman den Nobelpreis für Wirtschaftswissenschaften verliehen. In seinem Hauptwerk »The Limits of Liberty. Between Anarchy and Leviathan« (1975) versucht er argumentativ die »Grenzen der Freiheit« zu durchbrechen, skizziert die Gründe, die seiner Meinung nach für die Hemmnisse des Liberalismus verantwortlich sind und stellt seinen »Gesellschaftsvertrag« dem Modell »Leviathan Staat« gegenüber.

In seinen sehr akribisch ausgeführten Bewertungen geht Buchanan davon aus, dass der Idealzustand der Gesellschaft das »Utopia der Anarchisten« ist. Dabei handelt es sich um eine »Welt [die] ausschließlich von Menschen bevölkert [wird], die eine sehr kleine Zahl von Verhaltensnormen respektieren, wobei diese sich aus Grundsätzen wechselseitiger Toleranz und Anerkennung herleiten«.[24)] Der Einzelne besitzt die Freiheit im Rahmen dieser Normen »seine eigenen Angelegenheiten zu regeln«.[25)] Jegliche Form der Zusammenarbeit mit Anderen geschieht freiwillig. »Der Staat stirbt in diesem Utopia tatsächlich ab, und sollte irgendeine Regierungsform neu entstehen, so hat sie keine Berechtigung.«[26)] Da selbst nach Ansicht Buchanans die geordnete Anarchie als Gesellschaftsmodell versagt, »wenn es keine ›natürlichen‹ oder wechselseitig annehmbaren Grenzen zwischen den jeweiligen Interessensphären gibt«, präferiert er als reale Konzeption die reine Tauschgesellschaft.[27)] Darin erfüllt der Staat lediglich die Funktion des

Rechtsschutzstaates in der Form eines Instrumentes zur Rechtsdurchsetzung und jene als Leistungsstaat (Markttausch und Bereitstellung öffentlicher Güter).

Politiker werden in dieser Konstruktion sehr allgemein in drei Kategorien (ideologisch gebunden/ideologisch ungebunden/korrupt) eingeteilt und als Menschen dargestellt, »die persönlich großen Wert auf die Macht legen, Entscheidungen zu treffen, die sich auf das Leben anderer auswirken.«[28] Der Blickwinkel, wonach Politik auch mit Einsatz für das Gemeinwohl, mit Kampf um soziale Verbesserungen und mit Willen zur Mitgestaltung der menschlichen Gesellschaft zu tun hat, bleibt dem Leser von Buchanans Lektüre verborgen. Die durch Regierungssysteme verkörperte demokratische Politik wird darin vorwiegend als freiheitseindämmende Bürokratie und der Staat insgesamt als Geld vernichtender Moloch dargestellt:

»Für den Zusammenhang von Staat, Wirtschaft und Verfassung ist Buchanans Gesellschaftsvertrag wohl der Höhepunkt neoliberaler Theoriebildung. Alles Bedeutende der neuen Ordnung ist darin zusammengefaßt: Hayeks Evolutionstheorie, seine entwickelte Moralität als Grundlage des allgemeinen Konsens, alle Bedenken gegenüber der Staatsmacht, wie sie von der Public-Choice und der Staatsversagensliteratur formuliert worden sind, kurz die Ablehnung des traditionell Politischen.«[29]

3. Zusammenfassende Schlussfolgerungen

3.1 Der Neoliberalismus ist keine neue Strömung der Wirtschaftstheorie

Die Globalisierung, die politikwissenschaftlich als der Prozess der Intensivierung der Verkehrs-, Kommunikations- und Austauschbeziehungen über nationale Grenzen hinweg bezeichnet wird, spielt für die kapitalistische Durchdringung aller gesellschaftlichen Lebensbereiche eine enorme Rolle. Ohne sie wäre der Siegeszug der Marktherrschaftstheorie in diesem Ausmaß nicht möglich geworden. Durch die rasante Entwicklung der Finanz- und Kapitalmärkte, durch den Bedeutungsverlust der Nationalstaaten und durch die Stärkung der transnationalen Konzerne wurden neoliberales Denken und Handeln zur nahezu unkritisierten und unbestrittenen, alleinigen Wirtschaftsdoktrin. Der Neoliberalismus als theoretischer Ansatz ist grundsätzlich nicht neu. In den fünfziger und sechziger Jahren des Zwanzigsten Jahrhunderts bildete sich eine starke Front von Wissenschaftern gegen die herrschende Lehre des Keynesianismus. Der Neoliberalismus des 21. Jahrhunderts stellt den Monetarismus unter veränderten – für ihn verbesserten – Bedingungen in neuem Kleid dar.

3.2 Der Neoliberalismus beinhaltet undemokratische Tendenzen und Forderungen

Zentrale neoliberale Forderungen wie jene nach Schwächung der Gewerkschaften und Kammern, Einführung des Wettbewerbprinzips für Bereiche, in denen Konkurrenzdenken keine Rolle spielen dürfte (Stichwort: Bildung; GATS-Abkommen), oder Reduzierung der Staatsaufgaben auf Sicherheitsfunktionen, lassen am demokratischen Grundkonzept dieses Modells zweifeln. Vertreter des Neoliberalismus versuchen gegen Politisierung und Wissensbildung anzukämpfen, weil sie in ihnen natürliche Feinde ihrer Programmatik sehen.

Ökonomen wie Kenneth Arrow oder Gordon Tullock gehen soweit, die Sinnhaftigkeit demokratischer Wahlen in Frage zu stellen und sprechen von Wahlparadoxon und unüberwindlicher Uninformiertheit der Wähler. Die Bedenklichkeit eines Gesellschaftsmodells, in dem der Markt zur Staatswillensbildung legitimiert werden und anstelle demokratisch gewählter Parlamente treten soll, ergibt sich nicht aus der Sicht wirtschaftstheoretischer Gegnerschaft zum Liberalismus, sondern aus dem Wissen, totalitären Gesinnungen Einhalt gebieten zu müssen.

3.3 Rechtsextreme und rechtspopulistische Parteien bedienen sich des Neoliberalismus

Während rechtskonservative bis rechtsextreme Bewegungen gesellschaftlichen Liberalismus strikt ablehnen, bedienen sie sich am ökonomischen Sektor ultraliberaler Haltungen, um der Umsetzung ihrer ideologischen Ziele näher zu kommen. Der deutsche Rechtswissenschafter und Rechtsextremismusexperte H. Joachim Schwagerl meint dazu in seinem Buch »Rechtsextremes Denken« Folgendes: »Fest steht, daß die Anhänger des Rechtsextremismus zunächst die kapitalistische Wirtschaftsordnung tolerierten. In ihren pragmatischen Stellungnahmen ist keine grundsätzliche Auseinandersetzung mit den freiheitseinschränkenden Zwängen der industriellen Massengesellschaft, mit den möglichen Machtmißbräuchen des Kapitalismus und den daraus resultierenden Konflikten zu finden.«[30)]

»Wegen der zahlreichen Gemeinsamkeiten in den Auffassungen über das kapitalistische Wirtschaftssystem nehmen wirtschaftspolitische Probleme in der rechtsextremen Publizistik einen geringen Raum ein« formuliert der Autor um zu dem Schluss zu kommen, dass es »eine Reihe von Gemeinsamkeiten [gibt], die eine Kritik am Kapitalismus gerade zu verhindern.«[31)] Die Erkenntnis der Wähler, dass sich hinter dem Aufdecker- und Privilegienbekämpfungsimage jener Parteien, beinhartes Leistungsgesellschaftsdenken verbirgt, kommt manchmal erst nach Jahren.

3.4 Jene Freiheiten, die der Neoliberalismus nicht meint

Wenn neoliberale Theoretiker von Freiheit sprechen, so meinen sie in erster Linie die uneingeschränkte Freiheit des Warenverkehrs, die völlige Liberalisierung bestimmter bzw. aller Dienstleistungssektoren, weitgehende Deregulierung des öffentlichen Sektors, Privatisierung von staatlichem Eigentum und Zurückdrängung der Gewerkschaften sowie der institutionellen Interessenvertretungen. In zweiter Konsequenz sprechen sie auch von Rede-, Meinungs- und Pressefreiheit. Wenn neoliberale Theoretiker von Freiheit sprechen, meinen sie aber keinesfalls Freiheit von finanzieller Not, Freiheit von Hunger, Freiheit von sozialem Elend. Jeder Mensch sei frei, sein Leben nach eigenem Dafürhalten zu gestalten. Wie es sich entwickle, habe jeder selbst zu verantworten. Wie weit verbreitet diese Geisteshaltung ist, zeigt sich unter anderem in Internetforen, wo nahezu unzählige junge Menschen, nach dem Lebensmotto gefragt, »Carpe diem« oder »Jeder ist seines eigenen Glückes Schmied« angeben.

Für Subventionen aufgrund regionaler Benachteiligungen, für Beihilfen aufgrund sozialer Ungleichheiten oder für staatliche Zuschüsse zur Absicherung von Arbeitsplätzen ist im neoliberalen Gebäude kein Platz. Lediglich Opfern von Naturkatastrophen billigen Hayek und Co. zu, staatliche Hilfestellungen in Anspruch zu nehmen, ohne das Prinzip der Freiheit zu beeinträchtigen. »Es gibt wenig Entwicklungstendenzen, die so gründlich das Fundament unserer freien Gesellschaft untergraben können, wie die Annahme einer anderen sozialen Verantwortung durch Unternehmer als die, für die Aktionäre ihrer Gesellschaften so viel Gewinn wie möglich zu erwirtschaften. Das andere ist eine zutiefst subversive Doktrin«, schrieb Milton Friedman bereits 1962.[32)] Mehr als vierzig Jahre später ist dieser Ansatz für viele Staaten, Institutionen und Konzerne die alle Politikfelder durchdringende und bestimmende Maxime geworden.

3.5 Die Bedeutung des Liberalismus

Der Liberalismus ist neben Sozialismus und Konservativismus eine der bedeutenden politischen Strömungen des Neunzehnten Jahrhunderts und historisch gekennzeichnet durch die Zähmung politischer Herrschaft durch Verfassung, Herausbildung der Bürger- und Menschenrechte und nicht zuletzt durch Betonung der Selbstbestimmungsfähigkeit der Individuen. Die liberale Ideologie war mit ihrem umfassenden, nicht religiös begründeten Ordnungsentwurf, ein wichtiger Baustein im demokratischen Entwicklungsprozess der Nationalstaaten. So unverzichtbar der Liberalismus in demokratiepolitischen (z.B. hinsichtlich der Grundrechte) und kulturpolitischen (Freiheit der Kunst vor politischen Interventionen etc.) Bereichen ist, so gefährlich kann er werden, wenn wirtschaftliche Freiheit die Regentschaft des Marktes über die Gesellschaft zur Folge hat. Das liberale Grundprinzip der Österreichischen Bundesverfassung sieht vor, dass der Staat nicht alle Bereiche des menschlichen Lebens durchdringen darf. Dies muss für den Markt in noch stärkerem Maße gelten.

Anmerkungen:

1) »Mehr als 10 Jahre lang habe ich mich intensiv damit befaßt, den Sinn des Begriffs ›soziale Gerechtigkeit« herauszufinden. Der Versuch ist gescheitert; oder besser gesagt, ich bin zu dem Schluß gelangt, daß für eine Gesellschaft freier Menschen dieses Wort überhaupt keinen Sinn hat.« Hayek, Friedrich August: Die Anmaßung von Wissen. Neue Freiburger Studien. Tübingen 1996, S 181
2) Mises, Ludwig v.: Die Wurzeln des Antikapitalismus. Frankfurt a. M. 1958, S 106
3) ebenda, S 74
4) Mises, Ludwig v.: Die Bürokratie. Sankt Augustin 1997, S 33
5) Mises, Ludwig v.: Die Gemeinwirtschaft. Jena 1922, S 173
6) Diese Attribute verwendet der Autor alternierend in nahezu seinen gesamten Werken.
7) Mises, Ludwig v.: Liberalismus. Stuttgart, Jena 1927, S 45
8) Baader, Roland (Hrsg.): Logik der Freiheit. Ein Ludwig-von-Mises-Brevier. Thun 2000
9) Zum besonderen Ärgernis Hayeks musste er diese Auszeichnung mit dem schwedischen Keynesianer und Sozialisten Gunnar Myrdal (1898-1987) teilen.
10) Hayek, Friedrich August: Die Ursachen der ständigen Gefährdung der Freiheit. Düsseldorf, München 1961, S 104-106
11) Hayek, Friedrich August: Recht, Gesetzgebung und Freiheit. Band 2. München 1980, S 98
12) Hayek, Friedrich August: Die verhängnisvolle Anmaßung. Die Irrtümer des Sozialismus. Tübingen 1996, S 127
14) Hayek, Friedrich August: Die Verfassung der Freiheit. Tübingen 1991, S 14
15) Hayek, Friedrich August: Der Weg zur Knechtschaft. München 1971, S 46
16) vgl. www.hayek-institut.at
17) Neue Zürcher Zeitung vom 05.12.1981, Interview mit F. A. Hayek
18) Friedman, Milton; Friedman, Rose: Chancen, die ich meine. »Free to Choose«. Ein persönliches Bekenntnis. Frankfurt a. M., Berlin, Wien 1983, S 83
19) ebenda
20) ebenda, S 84
21) ebenda, S 80
22) ebenda, S 81

23) Friedman, Milton: Kapitalismus und Freiheit. München 2004, S 164
24) Buchanan, James M.: Die Grenzen der Freiheit. Zwischen Anarchie und Leviathan. Tübingen 1984, S 3
25) ebenda
26) ebenda
27) ebenda, S 11
28) ebenda, S 224
29) Schui, Herbert et al.: Wollt ihr den totalen Markt? Der Neoliberalismus und die extreme Rechte. München 1997, S 108
30) Schwagerl, H. Joachim: Rechtsextremes Denken. Merkmale und Methoden. Frankfurt a. M. 1993, S 177
31) ebenda, S 178
32) Kapitalismus und Freiheit, S 165

Alle Zitate wurden in der Originalschreibweise übernommen.

Autorinnen und Autoren

Reinhard Astleithner, Jahrgang 1976, Mag. art., Drehbuchautor und Filmvorführer. Studium an der Wiener Filmakademie.

Sabine Bauer, Jahrgang 1966, Mag. phil., Dr. phil., Philosophin und Malerin. Studium der Philosophie, Theaterwissenschaft, Soziologie und Gruppendynamik. Gründerin der philosophischen Werkstatt & Atelier-Galerie R2. Lehrbeauftragte der Universität Wien.

Herbert Berger, Jahrgang 1933, Dr. theol., Theologe und Experte für Entwicklungspolitik. Tätig in der Chile-Solidaritätsbewegung, Vorsitzender des *Vereins für internationale Solidarität und Entwicklungszusammenarbeit.* Zahlreiche Publikationen.

Elisabeth Deifel (SR Katharina OP), Jahrgang 1945, Mag. theol., Dr. phil., Dominikanerin und Pädagogin. Studium Latein/Griechisch (Lehramt), Philosophie und Theologie. Seit 1988 Akademieprofessorin für theologische Fächer. Zuvor AHS-Lehrerin u.a. für Latein und Alte Geschichte. Laienarbeit wie Bibelrunden, Vorträge, Einkehrtage und Einkehrwochenenden.

Karl Flanner, Jahrgang 1920, Prof., Historiker und Sozialforscher. Erlernte Berufe: Gärtner und Elektroschweißer. Widerstandskämpfer gegen den Austrofaschismus und Nationalsozialismus; Häftling in den Konzentrationslagern Dachau und Buchenwald. Gründer des Industrieviertelmuseums Wiener Neustadt und dessen langjähriger Leiter, Autor zahlreicher Bücher und Aufsätze. Träger zahlreicher wissenschaftlicher Auszeichnungen. Mitglied des *Vereins Alltag Verlag*.

Patrice Fuchs, Jahrgang 1973, Studium der Psychologie an der Universität Wien und Fotrografie an der Akademie der bildenden Künste in Wien. Als Mitglied des VSSTÖ 2003/2004 Bundesvorsitzende der Österreichischen HochschülerInnenschaft.

Roland Girtler, Jahrgang 1941, Dr. phil., Universitätsprofessor. Studium der Rechte, Ethnologie, Urgeschichte, Philosophie und Soziologie an der Universität Wien. Seit 1979 ordentlicher Professor am Institut für Soziologie der Universität Wien. Autor zahlreicher Publikationen.

Markus Grabenwöger, Jahrgang 1975, Mag. art., DI., Künstler und Bildhauer. Studium der Malerei und Grafik an der Akademie der bildenden Künste in Wien, Studium der Architektur an der Technischen Universität in Wien. Derzeit Doktorratsstudium an der Hochschule für angewandte Kunst in Wien. Mitglied des *Vereins Alltag Verlag*.

Roland Graf, Jahrgang 1972, Mag. phil. Derzeit arbeitet der langjährige Journalist u.a. als Lehrbeauftragter (Semiotik der Medien bzw. Medienphilosophie) an der Fachhochschule St. Pölten, als Trainer für Werbung und Marktkommunikation und im Marketing der Projekte Civitas Nova und Aqua Nova (beide in Wiener Neustadt). Studium der Philosophie, Psychologie, Latein und Erziehungswissenschaft an der Universität Wien. Seine Arbeitsschwerpunkte liegen auf dem Gebiet der Medientheorie, Käuferpsychologie, Mediendramaturgie und Erwachsenenbildung. Evaluator der Europäischen Kommission für das Bildungsprogramm *GRUNDTVIG*.

Horst Hahn, Jahrgang 1966, Pädagoge und Schriftsteller. Seit 2000 Lehrer in Wien und Niederösterreich, zuvor Buchhändler. Vorstandsmitglied des *Vereins Alltag Verlag*. Autor zahlreicher Bücher, u.a. von »zu2tindenfilmen. Gedichte mit Grafiken von Markus Grabenwöger« (ISBN 3-902282-05-3).

Gregor Hochreiter, Jahrgang 1977, Mag. rer. soc. oec., M.Sc., Wirtschaftswissenschafter. Studium der Volkswirtschaft an der Universität Wien, European Studies in Aalborg (Dänemark). Bis vor kurzem beschäftigt am *CEPS* (Centre for European Policy Studies), einem Brüsseler Think Tank. Lebt in Wien und arbeitet an einer Dissertation in Wirtschaftswissenschaften. Seit 2005 Herausgeber von *liberty ideas*.

Judith Holofernes, Jahrgang 1976, Sängerin, Musikerin und Texterin der medien- und konsumkritischen Band *Wir sind Helden*. Lebt in Berlin.

Max Huber, Jahrgang 1956, gelernter Buchhändler. Seit 1986 in Wiener Neustadt beheimatet, wo er die Bevölkerung mit Literatur bedrängt, Lesungen organisiert und Vereinen vorsteht. Vorstandsmitglied des *Vereins Alltag Verlag* und Obmannstellvertreter.

Udo Jesionek, Jahrgang 1937, Dr. iur., Honorarprofessor. Werkzeugmacherlehre, Studium der Rechte an der Universität Wien, Richter an verschiedenen Gerichten. 1982-2002 Präsident des Jugendgerichtshofes in Wien, Honorarprofessor für Jugendstrafrecht und Strafvollzug an der Johannes-Kepler-Universität in Linz.

Irmgard Cornelia Klammer, Jahrgang 1957, Mag. phil., Schriftstellerin und Medientheoretikerin. Studium der Publizistik- und Kommunikationswissenschaft, Philosophie und Soziologie. Schreibt wissenschaftliche Publikationen und Essays; Gründerin der philosophischen Werkstatt & Atelier-Galerie R2.

Christian Kraxner, Jahrgang 1968, Mag. phil., selbstständiger Trainer u.a. im Bereich Rhetorik und Kommunikation. Studium der Geschichte und Politikwissenschaft an der Universität Wien. Vorsitzender des *Arbeitskreises für Sozialpsychologie und Gruppendynamik.*

Richard Leutner, Jahrgang 1955, Dr. iur., leitender Sekretär des Österreichischen Gewerkschaftsbundes. Studium der Rechts- und Staatswissenschaften an der Universität Wien. Verschiedene Positionen in AK und ÖGB, dort seit 1997 leitender Sekretär. Seit 2004 Abgeordneter zum Nationalrat (SPÖ).

Edith Meinhart, Jahrgang 1965, Mag. phil., Journalistin. Studium der Germanistik und Publizistik- und Kommunikationswissenschaft an der Universität Wien. Seit 1992 journalistisch tätig, seit 1998 Redakteurin beim Nachrichtenmagazin *profil.*

Peter Menasse, Jahrgang 1947, Mag. rer. soc. oec., Kommunikationsberater und Journalist. Studium der Betriebswirtschaft an der Universität Wien. Seit 1999 Geschäftsführender Gesellschafter des Kommunikationshauses *communication matters*, zahlreiche Lehraufträge an verschiedenen Universitäten. Kolumnist bei der Wiener Stadtzeitung *Falter* von 1992-1997.

Peter Mlczoch, Jahrgang 1949, DI., seit 1986 selbstständiger Architekt. Studium der Architektur an der Technischen Universität Wien. Langjähriger Leiter der *Gebietsbetreuung Leopoldstadt.*

Bernhard Müller, Jahrgang 1973, Magistratsbediensteter. Studium der Politikwissenschaft und Publizistik- und Kommunikationswissenschaft an der Universität Wien. Seit 2003 Mitglied des Gemeinderates, seit März 2005 Stadtrat für Finanzen, seit Oktober 2005 Bürgermeister der Statutarstadt Wiener Neustadt (SPÖ). Vorstandsmitglied des *Vereins Alltag Verlag*. Herausgeber (gemeinsam mit Michael Rosecker) des Buches »Solidarität. Gesellschaft, Gemeinschaft und Individuum in Vergangenheit, Gegenwart und Zukunft« (ISBN 3-902282-02-9).

Anton Pelinka, Jahrgang 1941, Dr. iur., Universitätsprofessor. Studium der Rechte an der Universität Wien, Studium der Politikwissenschaft am Institut für höhere Studien in Wien. Professor für Politikwissenschaft an der Universität Innsbruck, dort seit 2005 Dekan der neugegründeten Fakultät für Politikwissenschaft u. Soziologie. Autor zahlreicher Publikationen.

Christian Penkler, Jahrgang 1976, Filmvorführer und Literat. Studium der Physik an der Universität Wien. Betriebsleiter einer Internetfirma.

Rotraud A. Perner, Jahrgang 1944, Prof., Mag. iur., Dr. iur., Studium der Rechte und der Soziologie an der Universität Wien, Ausbildung in der Psychoanalytischen Sozialtherapie. Eröffnung einer eigenen Praxis. Als Psychoanalytikerin und Psychotherapeutin tätig.

Michael Rosecker, Jahrgang 1970, Mag. phil., Dr. phil., wissenschaftlicher Mitarbeiter des Dr. Karl-Renner-Institutes in Wien. Studium der Geschichte und Philosophie an der Universität Wien. Gründer, Obmann und Geschäftsführer des *Vereins Alltag Verlag* in Wiener Neustadt. 2002 für das Buch »Zwischen Provinz und Internationale« (ISBN 3-902282-00-2) mit dem Anerkennungspreis des Landes Niederösterreich für Erwachsenenbildung ausgezeichnet. Herausgeber (gemeinsam mit Bernhard Müller) des Buches »Solidarität. Gesellschaft, Gemeinschaft und Individuum in Vergangenheit, Gegenwart und Zukunft« (ISBN 3-902282-02-9).

Martin Schürz, Jahrgang 1964, Mag. rer. soc. oec., Dr. rer. soc. oec., Wirtschaftswissenschafter. Studium der Ökonomie, Philosophie und Politikwissenschaft. Seit dem Jahr 2000 Leiter der *Gruppe für monetäre Analysen/ Volkswirtschaftliche Abteilung* der Österreichischen Nationalbank in Wien. Herausgeber zahlreicher ökonomischer Fachbücher.

Hannes Swoboda, Jahrgang 1946, Dr. iur., Politiker. Studium der Rechte und der Sozial- und Wirtschaftswissenschaften an der Universität Wien. Verschiedene politische Ämter, u.a. 1988-1996 Amtsführender Stadtrat der Stadt Wien. Seit 1996 Mitglied des Europäischen Parlaments. Autor zahlreicher Publikationen.

Rahim Taghizadegan, Jahrgang 1979, DI., wissenschaftliche Tätigkeit. Studium der technischen Physik in Wien und Lausanne, Studium der Soziologie und Internationalen Betriebswirtschaft in Wien. Gründer und Vorsitzender der *Initiative für Liberalismus und Marktwirtschaft* in Wien, arbeitet derzeit in Brüssel. Ab 2005 Herausgeber von *liberty ideas*.

Bettina Walde, Jahrgang 1972, Dr. phil., wissenschaftliche Mitarbeiterin am Max-Planck-Institut für Psychologische Forschung in München und wissenschaftliche Assistentin am Philosophischen Seminar der Universität Mainz. Studium der Philosophie, Logik und Wissenschaftstheorie und Literaturwissenschaften an der Universität München.

Brigid Weinzinger, Jahrgang 1962, Mag. phil., Politikerin. Dolmetschstudium an der Universität Wien (Englisch und Spanisch). Tätig als Dolmetscherin und Übersetzerin; Bundessprecherin von *GLOBAL 2000*. 1998-2003 Fraktionsobfrau und Abgeordnete zum Niederösterreichischen Landtag, seit 2003 Abgeordnete zum Nationalrat (Die Grünen).

Gerhard Weißgrab, Jahrgang 1952, leitender Bankangestellter und Mitglied des Vorstandes der *Buddhistischen Gemeinde Österreich*. Ab 1979 begann nach einer Reise nach Asien die Auseinandersetzung mit der Lehre des Buddha, die bald zur inneren Konversion zum Buddhismus führt. Ab dem Jahre 2000 Aktivitäten als Vortragender im Rahmen der *Österreichischen Buddhistischen Religionsgesellschaft*. Zu diesen Aktivitäten zählen auch die Teilnahme an öffentlichen Veranstaltungen und das Verfassen von Themenaufsätzen. Seit dem Jahre 2003 Mitglied des Vorstandes der *Buddhistischen Gemeinde Österreich*. Seit September 2005, nach dem Abschluss einer 2-jährigen Ausbildung, eigene Praxis als *Diplomierter Integrativer Kinesiologe*.

Hannes Winkler, Jahrgang 1958, Musiker und Lehrer. Spielte besonders Kontrabass und Akkordeon in verschiedenen Bands; auch als Komponist tätig. Mitglied der *Wiener Neustädter Künstlervereinigung*.

verein alltag verlag
wiener neustadt

Dreipappelstraße 13/d
2700 Wiener Neustadt

www.vereinalltagverlag.at
office@vereinalltagverlag.at

Von uns ebenso erhältlich:

Michael Rosecker, Zwischen Provinz und Internationale. Die frühe Arbeitervereinswelt am Beispiel Wiener Neustadt. Vom Vormärz bis 1879 (Wiener Neustadt 2002)
ISBN 3-902282-00-2

Karl Flanner, Freiheitskampf. Widerstand im Gebiet Wiener Neustadt 1938-1945 (Wiener Neustadt 2003)
ISBN 3-902282-01-0

Michael Rosecker / Bernhard Müller (Hg.), Solidarität – Gesellschaft, Gemeinschaft und Individuum in Vergangenheit, Gegenwart und Zukunft (Wiener Neustadt 2004)
ISBN 3-902282-02-9

Karl Flanner, Erlebt und gereimt. Kerker, Gesellschaft, Natur und Mensch im Gedicht (Wiener Neustadt 2004)
ISBN 3-902282-04-5

Horst Hahn, zu2*t*indenfilmen. Gedichte mit Grafiken von Markus Grabenwöger (Wiener Neustadt 2004)
ISBN 3-902282-05-3

Michael Amon, Kollateralschäden. Essays zur blau-schwarzen Wende in Österreich (Wiener Neustadt 2005)
ISBN 3-902282-08-8

Wir sind GEWINN bringend, aber nicht PROFIT orientiert